新编21世纪市场营销系列教材

客户关系管理

主　编　邬金涛
副主编　严　鸣　薛　婧

第3版·数字教材版

Customer Relationship Management

中国人民大学出版社
·北京·

内容简介

客户关系管理是组织整体运作中的有机构成，目标是持续优化组织的效率与效果。面向客户的管理导向和流程导向的客户关系管理是未来的发展方向。

作者以解决实际操作问题为目的，对客户关系管理的内容进行了系统整理，分离出客户关系管理的关键流程与支撑平台。第3版增加了新的研究成果和实践动态，力图反映客户关系管理的新发展与新趋势。各章增设思政专栏，将价值塑造、知识传授和能力培养融为一体。

主编简介

邬金涛　管理学博士，中山大学管理学院副教授，麻省理工学院斯隆管理学院访问学者。主要研究领域为营销基础理论、关系营销和客户关系管理。主持多个国家自然科学基金项目和教育部人文社会科学研究青年基金项目。在国内外核心期刊发表论文20余篇。长期为企业进行客户管理、市场开发、品牌规划和渠道整合等方面的策划，以及客户管理和营销管理方面的培训。

前言

无论环境怎么变化，企业营销的本质有两点：一是吸引客户，提高转化率；二是保留客户，提高客单价。做好这两件事是企业应对各种复杂局面的法宝和底气。

客户关系管理这一概念刚出现的时候，有人断言它同全面质量管理、流程再造和 ERP 等一样，会是昙花一现的管理新名词，热度过后风光不再。在我看来，这未尝不是一件好事。戳破客户关系管理“包治百病，一用就灵”的神话，可以让大家冷静思考它的边界和适用范围，认清一个事实：客户关系管理只是组织整体运作中的有机构成。褪去“高端大气上档次”的偶像气质，客户关系管理回归所有管理创新的本源：持续优化组织运作的效率与效果。

本书在保留第 2 版的核心内容的同时，广泛收集和选编国内外新近的企业客户关系管理实践的材料与案例，并增加了一些前沿的研究成果和实践动态，力图反映当下客户关系管理的新发展与新趋势。另外，每章专设思政专栏，与客户关系管理的相关概念进行融合，落实立德树人的根本任务，提升原有观点的思政性。

本书主要适用于营销管理领域的学生。客户关系管理是营销学科中的高级课程，在阅读本书时，读者需要具备一定的营销学、心理学、财务管理的基础知识。本书对企业高层管理人员的决策也有帮助。

本书在编写过程中，参阅了不少国内外相关文献，获得了很多启迪。中国人民大学出版社的编辑在教材编写中给予了大力支持和帮助，在此一并表示感谢。本书可能存在不足和错误之处，敬请读者批评指正。

目录

第1章

客户关系管理概述

第2章

客户关系管理流程

第3章

客户关系管理技术

第1章
客户关系管理概述

本章要点

- 关系营销的基本内涵。
- 客户关系管理产生的背景。
- 客户关系管理的基本内涵与构成。
- 中国客户关系管理发展历程与主要问题。

引例

南航常旅客计划

20世纪90年代，国内各大航空公司相继推出了自己的常旅客计划，符合要求的旅客可申请加入相应航空公司的俱乐部，成为会员。会员通过乘坐该航空公司的航班而得到里程，也可通过在该航空公司的合作伙伴那里消费得到里程，当里程累积达到一定数量时，会员可用里程免费兑换机票或其他奖励。常旅客计划作为航空公司的客户忠诚度奖励计划，确实取得了效果。常旅客计划的目的就是要识别出高价值旅客，给予权益及奖励，突出和普通旅客的差别，从而建立和培养客户的忠诚度。常旅客计划是航空公司争取市场份额，培养忠诚旅客的有效市场策略，这已成为国际民航界的共识。

中国南方航空公司（以下简称“南航”）年客运量居亚洲第一、世界第三；机队规模居亚洲第一，世界第四。南航的常旅客计划是“南航明珠俱乐部”。俱乐部会员除了可以通过乘坐南航的航班累积里程，还可以通过乘坐南航合作伙伴的航班累积里程。里程可以兑换机票、升舱奖励、南航商城礼品等。明珠俱乐部还与酒店、银行等合作，提供里程兑换及增值服务。南航在各大中型机场设立了贵宾休息室，提供餐厅、阅读室、健身室、浴室等设施，为明珠俱乐部会员或持有头等舱、公务舱机票的旅客，提供贵宾休息室服务。

2020年南航明珠俱乐部会员体系全新升级，升级后明珠俱乐部会员分为四个等级（由高到低）：南航铂金卡、南航金卡、南航银卡和南航明珠卡。针对2～11周岁儿童，明珠俱乐部特设“小明珠”会员计划，小明珠会员年满12周岁之日将自动转为南航明珠卡会员。具体会员分级规则如下：

项目	会员级别			
	银卡	金卡	铂金卡	判定标准
升级航段（个指定航段）	20	40	80	任一达标
升级里程（公里）	40 000	80 000	160 000	
消费金额（元）	25 000	50 000	150 000	必要条件

南航在原有会员等级南航金卡、南航银卡和南航明珠卡基础上，推出了南航铂金卡，意在细分出最高贡献价值的常旅客，为该等级旅客提供更为尊贵的特权和服务，从而提升高价值会员的忠诚度。同时，推出了“小明珠”卡，针对当下儿童出行日益普遍的现象，为12岁以下的儿童这一特殊群体提供更为周到的服务。南航过去的常旅客计划，会根据升级航段和升级里程两个维度来区分会员等级，现在增加了消费金额这个维度，用三个维度来更好地细化人群，做好会员等级分化。在会员权益方面，保留了原有银卡会员和金卡会员的权益：可优先提取行李，从一定程度上解决提取托运行李时等待时间偏长这个痛点；可在专属柜台办理值机手续，专属柜台人数相对较少，避免了在普通柜台排队需要长时间等待的问题；可使用优先通道快速登机；可使用贵宾休息室候机等。新增设的铂金卡会员除了享有上述权益，还额外享有快速安检的特权，铂金卡会员本人可在快速安检通道优先通过，节约了排队通过安检的时间；铂金卡会员还享有远机位贵宾车服务，当铂金卡会员遇到飞机不停靠廊桥时，可乘坐贵宾摆渡车，避免了乘坐普通摆渡车的拥挤。不同等级会员卡拥有相应的会员权益，银卡仅限本人使用，金卡可有一名随行人员同等使用，铂金卡可有两名随行人员同等使用（除快速安检特权）。

在移动互联网普及的情况下，乘客可以自助办理值机，不需要再像过去一样必须在值机柜台排队值机，乘客可以通过南航官网、南航APP、南航微信公众号、南航微信小程序办理线上自助值机，线上选座位，办理电子登机牌，甚至不再需要纸质机票，只需要通过手机上的电子登机牌就可以直接通过安检，省去大量等待的时间。专属柜台办理值机这项权益，在过去对于会员来说很有吸引力，毕竟如果因为排队值机耽误过多时间而无法及时乘机的话，对于每位出行的乘客来说都是一个很大的痛点。但是在自助值机普及的当下，这项权益的价值就不太突出了。应对时代发展对既有的会员体系的冲击，唯有与时俱进。因此南航推出了线上里程兑换座位的权益：会员可使用累积里程兑换更宽敞舒适的座位。南航还推出了“绿色飞行有礼”的活动，邀请乘客一起“绿色飞行，让蓝天更纯净”，如果乘客不在机上用餐并且提前取消，可获得里程奖励。在新冠肺炎疫情期间，乘客对于在机上用餐会有更多顾虑，如果取消餐食，既可以获得里程奖励，又可以助力绿色出行。

第1节 关系营销与客户关系管理

“关系就是生产力”，这个来自企业实践的论断在儒家文化环境中有着深厚的根基和含义。尽管大家对“关系”的解读可能有大相径庭的看法，但并不妨碍整个营销领域重点的转移。与顾客保持持续的盈利性关系，成为企业营销活动关注的焦点。

一、关系营销的基本内涵

建立在市场交易和营销组合基础上的传统营销模式，越来越受到理论界和实业界的质疑。这种基于美国大众消费品市场的经验理论，由于着眼于短期的交易，在国际营销、组织营销和服务营销等领域表现得软弱无力。一大批学者为改变这种状况，提出了新的营销模式：着眼于与顾客建立长远关系的关系营销理论。

1983年，学者西奥多·莱维特（Theodore Levitt）的被誉为“关系营销领域里程碑”的文章《销售结束之后》，拉开了工业市场关系营销研究的帷幕。在这篇文章中，莱维特教授指出，“买卖双方的关系很少在一笔交易结束后终止，相反，交易结束后，这种关系得到加强，并影响买方下一次购买时的选择”，销售工作的“重点应该从推销转移到保证顾客在销售结束后持续地感到满意”。这篇文章在推销观念盛行时提出“仅仅做一名优秀的推销员是不够的，发展持久的关系才是公司最重要的一项资产”这样的观念，给后继者带来非常深远的影响。

同一时期，美国学者利奥纳多·贝瑞（Leonardo Berry）将关系营销的概念引入服务范畴，并对关系营销进行了初步的界定：关系营销就是吸引、保持客户以及加强客户关系，吸引新顾客仅仅是营销过程的第一步，巩固关系、把一般顾客转化成忠实顾客，这些都是市场营销。

芬兰学者克里斯汀·格罗鲁斯（Christian Gronroos）在此基础上对关系营销做出了更全面的界定。他认为，关系营销是建立、维持、加强、商业化顾客关系，以保证各参与方的目标得以满足，这要通过相互交换和履行承诺来实现，彼此的信赖相当重要。对一个服务提供者来说，建立关系意味着给予承诺；维持关系意味着履行承诺；加强关系意味着在先前承诺履行的基础上给予新的承诺；商业化关系意味着从长期来看交易的成本和利润是正相关的。商业化概念的提出，使得关系营销的内涵丰富起来，它为关系营销实际运作的研究指明了方向。

在将关系营销理念转化为可操作的模型的过程中，学者们进行了许多开创性的研究。

1991年，英国克兰菲尔德大学管理学院的阿德里安·佩恩（Adrian Payne）教授提出了关系营销六大市场模型，将所有影响企业与顾客之间关系的因素归为顾客市场

(customer markets)、内部市场（internal markets)、推荐市场（referral markets)、影响市场（influence markets)、招聘市场（recruitment markets)、供应市场（supply markets)，企业在与顾客打交道时，要注意其他市场的作用，必须保证六个市场高度协调统一，因为这六个市场是成功的客户关系的舞台（见图1-1)。

佩恩教授提倡依托六大市场模型制订关系营销计划，包括顾客开发计划、供应商开发计划、内部市场计划、影响计划、推荐计划、招聘计划，这些计划都为实现整体的客户保持目标而努力（见图1-2)。

图1-1 关系营销六大市场模型

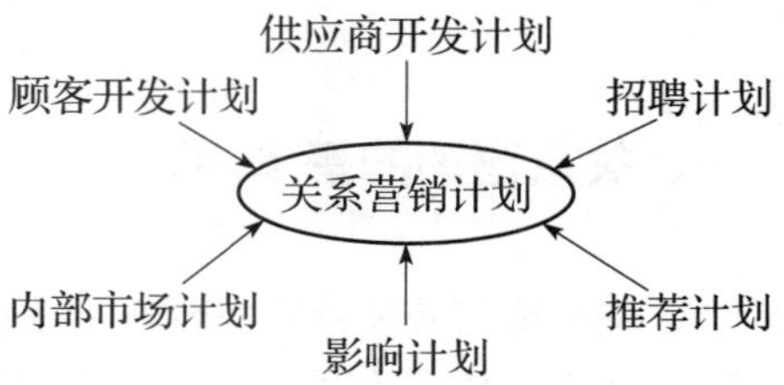

图1-2 六大市场模型的关系营销计划

关系营销理论的提出，扩大了企业的营销视角和营销活动范围，使企业在新的营销领域有了着力点。一般来讲，关系营销主要在以下四个方面与传统营销区别开来（见表1-1)。

表1-1 传统营销与关系营销的区别

项目	传统营销	关系营销
营销工作的重点	吸引新顾客	保持现有顾客
营销工具组合	4P	7P
营销执行部门	营销部门	跨部门、全员营销
营销对象	顾客市场	六大市场

第一，重视顾客保持。关系营销认为吸引一个新顾客的成本是保持一个现有顾客的成本的5～10倍，而新顾客的消费量远低于老顾客。加之企业争夺新顾客的做法必然造成行业的过度竞争，所以吸引新顾客只是营销活动进程的第一步，重要的是通过良好的服务和销售，稳固彼此的关系，将冷漠的顾客转变成忠实的消费者，这些才是企业脱离困境的良方。

第二，延伸营销组合。关系营销认为传统的4P营销工具并不能保证企业与其顾客建立稳固的关系并维持下去，必须在有形展示（physical evidence)、人员(people)、流程（process）等方面下功夫。

第三，全员营销。关系营销认为营销工作并不只是营销部门的事，全体员工都应该有营销意识，有全心全意为顾客服务的意识，有抓住一切机会推广企业产品、树立企业形象的意识。营销计划的制订与实施也不应该只由营销部门来执行，企业要养成团队工作的习惯，从各部门抽调精英共同完成营销任务。

第四，全面关系营销。关系营销认为企业营销的对象不能仅仅局限于目标顾客市场，应该把顾客的内涵扩大，将所有的利益相关者都视为自己的顾客，这些利益相关者包括顾客市场、内部市场（如内部员工）、推荐市场（如中间商、媒介、金融机构等）、影响市场（如政府、消费团体、行业协会等）、招聘市场（如人才市场）和供应市场，企业应注意协调并最大化所有利益相关者的利益。

二、客户关系管理产生的背景

企业作为一个利益主体，以追求最大利润或合理利润为目标，而利润最终必须依靠企业与顾客的交易来实现，所以，在关系营销的六大市场中，顾客市场是整个关系营销理论体系的核心、出发点和归宿，所有关系都围绕着企业与顾客的关系展开，并最终落脚于企业与顾客的持续交易。

客户关系管理是关系营销全面实施的核心环节和驱动力量，而关系营销理论则是客户关系管理实施的智力源泉和指导方针，二者是包含与被包含、全局与局部、面与点、战略与实施手段的关系。

“客户关系管理”一词出现于 20 世纪 90 年代中期的信息技术行业，当时主要是用来描述一些基于技术的顾客解决方案，如销售自动化（SFA）、客户服务系统（CSS），这可以说是客户关系管理的雏形阶段。随后，借助计算机电话集成技术（CTI），将 SFA 和 CSS 合并起来，并加入营销、现场服务等功能模块，形成集销售与服务于一体的呼叫中心（call center）。从 20 世纪 90 年代后期开始，在呼叫中心的基础上，进一步加强整个系统的数据管理能力和分析能力，同时添加新功能模块，逐步形成完善的客户关系管理系统。

现代客户关系管理一个突出的特点是关系营销理论与信息技术的融合。需求的拉动、信息技术的推动和营销管理理念的更新，极大促进了客户关系管理理论与实践的发展。

1. 营销管理理念的更新使得客户关系管理的发展成为必需

早期的企业面对的是一个需求巨大而生产供给不足的卖方市场，在这种情况下，企业的管理活动基本上是围绕如何提高自己的生产能力展开的，降低成本、提高产品质量自然成为经营管理的中心，所以萌发出来的主流经营哲学就是生产观和产品观。企业不断提高生产能力的结果是生产效率大幅提升，产品数量迅速增长，争夺市场份额的竞争异常激烈。面对巨大的产能，企业面临的中心问题从如何提高产量、降低成本，转向如何将产品推销出去，以推销观念为代表的主流营销哲学应运而生。为了提高销售额，企业必须在内部采取严格的库存管理，在外部强化推销观念。激烈的竞争使产品推销的成本越来越高，虽然销售额节节攀升，但是利润却在不断地下降，同时客户对推销的认同感越来越低，企业不得不把管理的重点放在以利润为中心的成本管理上。但是，成本不可能无限压缩。很多企业在一定质量的前提下对成本的压缩已经接近极限，而企业利润仍然无法达到股东的要求。如果再压缩成本，必然会带来产品质量的下降。多“节流”不如广“开源”。企业需要把经营管理的注意力从企业内部转移到企业外部，从运营成本的压缩转移到利润源泉的开拓，从以自我为中心、以产品为中心转移到以市场为中心、以客户为中心，围绕客户的需求展开企业的经营活动。

在企业确立了以客户为中心的经营理念之后，一个新的思维岔道就是：企业经营的出发点在于吸引新客户和一次性交易，还是保持老客户和持续性交易？买方市场出现，使得“一切为了新客户”的观念用于营销是一种浪费。保持有利可图的客户与吸引新客户一样可以为公司带来收益。

基本确立顾客保持在企业经营管理中的核心地位之后，又一个思维岔道出现了：企业应该保持所有的客户，还是选择性地保持客户？越来越多的学者开始意识到：并非所有的客户都是有价值的，企业应该根据顾客贡献价值的不同而区别对待。识别客户的价值，根据顾客价值对关系进行细分，明确关系利润的大小，对不同的关系实施不同的营销战略和策略，是企业营销实践客观发展的需要。

2. 企业实践的迫切需求使得客户关系管理的发展成为必要

由于客户数量的增加，客户业务的复杂化、个性化，企业迫切希望营销活动能够朝自动化、科学化、精细化的方向发展，这推动着客户关系管理的内容不断深化和丰富。

大多数企业把现实的营销工作大致分为销售、市场和服务三个部门序列来进行，现在，各个部门都迫切需要构建一个通用的以客户为中心、共享客户知识的互动平台。

销售人员希望能动态识别客户的价值，并根据客户价值合理分配自己有限的时间、精力和企业资源；希望能共享潜在客户和现有客户的信息，在业务拓展和开发过程中及时、准确地掌握客户的动态；希望能合理规划客户拜访计划，避免拜访的盲目性和无规律；希望能够与客户保持紧密的联系，保证彼此之间快速、顺畅、多渠道的沟通，同时避免出现多个销售人员争抢同一客户的内耗现象。

市场人员希望能够确保营销推广活动的有效性，找到真正对企业产品感兴趣的群体，准确识别出他们的需求、态度、习惯和行为模式；希望能够全面掌握市场动态，增强市场反应能力，及时制订各种营销计划和行动方案，及时了解营销活动的效果和顾客反馈。

服务人员希望能够减少过多的重复询问，引导客户通过多种渠道解决问题；希望能够有预见性地帮助客户发现问题，消除隐患；希望能够有计划地主动与客户沟通，及时了解客户的需求、想法、意见和建议，为决策部门提供参考。

营销活动开始从规模化、分散化向个性化、整合化转变，这种转变是客户关系管理应运而生的需求基础，是持续发展的动力源泉。

3. 现代信息技术的革新使得客户关系管理的发展成为可能

客户规模是制约营销活动从规模化、分散化向个性化、整合化转变的主要因素之一。庞大的客户信息量，一旦超出企业的信息收集、处理和共享能力范围，就无法实现客户管理的精细化和个性化。但计算机、通信技术、网络应用的飞速发展，使得营销部门的种种希望变成可能。

互联网络、电子商务和移动通信技术不仅提供了与客户交流、交易的新渠道，降低了服务成本，也为企业内部人员及时共享各种信息资源提供了便利。无论何时何地，销售人员都可以借助网络查看到存储在公司客户信息库中的客户资料。

数据仓库、商业智能等技术的发展，使得收集、整理、加工和利用客户信息的质量大大提高，市场人员可以在挖掘客户过往交易信息以及背景资料的基础上，开发新的服务项目和推广计划，实现定制化服务，并定点跟踪营销活动的效果。

呼叫中心、在线平台、社交媒体的发展，不仅降低了企业的通信成本，也为与客户的沟通带来了新的变革。服务人员借助呼叫中心、在线平台和社交媒体，实现与客户及时、快速、全天候的沟通；通过有计划的呼出活动，实现从被动服务向主动服务的转变；通过与客户信息库的连接，为客户提供更加亲切、周到、人性化的服务，提高客户的满意度。

今天，在信息技术的支撑下，很多客户管理的活动都成为我们日常工作中不可缺少的部分：

- 企业的客户通过电话、传真、网络、APP、公众号等访问企业，进行业务往来，而且他们的所有行为都存储在企业的知识系统中。
- 企业的客户能够得到个性化的识别，当他们和企业的任何人员通过任何方式接触时，都可以被直接叫出名字，识别出其独特偏好与行为。
- 任何与客户打交道的员工都能全面了解客户关系，根据客户需求进行交易，了解如何对客户进行升级销售和交叉销售，记录自己获得的客户信息。
- 市场部门能够对市场活动进行规划、评估，对整个活动进行 360 度的透视；对各种销售活动进行追踪，分析市场潜力与发展方向，为销售活动提供指导。
- 系统用户可以不受地域限制，随时访问企业的业务处理系统，进行业务交易。
- 企业能够从不同角度提供成本、利润、生产率、风险率等信息，并对客户、产品、职能部门和地理区域等进行多维分析。

第 2 节　客户关系管理的内涵

随着客户关系管理理论与实务的蓬勃发展，客户关系管理的内涵与外延不断丰富、扩大，出现了各种各样的定义与分类，给理解客户关系管理的本质带来一定的困难。本节将从客户关系管理的基本概念出发，在借鉴和回顾有代表性的观点的基础上，层层剖析客户关系管理的实质与内涵，希望给出一个比较完整的客户关系管理的定义。

一、客户关系的内涵

1. 客户是什么？

一般来讲，客户、顾客、消费者、购买者、用户这些名词之间并没有严格的界限，它们彼此存在相互解释或替换的关系。但是不同的学者、学派和学科出于不同的研究目的，对它们进行了较为严格的区分。

“消费者”是经济学中比较常见的概念，在20世纪60年代以前，普遍的观念是：凡是进行消费的人和单位，无论消费什么东西都应是消费者。随着消费者运动的兴起，“消费者”一词所包含的范围开始缩小，是指在一定社会条件下为自身生产而消费各种生活资料和服务的个人。可见，早期的工业消费者（进行生产性消费）已经不包括在消费者之中了。同样，一切购买商品或服务，但不是以个人消费为目的的企业、单位、家庭或个人，也不是消费者。这种狭义的消费者的概念逐渐得到学术界的认可，并为一些国际组织和政府立法机构所采纳，将之写进具有指导性或约束力的条文。

当狭义消费者的概念延伸到管理学范畴后，又引发了新的争论：消费者指的是消费用品的购买决策者、购买者还是使用者呢？因为现实生活中，同一消费用品的购买决策者、购买者、使用者可能是同一个人，也可能是不同的人。从营销学的角度来看，由于产品的购买决策、实际购买、使用是一个统一的过程，所以处于上述过程任一阶段的人，都可以称为消费者。

在消费者内涵缩小的同时，一个相对应的名词出现了，用以代称狭义消费者范畴之外的消费者，即“用户”。用户通常是指占有和使用生产资料或生产性消费品的集团购买者，亦即组织市场购买者，有时也指耐用消费品的个人购买者。

与消费者和用户相比，顾客是一个更广义的概念。顾客是相对于侍主而言的。侍主是为顾客提供产品或服务的单位和个人。顾客与侍主是一对共生概念。侍主与顾客之间构成交换关系。凡接受或可能接受任何单位、个人提供的产品或服务的单位或个人，都可以称为顾客。顾客既包括生活资料的购买者与使用者（消费者），又包括生产资料的购买者与使用者（即用户），就其购买行为而言，既包括购买商品的人，也包括不购买商品只到商店浏览欣赏的人。此外，寻求购买特殊职业服务的个人、家庭或企业，如去医院就诊的患者，到会计师事务所、律师事务所求助的人，也都属于顾客。

随着关系营销理念的兴起，一些学者从顾客（customer）的概念中发展出客户（client）这一名词，并将二者严格地区分开来，认为“对于某个机构来说，顾客可以是没有名字的；而客户则不能没有名字。顾客是作为某个群体的一部分为之提供服务的；而客户则是以个人为基础的。……顾客可以是公司的任何人为其服务；而客户则是指定由专人服务的”。还有一些学者将顾客的内涵延伸、扩大，把企业的利益相关者都纳入顾客的范畴，于是有了内部顾客与外部顾客之分。内部顾客一般是指企业内部的员工，而外部顾客是指企业外部的，与企业有产品、服务与货币交换关系的对象。

顾客内涵的泛化将企业营销的视角从交易拓展到交换的范畴，为全面关系营销的实施铺平了道路。但是从运作研究的角度来看，现在还不具备顾客泛化的条件，理论发展和企业实践都没有达到“把所有关系的运作都纳入一个框架之中”的程度，基本上还在各分支领域中分别研究，如顾客关系管理、内部营销、渠道关系管理、公共关系管理等。而且各个领域的深入研究也有利于彼此之间更紧密、更深入地融合，为全面关系营销时代的到来奠定更坚实的基础。基于以上考虑，本书对顾客和客户并不做严格区分，并将客户的内涵限制在外部顾客的范畴。当然，外部顾客的研究成果对其他类别顾客的关系运作必定具有借鉴作用。

2. 关系是什么?

关系是指事物之间相互作用、相互影响的状态。企业与客户之间的关系是双方在一定时间内通过一系列互动事件所积累的结果，这些事件比如信息咨询、商品交易、销售回访、投诉处理、公关活动等，都对企业与客户之间的关系产生影响。

关系的形成和发展存在一定的规律。关系演进的一般过程分为五个阶段：注意、熟悉、深入、信赖和解散。

注意（awareness）是关系发展的起始阶段，当企业或客户任何一方开始注意对方，并将对方视为可能的交换伙伴时，双方即进入关系的注意阶段。一方有意识地接近另外一方，属于单边行为。在注意阶段双方不会产生互动。

当双方的互动行为开始发生时，关系就进入第二个阶段：熟悉（exploration）。企业与客户双方开始考察彼此的实力与偏好，可能会发生一些测试性的交易行为。如果测试没有获得理想的效果，双方的关系可能就此终结，好在此时双方的关系涉入不深，所以因关系结束所付出的成本（包括货币成本和心理成本）并不高。熟悉阶段还可以再分为五个子过程：吸引、沟通和议价、确定交易地位、确立交易规范和形成预期。

当交易双方在熟悉阶段持续获得利益，相互依赖的程度不断增强时，二者的关系就进入了深入（expansion）阶段。大量的交易在这个阶段产生，交易双方开始形成对彼此的信任，对彼此交易动机、交易能力的怀疑与冲突开始减少。当然，信任的形成也意味着交易双方结束关系的障碍增加，无形和有形的转换成本都会因为双方关系投入的加深而逐渐提高。

信赖（commitment）也可以看做彼此对各自交易动机、交易能力以及发展长期合作关系意愿的一种承诺。交易双方在长期的交往中都逐渐认识到对方是不可或缺的，而且真心愿意尽最大努力与对方维持长期的合作关系。信任、共同的价值观和彼此的倚重都有助于这种承诺的达成。在这个阶段，交易行为可能会是一种自动化的形式，交易双方由于非常熟悉各自的需求与要求，同时形成了稳固的信任关系，所以不需要对每次的交易行为进行严格的审查与复杂的谈判，许多日常的交易活动可以依照预先设定的条件和程序直接进行下去。

不是所有的关系都可以发展到信赖这个阶段，在此之前就可能会出现交易双方关系的解散（dissolution）。关系的解散既可以是单方面的行为，也可以是双方通过协商达成的。解散的原因是多方面的，可能是买卖双方出现信任危机，对彼此的交易诚意产生严重的质疑，认为对方做出了损人利己的事情，交易动机不纯；或买方无法忍受卖方多次的交易失误和低效率的服务；或买方对产品有了新的需求，而卖方无法满足；或卖方觉得从买方获得的直接和间接利益都在急剧减少，关系的持续将会给企业带来更大的损失等。

如图1-3所示，关系阶梯模型对企业与客户之间关系演进的过程进行了形象的描述。阶梯的底部是潜在顾客；经过企业的一系列营销活动，潜在顾客可能会成为企业实际的顾客，不过他们只与企业进行一次或者不定期的交易，处在关系交往的注意和熟悉阶段；通过有意识的关系运作，这些顾客可以成为与企业进行多次业务往来的客户，但是这些客户对企业的态度可能是中立甚至否定的；只有当企业把客户转化成支持者时，关系的力量才开始明朗起来，彼此的信任逐渐建立，他们愿意与企业联系，甚至积极主动地向别人宣传企业；到最后，顾客成为企业的合作伙伴，达到信赖和承诺的状态，与企业一起进一步寻找促进“双赢”局面产生的办法。

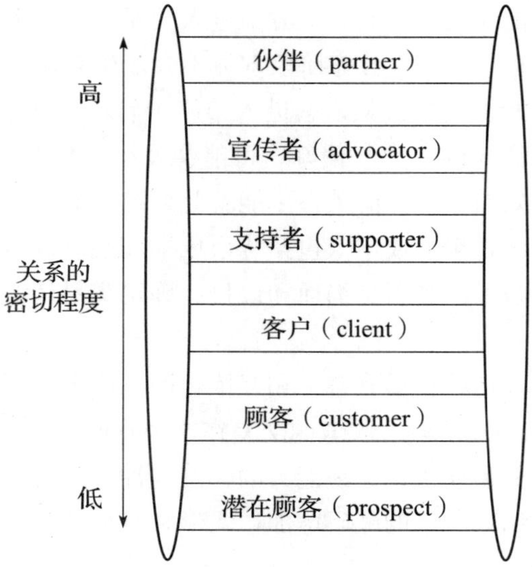

图1-3 关系阶梯模型

还有的学者将买卖之间的关系视为一个动态发展的过程，从关系强度弱的交易型关系到强度适中的情感型关系，再到强度极高的伙伴型关系，当然也可能发展到关系质量极差的关系破裂阶段。其中产品的多样性和良好的沟通有助于关系从交易型向情感型递进，而且效果最明显。卖方关系投资和买方关系投资对关系从情感型转向伙伴型影响最大，尤其是结构性联系。减少沟通、降低买卖双方的关系投资，有极大可能导致关系质量下降。冲突和不公正很有可能导致关系恶化，无论之前的关系质量有多高。沟通和妥协可以最大限度地修复破裂的关系。

本文所指的关系主要是指企业与顾客之间互动的伦理、情感、利益方面的联系，通过持续性的交往、交易，来寻求共赢。在这种互动联系中，企业主观能动性的发挥情况决定了关系的质量和时效。

3. 为什么需要关系?

长期稳定的关系给交易双方带来的利益是十分明显的，这种利益不仅表现为直接的财务利益或效用，还有正面的口碑（word of mouth）、忠诚、满足感和归属感等间接利益。下面我们分别从企业和客户的角度来解释关系需求的动因。

（1）企业为什么需要和客户建立关系?

企业与客户建立关系最基本的动因还是在于经济利益的考虑。首先，关系有利于增强客户对企业的依赖，提高客户的转换成本，降低客户的流失率，日积月累，不仅使得企业的营销活动更加有效率，客户的总数量也会有显著的增加。如表 1-2 所示，2018 年甲、乙两个企业拥有同样的顾客数量，每年的新增顾客数也是一样的，但由于甲企业与客户保持着比较合理的关系，所以客户的流失率比乙企业低 5 个百分点，短短 4 年之后，甲企业的顾客总数量比乙企业高出了 19%。庞大的顾客基数也意味着更大的利润和竞争优势。

表 1-2 顾客保持率对顾客基数的影响 单位：人

年份	甲企业（流失率 5%）			乙企业（流失率 10%）		
	现存顾客数	新增顾客数	总顾客数	现存顾客数	新增顾客数	总顾客数
2018	1 000	100	1 100	1 000	100	1 100
2019	1 045	100	1 145	990	100	1 090
2020	1 088	100	1 188	981	100	1 081
2021	1 129	100	1 229	973	100	1 073
2022	1 168	100	1 268	966	100	1 066

其次，关系投入所获得的收益也是十分可观的。企业与顾客的交易关系保持得越长久，就能从顾客身上获取越多的利润（见图 1-4）。

● 顾客保持时间越长，获取该顾客的成本在每期分摊的费用就越低。一般来说，获取一个新顾客的费用是相对较高的，尤其当这位顾客是竞争对手的长期客户或高端客户时。而且这种费用属于沉没成本，一经付出，无法变现，只能在顾客保

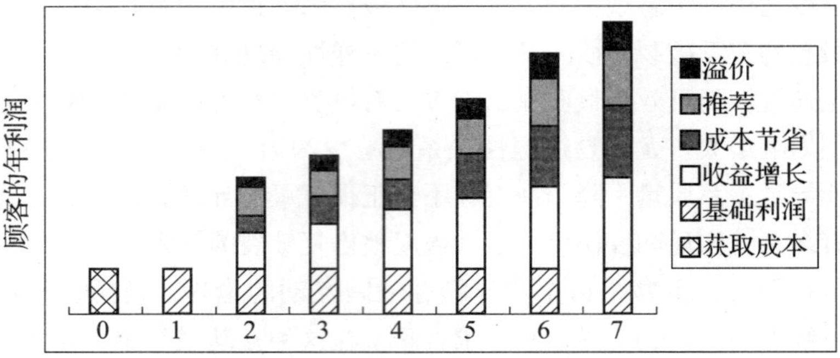

图1-4 关系投入的收益趋势图

持期间内摊销，通过顾客的交易来弥补。顾客保持的时间越长，则弥补的机会越多；而顾客流失越早，企业这种沉没成本完全冲销的可能性就越小。

- 保持顾客能够有效地抵御行业竞争者、市场竞争者和潜在竞争者的进攻，保证市场份额稳步增长。
- 长期顾客更倾向于购买更多的产品和服务，同时还会对企业的新产品、附加产品和相关产品感兴趣。
- 长期顾客更倾向于习惯性交易，交易稳定、持续，所以交易成本更低，交换效率更高，其管理和服务的成本更低。
- 长期、满意的顾客更乐于为企业免费进行正面的口碑传播和推荐，从而吸引更多的新顾客。
- 长期顾客对价格敏感性低，能够容忍较高的要价或价格上涨。

（2）客户为什么需要和企业建立关系？

企业通过与客户发展关系而获得的利益十分可观，但这种利益并不是单方面的，无论是中间消费者还是最终消费者，都存在着与企业发展关系的客观需要。

在B2B商务环境下，对中间消费者而言：

- 当供应商提供的产品越复杂，产品的使用越烦琐或艰深，用户对供应商的依赖性则越大，与之发展长期关系的愿望越强烈。如甲骨文公司的E-Business全套软件包含营销、销售、服务、采购、项目、财务、人力资源等多个管理模块，为了帮助用户了解和熟练使用该系统，甲骨文公司往往需要成立项目小组进驻用户所在机构，根据实际需要对原先的标准化产品进行定制化调整，并对使用者进行半年以上的培训和辅导。用户一旦选择使用这套商务软件，可以想见其转换成本的高昂，对甲骨文公司的依赖程度也会随着系统与业务的融合而愈加强烈。
- 供应物的战略地位也决定着用户与供应商发展关系的意愿的强烈程度。空调和冰箱中的压缩机、汽车的发动机、手机的芯片等，对生产厂商都是至关重要的核心部件，由于绝大多数制造商都不具备先进的研发与生产能力，只能靠少数几家上游供应商提供，因此生产厂商必须与供应商建立长期稳固的合作关系，否则生产和生存都无法维系。另外如矿石、原油、煤炭等对钢铁厂、化工厂和能源企业的制约也是显而易见的，与上游供应商发展关系是获得稀缺资源的必要保证。供应物在生产经营中的战略地位越显著，用户与供应商发展关系的意愿则越强烈。

● 企业的经营方式有时候也会影响交易双方关系发展的意愿。企业或经营单位专业化分工程度越深，彼此之间的依赖程度越大，在面临激烈的市场竞争时，更愿意组建成不同的战略关系网络，企业之间的竞争演变为不同战略关系网络之间的竞争，网络内部的关系意愿非常强烈。如有些制造企业为了降低成本，减少库存，采取了外包和零库存的策略，把生产、销售或售后服务过程中的一些环节交给其他独立厂商完成，并与自己的相关流程紧密衔接，避免不必要的半成品或成品积压。为了努力朝“零库存”的方向迈进，企业必须与上下游厂商之间建立稳定的关系。

● 用户购买行为承担的财务风险越高，越希望与供应商保持长期、稳固、亲密的关系，从而有效缓解或规避财务风险。电信运营商和航空公司每次购买运营设备的支出都高达几十亿、上百亿元，为了缓解巨额现金支出可能给企业变现能力带来的冲击，它们希望与设备供应商建立财务上的合作关系，采取分期付款、租赁、置换股权和股权出让等方式降低流动性风险。如果设备技术的更新速度加快，用户还希望供应商能够提供免费或低成本升级的服务，降低设备加速折旧带来的成本压力。

● 互惠互利的效应越强，用户越愿意与供应商发展关系。任何一个麦当劳餐厅都会供应可口可乐公司的饮料，试想如果没有可口可乐，消费者是否还会毫不犹豫地光顾麦当劳餐厅呢？还是会毅然决然地选择肯德基餐厅呢？同样，许多会计师事务所、律师事务所和咨询公司之间希望建立紧密的联系，除了业务上的合作之外，客户资源的共享和彼此的推荐都会给公司带来更多的发展空间。

在 B2C 商务环境下，对单个消费者而言，主动与企业发展关系的动因可能在于：

● 希望能被企业识别。经常光顾广州百货公司某香水品牌专柜的丽丽，每次走近专柜时工作人员都会像久违的好友一样笑脸相迎，亲切地说：“欢迎光临，丽丽小姐。”甚至好几次她刚刚踏进百货公司的大门，熟识的工作人员就认出了她，向她招手示意。所以广州百货公司是丽丽每次逛街必去的地方，而且总会带上朋友。

● 让企业更加了解其个性化的需求。王教授每天早上都会去学校附近的陶陶居喝早茶，那里几乎所有的服务人员都知道他喜欢坐在靠窗的位置，泡一壶功夫茶，边吃虾饺边看报纸，他讨厌虾饺里面放玉米，喜欢配上一碟香醋和辣椒圈。他也尝试着去别的餐厅喝早茶，但经常因为玉米和位置的事情不快，只有陶陶居让他感觉最惬意舒适。

● 更清楚地了解企业从而在交易中占据主动。10 月份李萍看到 L 品牌在地铁站的巨幅促销广告，部分产品 6.5 折，但她并不心动，因为根据她多年观察了解 L 品牌的销售活动，这次促销活动的折扣力度并不大，仅仅两个月之后，大部分产品都会有 5 折优惠，到时候再去挑几件今年的最新流行款更划算。

● 降低交易成本和风险。赵女士喜欢在莎莎连锁店购买全套某品牌护肤品，她长期消费累积的积分已经达到VIP客户的级别，可以享受8.5折的优惠；而且这些产品从来没有让她的皮肤出现不良反应，她也相信莎莎绝对不会出售假冒伪劣产品。

● 提升社会地位。由于业务大幅提升，与客户的沟通交流也频繁起来，钱先生因此成了中国移动全球通俱乐部的会员，可以参加俱乐部组织的各种社交活动、自驾旅行和商务培训课程，结识了不少商界和政界的朋友；每次出差，都可以直接通过机场的全球通俱乐部会员通道快速办理登机手续，当坐在贵宾休息厅里，听着专门针对全球通俱乐部会员的欢迎语，钱先生心里无比舒畅。

● 获得归属感。杰克等了两年终于购得了他钟爱的哈雷摩托车，同时花了150美元成为哈雷俱乐部的会员。在一次聚会中，杰克告诉大家哈雷摩托车是他最亲密的“恋人”，并分享了从“暗恋”、“追求”、“等待”到“成功”的艰辛历程，他发现很多人都有过同样的经历，而且每个人的故事都很精彩，他很愿意和这些人一起探讨各自“恋情”的最新进展。

二、客户关系管理的定义

关于客户关系管理的英文缩写CRM还有一种诠释，即持续关系营销（continuous relationship marketing），客户关系管理与关系营销的紧密联系由此可见一斑。客户关系管理到底是什么，学术界和企业界都没有统一的定义，说法众多，林林总总，五花八门。

有的学者从技术和策略的角度将客户关系管理定义为“一种电子商务的技术应用方案”，是“基于数据分析的营销活动”。

有的学者从系统运作的角度出发，认为客户关系管理“是一种以客户为中心的经营策略，它以信息技术为手段，对相关业务功能进行重新设计，并对相关工作流程进行重组，以达到留住老客户、吸引新客户、提高客户利润贡献的目的”，“通过人、过程与技术的有效整合，将经营中所有与顾客发生接触的领域，如营销、销售、顾客服务和职能支持等整合在一起的一套综合方法”，“是协调公司战略、组织结构和文化以及顾客信息的技术，用以有效地管理顾客接触，提高顾客长期的满意度，为企业创造利润”。

有的学者从企业经营观念的角度对客户关系管理进行诠释，他们认为客户关系管理“是企业处理其经营业务及顾客关系的一种态度、倾向和价值观”，“它要求企业全面地认识顾客，最大限度地发展顾客与本企业的关系，实现顾客价值的最大化”。

有的学者从战略管理的角度出发，认为客户关系管理是“一个互动的过程，用于实现企业投入与顾客需求满足之间的最佳平衡，从而使企业的利润最大化”，“通过这个过程，企业最大化地掌握和利用顾客信息，以增加顾客的忠诚度，实现顾客的终生挽留”。

有的学者从战略执行的角度出发，认为客户关系管理是“通过向企业的销售、市场和服务等部门与人员，提供全面、个性化的客户资料，并强化跟踪服务、信息分析能力，使他们能够协同建立和维护一系列与客户以及生意伙伴之间卓有成效的‘一对一关系’，从而使企业得以提供更快捷和周到的优质服务，提高客户满意度，吸引和保持更多的客户”，“它强调与客户的沟通，一方面获取客户信息，经过整理、加工、分析和研究提取与客户关系有关的知识；另一方面运用这些知识，产生正确的决策，并开展有效的行动”。

总结以上各种定义，从狭义的、策略性的界定到广义的、战略性的描述，实际上可以看成一个连续的统一体（见图 1－5），在这个连续体集合中，有三个基本的视角：单一技术方案、整合技术方案和客户导向的管理方法。各种论述基本可以归集在三个视角的左右。

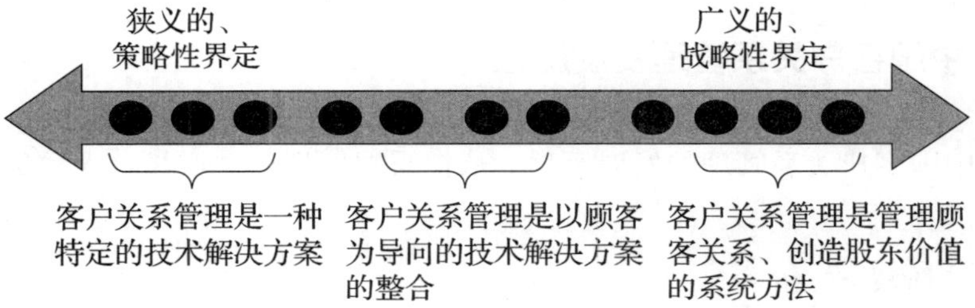

图 1－5　客户关系管理定义流

结合前面所界定的有关客户和关系的内涵，我们倾向于第三个视角，给予客户关系管理的界定如下：

客户关系管理是运用现代信息技术挖掘和积累客户信息，有针对性地为客户提供有价值的产品和服务，发展和管理企业与客户之间利益、情感和/或伦理上的关系，培养客户长期的忠诚度，以实现顾客价值最大化和企业收益最大化之间的平衡。

这个界定倾向于运作性和实战性，它包括以下几个维度：

- 客户关系管理是一种倡导以客户为中心的企业经营管理思想。它并不是一种简单的概念或方案，而是贯穿企业每个部门和经营环节的企业战略。客户关系管理涉及战略、流程、组织和技术等各方面的变革。
- 客户关系管理是一个系统的管理过程。它始于对顾客行为与特性的深入分析，以取得对顾客及其偏好、愿望和需求的完整认识，然后应用这些知识去制定营销战略、编制营销计划和发起营销活动，并对整个环节进行有效的评估和控制。
- 企业信息化是客户关系管理的基石。尽管不依靠网络、电子等信息技术，企业也可以进行一定的客户关系管理活动，但是信息技术的引进以及在整个企业范围内的推广，无疑会极大地改善企业客户关系管理的效率和效果，企业与顾客之间的沟通、顾客知识的挖掘、经营管理活动的自动化等都会因此发生翻天覆地的变化。

● 客户关系管理的目的是实现顾客价值最大化与企业收益最大化之间的平衡。商业化的理念同样需要贯彻到客户关系的管理活动中。企业实施客户关系管理并不是一味地去迎合客户的各种要求，甚至是不合理的要求，而应该识别客户给企业所带来的价值有多少，根据客户利润贡献的大小来确定价值传递的形式与内容，并结合企业的能力和资源状况，核算价值传递的成本，从而确定关系的层次与类型，最终实现客户与企业的双赢。

第 3 节　客户关系管理在中国的发展

尽管关系营销的理论在 20 世纪 70 年代就开始萌芽，但真正结合信息技术进行客户关系管理的实践到 20 世纪后期才开始出现并蔚然成风，迅速传入中国。

一、中国客户关系管理发展历程

回顾中国客户关系管理的发展历程，从初露端倪到稳健增长，大致经历了以下几个阶段。

1. 推广阶段

客户关系管理的概念起源于信息技术行业，软件开发商和系统提供商在最初的推广阶段中占据了主导地位，它们在介绍关系营销理念的同时，更多地突出了现代信息技术将会给企业经营管理带来的变革，从而刺激中国企业用户对客户关系管理软件及系统的需求。

2. 应用阶段

在强大的宣传攻势下，新的理念和新的管理技术给大家带来了耳目一新的感觉，许多商业用户表现出浓厚的兴趣，都将 CRM 看成了无所不能的法宝，以为有了 CRM 就有了一切，可以让企业起死回生，可以为企业带来源源不断的客户与利润。用户的热情也极大地刺激了众多软件供应商纷纷进入 CRM 的行列。

3. 融合阶段

然而 CRM 系统并不如起初看上去那么美好。很多的客户关系管理项目都没有给公司绩效带来起色。一些金融、通信等服务领域的企业将实施客户关系管理的工作提上议事日程，但实际运行并没有取得预期的理想效果。花费几百万或上千万元的软件系统不仅没有为企业带来巨额利润，反而成了企业的沉重负担。在残酷的现实面前，企业用户逐渐从“痴迷技术”的状态回归到管理的现实层面，注意现代信息技术与管理理念的融合、国外先进技术与国内实际情况的融合。客户关系管理软件的价格进一步下滑，越来越多的系统供应商开始关注中低端用户市场，也有一些公司开展 CRM 系统的租赁业务，用户无须一次买断使用权，可以采取租赁、托管的形式，根据需要按月支付费用。更有一些公司开始尝试开放源代码的 CRM 软件，提供收费的商业版软件和免费的开源软件，进一步降低客户关系管理应用的技术门槛和资金门槛。同时关系营销理论与客户体验、客户价值、客户资产管理理论不断兴起，促进了技术与管理的融合。

二、存在的主要问题

回顾中国客户关系管理实践的历程，尽管发展非常迅猛，前景也十分广阔，但的确存在着许多重大误区与缺陷，这是亟须解决的问题。

1. CRM 软件 = CRM

一些企业以为开发、安装了 CRM 系统软件，就实现了对顾客进行客户化、关系化的管理，对关系营销的精髓存在严重误解。

CRM 软件是实施客户关系管理的基本前提。优良的 CRM 软件能够帮助企业更好地收集、分析顾客的信息，挖掘顾客个性化的价值，审视自身的业务流程，提高决策的信息含量和可行性。成功实施客户关系管理的企业都有一个高效、安全、简洁、友好的 CRM 软件系统。但是 CRM 软件系统并不是客户关系管理的全部，它只是企业实施客户关系管理必不可少的一个工具而已。客户关系管理的目的是通过为顾客持续提供有价值的产品/服务，使顾客满意，保持顾客与企业之间的良好关系。单凭 CRM 软件系统的运转，是无法实现客户关系管理的目的的，关键在于被关系营销思想武装起来的全体员工。

将 CRM 软件等同于 CRM 的结果是 CRM 软件形同虚设，许多管理人员（尤其是中低层管理人员）将其束之高阁，依旧使用自己熟悉的管理方法。

2. CRM 信息系统与营销策划脱节

CRM 中的客户信息系统是为企业营销策划服务的。由于客户信息系统中不仅记载了客户的特征信息，而且完整保留了客户的交易信息，这些都为企业提供个性化的服务奠定了良好的基础。企业可以依托信息系统中已有的信息对客户进行市场细分，设计、传递符合客户个性化需要的价值，监测客户需求偏好的变化，等等。比如一些证券公司充分利用客户的交易信息、特征信息为客户提供个性化的个人主页。在个人主页上，用户能够看到自己喜欢的页面布局和色调、有关个人账户的信息、所持股票的技术图表、与所持股票相关联的资讯信息及投资参考，以及适合自己水平的操作技巧知识，还可以下单交易。

然而许多企业的管理者并未将 CRM 信息系统与企业的营销策略紧密地结合起来，现实生活中存在严重浪费客户信息资源的现象。一些企业的 CRM 系统内客户信息不真实、不健全或信息编制不科学，策划人员无法从中发掘客户价值，也不知道客户到底需要什么服务，只能穷于价格战或坐等市场变化。

3. 缺乏商业化的理念

多数企业在实行客户关系管理运作的过程中，忽视了商业化的理念，即成本-效益的理念。这表现在：

（1）不估算客户的价值，造成服务支出与回报不对等。客户关系管理的一个基本目标是平衡来自顾客的价值及给予顾客的价值。也就是说企业并不应该一味地满足所有顾客的所有需求，而应该区分他们的价值到底有多大，根据其价值的大小提供相应的服务，这样才能保证企业在满足顾客需要的同时有利可图。一些企业已经意识到商业化的重要性，而且有所行动。譬如，一些银行建议顾客进行小额存取款时，尽量使用自动柜员机，不必等待柜台服务；存款期低于一定年限或存款低于一定金额的，要缴纳一定的手续费和资金管理费；而对盈利性顾客，申请消费信贷可以减少抵押以及担保数额，并给予贷款利率上的优惠，免费提供相应的保单，补贴一定数额的电话费、上网费以及电子汇款手续费等。如果不估算客户的价值，则将导致企业在提供服务的过程中支出与回报不对等，高价值客户的差异化感受不明显。

（2）"最惠户"待遇普遍化，在提供服务时不严格区分客户。有些企业迫于竞争的压力，加强了客户服务的创新，吸引了不少竞争对手的客户和潜在客户。服务创新可能在短期内带来显著效果，这就刺激企业不断地进行服务创新。有些企业意识到在推行服务创新中差别对待不同价值客户的必要性，对高价值客户提供如国际贸易中最惠国待遇的"最惠户"待遇。然而，很多企业由于害怕等级化、差别化策略会引起在人数上占据优势的低端客户的不满，而将这种"最惠户"待遇普遍化，甚至在价格战中对低端客户的待遇远远优于高端客户。这种在客户关系处理中本末倒置的行为，将极大地侵蚀企业的利润基础。

（3）扭曲个性化服务，尽可能地为客户提供其所需的所有服务，甚至包括本职服务以外的服务。一些企业对个性化服务存在一定的误解，它们要求客户经理尽一切可能满足客户的各种要求，所以经常听到一些令人啼笑皆非的故事：一个全球通大客户给他的客户经理打电话说，他正在开一个紧急会议，无法去集贸市场买菜和到幼儿园接小孩，请客户经理务必代劳。客户经理拿不定主意，就请示他的上司。上司听后，大喜过望，认为这是与客户拉近距离的绝佳时机，立即要求该客户经理按客户要求行事。有了这个先例以后，越来越多的客户提出了移动通信服务以外的要求，客户经理不得不中断正常的工作安排或牺牲自己的私人时间。其实真正的客户关系应该是一种有价值的商业关系，这种商业关系是建立在企业主营业务基础之上的，而不是盲目地讨好客户。也只有企业的主营业务与服务才能真正给客户带来价值，才能真正留住客户。扭曲的个性化服务不仅增加了企业的运作成本，也损害了忠诚客户、大客户和内部员工的利益，危害了企业的形象。

4. CRM与业务流程再造脱节

客户关系管理如果没有进入到流程整合的阶段，那就只能是一个花架子，没有多大实际意义。许多企业为了推行 CRM，专门成立了客户服务部门，建立了客户经理制度。于是，客户关系管理就只是客户服务部门和客户经理的事，其他部门照旧运行，组织架构和业务流程都没有做相应的调整，各职能部门依然分立，服务接触界面不完善，后台支持不到位，服务质量控制缺失。

有这样一个案例。一名客户生气地投诉说："我打电话给营业厅的前台，告诉他们我这个月并没有在港澳地区使用手机通话，而话费单里出现了国际漫游费用。在查看了我的话费单后，他们支吾地说不知道具体原因，希望我能打电话到市场部去查询。我立即拨通了市场部的电话，但接电话的那位先生也无法解释。在得知我有客户经理后，他建议我向客户经理咨询。在接下来的一段时间里，我的客户经理帮我询问了公司账务中心的主任、网络部的经理，然后告诉我一个听不明白的名词'边界漫游'，并告诉我下个月底才能退回多缴的话费。"由此可见，CRM 与业务流程再造（BPR）的脱节严重影响了企业服务的质量与效率。

5. 对客户经理管理的忽视

对客户经理管理的忽视集中体现在对客户经理的选拔、培训、激励和约束机制不健全，企业无法建立起服务客户的企业文化。

（1）客户经理的素质不高。一些企业的管理者认为客户经理的工作内容就是跑跑腿、拉拉关系，服务有了缺陷就出面给客户赔个礼，所以对客户经理的选拔不够重视，通常安排一些企业的富余人员或从社会上招募一些能言善辩者担任客户经理；对客户经理的业务知识培训和职业技能培训非常少，客户经理的素质因而无法提高。低素质的客户经理当然无法为客户提供高质量的服务。一些素质低下的客户经理甚至成为企业形象的致命杀手。

（2）客户经理的地位低下。由于对客户经理的作用不够重视，客户经理本身的素质不高，导致客户经理在整个企业组织结构中的地位低下，有的甚至比一般销售人员还低。客户经理地位低下的状况给客户服务工作带来了不必要的烦恼。一位通信公司的客户经理无奈地说道，他每次去其负责的集团客户那里拜访、服务时，集团客户办公室的负责人总是说他们集团是处级单位，派一个小小的客户经理来，未免太不重视他们集团了。所以，遇到重要的业务问题时，这位客户经理不得不将分公司的总经理叫上。

（3）客户经理的职责混乱。客户经理的主要职责是为大客户提供业务服务，了解客户的需求及需求的满足情况，与客户建立良好的业务关系。然而现实情况并非如此。很多客户经理除了以上职责外，还要承担业务发展、回收应收账款等任务。这种"几位一体"的模式使客户经理成了"救火队员"，哪里出现紧急情况，他们就冲向哪里。这不仅混淆了企业的内部分工，增加了管理的难度，而且混淆了客户经理工作职责的主次地位，削弱了客户服务的功能，导致他们整天忙忙碌碌，但往往没有成就感。

（4）客户经理的激励机制不科学。在"几位一体"模式下，企业对每一项职责都有相应的奖惩规定。这种激励制度最终的结果是，引导客户经理总是做最有利可图的而不是最应该做的工作。比如某移动通信运营商规定，客户经理每卖出一张SIM卡，可以获得10～30元不等的代办费；新业务推广成功率达到90%，奖励100～500元，每提高一个百分点，另外奖励200～500元。这种规定有利于缓解该移动通信运营商当前面临的困境，但是它最终导致客户经理经常压缩访问客户时间，而且一见到客户总是离不开两件事：鼓励客户再多买一张SIM卡和推广新业务。

在网络经济和全球经济的冲击下，基于关系营销的思想实施CRM战略，对广大企业而言已经成为一个刻不容缓的重大课题。然而多数实施CRM的企业却并未如期地出现显著的绩效改善和能力提升，其CRM也是空有其壳，并无实质内容，顶多只是企业追赶时髦、方便对外宣传的幌子，对关系营销理论、客户关系管理工具的推广运用造成了十分不利的影响，甚至危及相关咨询行业和软件开发行业的繁荣。企业在具体运作CRM时也经常出现以上的误解与缺陷，甚至出现严重的偏离，给企业和社会造成巨大的损失和浪费。尽管并非所有的企业在推行CRM的过程中都出现过上述问题，但它们确实存在，而且极容易发生。我们提出来，希望能够引起大家足够的重视。

案例分析

Sungevity太阳能电池板的销售之旅

太阳能设备公司Sungevity似乎就是一个典型的住宅太阳能电池板供应商。但仔细了解后你会发现，Sungevity的“产品”是一个无缝的个性化、数字化的客户之旅。一开始，顾客（比如李明）会收到一封标题为“打开这个就可以知道你家使用太阳能后，到底会节省多少能源开支”的邮件，该邮件内包含一个网址，链接到李明家屋顶装上太阳能电池板之后的效果图，该效果图是设计人员利用谷歌地图搜索到李明家的屋顶之后，根据估算的房屋面积绘制而成。同时还会附上可节省能源的具体数额，这也是设计人员根据李明家以往的能源使用情况、屋顶的朝向以及附近的树木等信息估算出的。另外，李明可以连线到一位现场销售代表，该代表会看着跟李明一样的页面，熟练地回答李明的问题，并及时给他发送解说设备的安装过程和租赁与购买的经济性对比的视频链接。两天后，Sungevity还会给李明发送他家附近已经在使用Sungevity太阳能系统的房主的姓名和电话号码，他可以前往参观咨询。

与现有顾客交谈完回到Sungevity的网站后，李明只需点击一下鼠标，就可以连线到一位销售代表，商谈定制化的服务合同。销售代表通过电子邮件把合同发给李明，李明使用电子签名在合同上签字，发回就算成交了。当李明下一次访问该网站时，登录页面已经变成追踪合同执行进度的界面，每到一个重要的节点，系统都会给李明发出提醒通知。

现在，作为Sungevity的用户，李明会收到定期的报告，告知他家太阳能系统的运转情况、能源节约情况，以及根据他家特点给予的进一步节约能源的提示。

▶ 讨论题

1. 成功快速获取顾客的秘诀是什么？
2. 在与顾客交往的过程中应该注意些什么？

基本概念

关系营销（relationship marketing）
六大市场模型（six market models）
顾客（customer）
7P
客户关系管理（customer relationship management）

思考题

1. 企业为什么要和客户发展长期的关系？
2. 客户为什么要和企业发展长期的关系？
3. 什么样的客户关系管理才会成为提升企业绩效的利器？

拓展练习

请你拜访一家咖啡馆或餐厅的经理，了解其顾客具体包括哪些类型，不同类型的顾客处于什么样的关系水平，可以采取哪些策略优化现有的关系。

第2章

客户关系管理流程

本章要点

- 客户关系管理战略流程框架。
- 客户关系管理的核心流程。
- 客户关系管理的支撑平台。

引例

屈臣氏的会员体系

屈臣氏在全国拥有4 100家门店，6 300万会员。屈臣氏的目标顾客为18～35岁的女性，她们注重个性，有一定的消费能力，追求舒适的购物环境。会员卡管理是屈臣氏增加会员黏性的重要方式之一。屈臣氏的会员分为两个等级：第一等级时尚教主（即黑卡会员）；第二等级潮流小主（即绿卡会员）。首次开通会员，黑卡需要付费39元，绿卡需要付费25元。黑卡通过赠送200积分最高可抵扣50元的卖点，吸引消费者办理。自办卡之日起，累计计算一年内的消费情况，决定下一年的会员等级。通过消费金额和购买频次两个维度，对会员进行细分。潮流小主为一年内累计购物金额少于1 000元，或使用会员卡购物次数少于3次的会员。时尚教主为一年内累计购物金额达到1 000元或以上，同时使用会员卡购物次数达到3次或以上的会员。时尚教主等级会员任意购物可享双倍积分；潮流小主等级会员仅限生日可享双倍积分。通过不同积分规则，突出高等级会员的积分价值。会员每消费满10元可获得1积分，积分可按照每20积分=1元进行消费抵扣。会员在每月5号会员日消费，积分5倍膨胀抵现，积分可按照每20积分=5元进行消费抵扣，最高100积分抵25元。屈臣氏通过会员日当天积分膨胀，塑造积分价值，同时每月固定一天为会员日，方便消费者形成记忆。到屈臣氏收银台结账时，收银员会提醒消费者出示会员卡，帮助消费者积分，从而强化积分的价值。如果消费者没有会员卡，收银员会询问是否需要办理，在收银环节加强会员卡的销售。同时通过商品的会员价优惠，再次强化会员卡的价值。

数据应用是屈臣氏提升运营效率的重要方式之一。屈臣氏拥有1 000余种自有品牌的单品，其销售占比达到15%。屈臣氏是如何设计研发自有品牌的呢？屈臣氏在开发自有产品的时候首先进行市场调研，分析各门店的销售趋势和顾客需求，包括统计门店热销的代理品牌商品，然后根据热销品类研发自有产品；同时也会针对消费者的特定需求，推出具有特色的独家产品，根据需求研发消费者需要的新产品。屈臣氏将数字化会员信息导入企业微信中，企业微信与会员系统、数据系统连接，可以为导购提供顾客喜好方面的数据分析，让导购更清楚地知道顾客对哪些商品更加感兴趣、什么时候推荐什么样的商品，从而有针对性地通过企业微信推送相关商品信息以及促销信息给顾客，实现精准营销。

近几年来，屈臣氏 4 100 家门店除了销售个护美妆商品外，还大力发展电商，同时还为消费者提供不同形态的服务。屈臣氏推出了"闪电送"服务，消费者通过屈臣氏公众号、小程序线上下单，上万款个护美妆商品 1 小时送达。通过云店的模式，任何一个门店的导购都可以通过线下和线上向自己的会员推荐商品，成交所得的利润按规则分配到门店和导购，这样就促进了门店积极接受电商，同时将线下的实体店转化为电商的前置仓，更高效便捷地为消费者服务。另外，屈臣氏还通过增加服务体验，构建竞争力。比如强化消费者的试妆、口红试色等环节的体验感，屈臣氏的专业化妆师为彩妆消费者提供整体妆容指导与化妆体验，让消费者更加容易找到符合自己的妆容搭配方案。同时屈臣氏引入智能化零售元素，通过 VR 试妆镜提供给顾客肤质检测和试妆的黑科技，免除手动试妆的麻烦，3D 动态试妆，轻松体验口红、眼影、腮红、眉毛、睫毛等产品试用，会员可以通过屈臣氏小程序或者公众号预约到店进行免费化妆服务体验。屈臣氏通过加强线下门店的服务体验，与线上电商一体化发展，让消费者拥有更好的消费感受，在注重消费者体验的同时，也体现了屈臣氏在个护美妆领域的专业性。

第 1 节　流程管理导向与运作框架

在对关系营销和顾客价值理论深入研究的基础上，在电子网络技术的推动下，客户关系管理进入了实际运作的阶段，由于对客户关系管理存在不同的认识，企业应用分化为三个迥异的层面：分析型 CRM 侧重运用数据仓库和数据挖掘技术来共同提升企业与客户的价值；操作型 CRM 强调客户接触活动的规范化、条理化，努力实现营销规划、销售活动与顾客服务的自动化，从而改善顾客服务的效率与效果；战略型 CRM 则重视发展客户导向的企业文化，通过关注工作细节和培养员工习惯，逐步实现公司整体战略的转变。这三种应用并不是截然分开或对立的，可以通过科学系统的管理流程将它们整合起来，融入一个完整的客户关系管理运作框架中，实现相关利益者的共赢。

一、流程管理的演进

现代企业组织的演化可以追溯至两个历史渊源：工业革命和法律演变。发端于

18世纪60年代英格兰的工业革命不仅实现了动力机制或生产力方面的巨大转变，以机械动力代替人力，而且促成了工商组织内部的管理机制（也是生产关系的一种）发生质的突破，工厂体制使得工商业发展到从前无法达到的规模。另外，以“承担有限责任的法人”为代表的《公司法》的出现，直接导致了职业经理阶层的兴起，所有权与经营权分离，企业内部管理机制因此而变得更加复杂。实践的发展需要理论界对企业内部的工作组织方式进行细致、科学、缜密的剖析与研究。

早期的研究主要集中在以泰勒（Taylor）为代表的科学管理学派（scientific management school）。他们将研究的重点放在正式组织的结构方面。以劳动分工、职能、结构和控制幅度为支柱的科学管理学派很大程度上体现着X理论的思想，把工人当作机器来对待，按照最优原则将其布置在流程中需要的地方。科学管理学派对整个工作的机械流程研究得非常透彻。

不过，随着社会关系的深入发展，这种机械的观念受到了随后出现的强调人与社会因素的方法的挑战。从工业心理学和社会心理学理论中吸取了大量内容的行为学派（behavior school）信奉Y理论，认为人的因素同样重要，死板的工作流程、枯燥单一的工作内容会极大地挫伤工人的积极性，从而导致工作效率低下。所以如何领导、激励员工成为该学派研究的重点。

受行为学派思想的影响，在很长一段时间里，企业管理的理论家对人的研究重于对流程的研究。学术界里弥漫着领导才能、企业家素质、员工激励机制、企业文化等论题。然而，网络经济的急速蔓延和渗透以及全球经济一体化进程的加剧，打破了这种倾斜的局面。在新的市场环境里，企业需要的是灵活、速度和反应，而这一切都有赖于企业内部管理流程的革新与提炼，流程优化和业务流程再造（BPR）成为管理领域最时尚的话题之一，不禁让人有重回“泰勒时代”的感觉。

在全面质量管理、BPR等理论基础之上，流程管理领域出现了新的理论体系：6σ管理法。

6σ管理法在20世纪80年代晚期出现于摩托罗拉公司。当时，由于日本竞争对手的猛烈攻击，摩托罗拉公司的市场份额不断下滑，公司的领导人也承认其产品的质量不如日本竞争对手。1987年，摩托罗拉通信部门的负责人，后来成为柯达CEO的费希尔（Fisher），发明了一种革新性的质量改进方法，即6σ管理法。6σ管理法给予摩托罗拉的是一种对顾客需求满足情况进行简单而持续的跟踪和比较的方法，以及对产品实际使用质量所期望目标的不懈追求。在公司主席高尔文（Galvin）的大力支持下，6σ管理法在整个摩托罗拉公司得到推广，并取得了意想不到的显著成效。实施6σ管理法仅仅两年，摩托罗拉就获得了马尔科姆·鲍德里奇（Malcolm Baldrige）国家质量奖；实施6σ管理法10年后，摩托罗拉的销售额增长了5倍，利润每年增加20%，累计节约140亿美元，将摩托罗拉从失败的边缘拉回到正常的发展轨道上来。随后，摩托罗拉6σ管理法的咨询人员将它推广到了通用电气（GE）和联合信号公司（后与霍尼韦尔合并），帮助它们在不到4年的时间里获得了数十亿美元的收益。6σ管理法的巨大成功吸引了越来越多的追随者，从金融服务行业、运输行业到高科技行业，都有许多公司加入实施6σ管理法的行列，如杜邦、陶氏化学、联邦快递、强生、柯达、宝丽来、索尼、东芝等。一时之间，6σ管理法成为质量改进和流程优化的新宠。

在统计学中，希腊字母“σ”（sigma）是标准差的意思，用来衡量任意一组数据偏离平均水平的程度。管理学者借用这个概念来表示工作流程中实际出现差错或缺陷的频率。1σ表示流程中每一百万次缺陷机会中实际发生690 000次缺陷；2σ表示实际发生308 000次缺陷……6σ表示流程中每一百万次缺陷机会中实际发生的缺陷次数（DPMO）为3.4次，此时的成功率为99.999 7%。简单的σ转换如表2-1所示。

表2-1 σ转换表

正品率（%）	DPMO值	σ值
30.9	690 000	1
69.2	308 000	2
93.3	66 800	3
99.4	6 210	4
99.98	320	5
99.999 7	3.4	6

很明显，6σ的目标（即流程中每一百万次缺陷机会中实际发生的缺陷次数仅为3.4次）是很难达到的，但6σ管理法的创始者的真实目的并不在此，他们提出这么一个尽乎完美的目标，只是希望企业能够持续不断地优化企业的运作流程，不断地减少缺陷的发生，力争尽善尽美。99.999 7%是激励企业不断改进的动力。

1. 6σ管理法的革新之处

与全面质量管理和业务流程再造相比，6σ管理法的革新之处在于：

（1）真正从顾客需求出发。最好的6σ管理法方案不是从企业内部开始的，而是从企业外部出发的。6σ管理法首先要求企业对自己所服务顾客的需求有一个清晰的认识，以此来确定哪些东西是重要的，哪些东西是次要的。另外，整个流程的运作绩效和改进程度都是以顾客的满意程度和顾客感知价值的大小为标准来测量的。总之，在6σ管理法确定的闭环系统中，不仅出发点和回归点都是顾客需求，而且对它的关注贯穿整个系统的运作过程，真正体现了“营销观念”的思想。

（2）注重数据和事实。6σ管理法拒绝“拍脑袋”式的决策方式，主张依靠数据和事实来进行各项管理。在6σ管理法的运用中，统计数据、流程图表和各种分析方法是必备的，每一步行动的开展和推进都是基于对关键变量与最优目标的分解。

（3）关注流程。6σ管理法不仅强调对单一业务流程的分解与把握，同时要求企业管理层具有全局观念，对本部门和本企业的整个流程有一个总体认识。在6σ管理法里，业务流程就是采取行动的地方。不管是设计产品和服务、评估绩效，还是提高效率和顾客满意度，甚至是运作整个业务，6σ管理法都把业务流程作为成功的关键之处。

（4）主动管理。6σ管理法要求管理者必须确立远大的目标并且经常加以检查；必须确立各项业务的优先次序、轻重缓急；注重预防而不是忙于救火；经常关注业务运作的细节；经常质疑做事的目的而不是盲目询问如何做。

（5）“无边界”合作。6σ管理法通过在整个公司范围内的流程整合，打破公司内部部门之间和上下级之间的隔阂与障碍，促进组织内部横向和纵向的合作，创造团结合作的管理结构和文化氛围。6σ管理法认为，成功的流程改造和优化必须有组织结构优化的配合。

（6）追求完美、容忍失败。执行新方法、贯彻新理念，必然有风险。一味地追求完美而不能容忍失败，只会导致畏首畏尾，永远不敢进行新的尝试。6σ管理法既鼓励公司朝着更好的方向持续努力，同时也愿意接受并控制偶然的挫折。

2. 6σ管理法的实施步骤

在以上革新思想的指导下，6σ管理法的具体实施可以分为五个大的步骤。

（1）辨别核心流程和关键顾客。首先对组织中最为关键的跨部门活动及其与外部顾客之间的联系界面进行清晰、全面的整体了解，重点弄清：公司的核心流程或价值附加流程是什么（规模限制在1～2个流程），公司给顾客提供什么产品和服务，公司的流程是怎样“流”的。

（2）定义顾客需要。在对公司的基本情况有一个大致了解之后，接下来要做的是了解顾客到底需要什么，通过各种途径收集顾客需求方面的信息，建立顾客信息系统；从信息系统中剥离、归总出独立的需求属性；对各个需求属性进行排序，从而确定不同的顾客细分市场。

（3）评估公司当前绩效。在明确了顾客的需求之后，接下来就可以根据可定义的顾客需求对每个工作流程的绩效进行精确的评估，从而建立起对关键产出或服务特征的评估体系。这种评估有对当前流程绩效的历史纵向评估，也有对各个流程之间的横向绩效比较，通过评估确定每个流程的σ数。

（4）辨别优先次序，分析和实施改进。在对各个流程进行缜密分析和精细评估的基础上，可以按照每个流程在整个企业运行过程中影响的大小和对它实施改进的可行性进行排序，从而确立改进的优先项目。同时，还需要确定流程优化的方式：是连续的流程改进还是激进的流程再造。前者是对现有流程进行修补和完善，后者则是完全废弃原有流程，按照新的需要创立新的流程。

（5）扩展并整合6σ管理法系统。仅仅通过短期的改进方案是无法达到真正的6σ管理法绩效的，企业需要紧紧围绕6σ管理法的主题和方法，实行持续的业务流程改进活动，最终使6σ管理法的主题和工具成为企业日常业务环境中的一部分，从而形成“6σ管理文化”。

我们可以看出，6σ管理法能够围绕顾客的需求对企业业务流程进行正确、高效、持续的优化，从而不断提高企业的市场反应速度和运营绩效。这一点正是任何一个实施 CRM 战略的企业必须具备的要求和素质。在 6σ 管理法指导下的业务流程改进或再造是 CRM 实施和推进的基本保障。脱离了业务流程的改进和支撑，CRM 只会成为企业追赶时髦的花瓶。

二、关于客户关系管理流程的探讨

在借鉴流程管理理论的基础上，理论学者和实业人士对客户关系管理的流程进行了深入的研究探讨。

关系管理链的核心观念是在价值链上自始至终创造和维持互惠互利的优越关系，最终实现客户价值的增加。具体来说，它将六大市场简化为内部和外部两大市场，关系链的管理是在两大市场协调运作的框架下进行的，而关系链管理也必须保证内部市场与外部市场不断融合；同时，内部市场与外部市场的分类，将员工的满意度提高到了非常重要的地位。

在两大市场整合计划的支撑下，整个关系链管理流程分为五个步骤：确定价值内涵；确定市场细分、目标和定位；确定运作和交付系统；对已交付的价值进行分析、评价；控制与反馈。

1. 第一步：确定价值内涵

企业首先需要明确的，是顾客需要企业提供哪些价值以及企业能够为顾客提供哪些价值。解决这两个问题，需要企业对顾客、企业自身以及竞争者有比较深入的研究。

在服务领域，为了明确顾客的价值内涵，企业需要做的工作包括：

（1）确定关键的服务要素。首先，企业需要明确顾客如何衡量服务与 4P 之间的重要性：相对于 4P 而言，他们赋予服务的权重是多大。其次，顾客对服务单个要素的重要性又如何评价。

（2）测量服务偏好。运用替换技术测量出顾客对服务中每个元素的偏好程度。

（3）竞争标杆测量。明确顾客如何评价公司和竞争者在重要服务要素方面的表现。

2. 第二步：确定市场细分、目标和定位

在对顾客、公司和竞争者分析的基础上，可以按照顾客的价值需求对顾客进行归类；对每个群体进行盈利性分析；完善顾客档案；为不同的群体确定不同的关系战略和服务战略。

3. 第三步：确定运作和交付系统

明确了顾客价值需求和公司的发展战略后，接下来就是如何以最小的成本将优质的服务交付给顾客，实现顾客价值最大化。

实现这一目的的途径是：大规模定制化、服务交付的细分、建立与供应商的伙伴关系、流程改造与优化。

4. 第四步：对已交付的价值进行分析、评价

服务交付之后，企业需要对已交付的价值进行分析和评价，大致估算出顾客所获取的净价值（＝服务价值＋产品价值＋人员价值＋形象价值－货币价格－时间成本－精力成本－体力成本）。

5. 第五步：控制与反馈

监控整个服务流程，研究员工的满意度和顾客的满意度，作为以后战略制定的基础。

客户关系管理战略流程在关系管理链（如图2－1所示）理论的基础上，提出客户关系管理的流程应该与战略紧密相关，在确定和选择CRM流程时，应该遵循六个标准：有助于组织目标实现、对价值创造过程有贡献、具有战略性、结构清晰、打破部门或职能的界限，以及有助于实践者理解和开发CRM战略活动。客户关系管理的五个通用流程包括：战略开发、价值创造、多渠道整合、信息管理和绩效评估（如图2－2所示）。

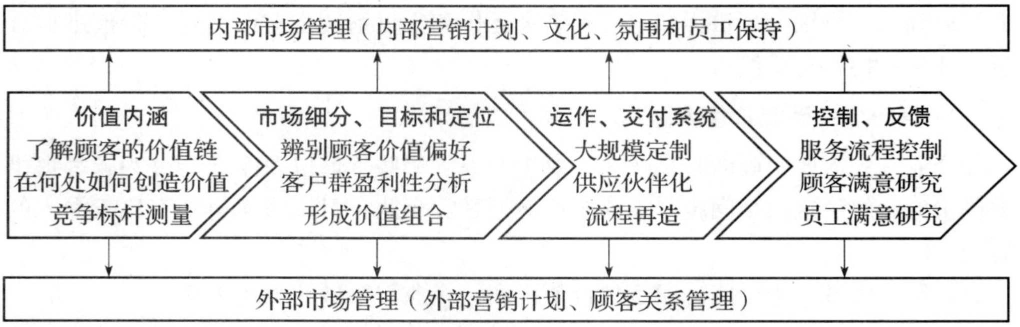

图2－1　关系管理链

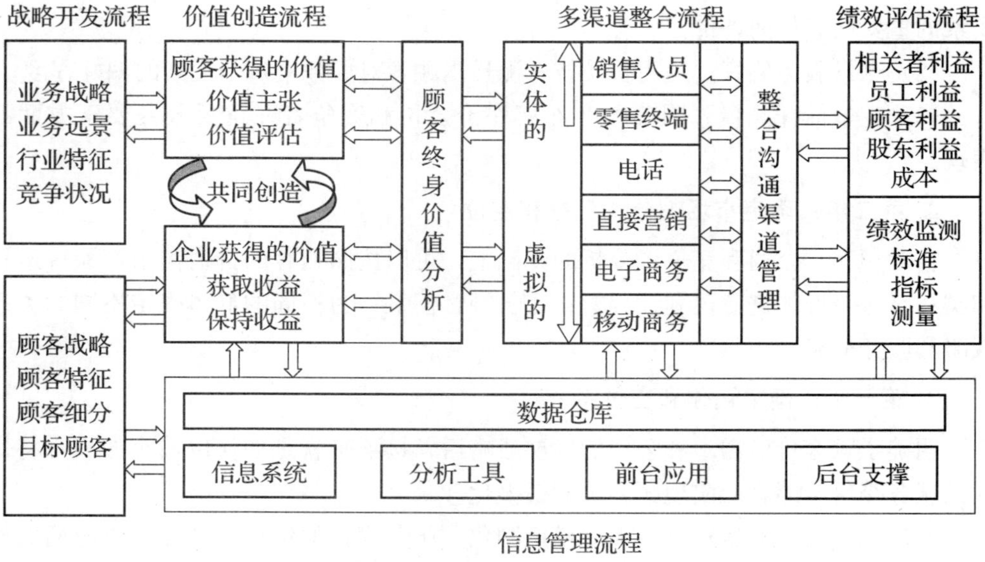

图2－2　客户关系管理战略流程图

与此同时，实业界也表现出对客户关系管理流程的极大关注。最早提出 CRM 概念的 Gartner 公司强调企业的战略、业务流程、战术、技能与技术五个领域对实现 CRM 的企业来讲同样重要，五个环节相互联系、相互促进。CRM 是一个循环往复的过程，是一个螺旋式提升的过程。这五个领域协同工作，互相驱动，使企业的 CRM 进入良性循环的轨道。为了成功实施 CRM，首先要领导挂帅，从高层开始建立一个实施客户关系管理的领导小组，授权推动文化的认同和整个项目；其次要对内部的业务流程进行改变，培训和教育员工去适应以客户为中心的理念和要求；最后还要对企业外部的环境进行监控。

甲骨文公司认为所谓的客户关系管理就是为企业提供全方位的管理视角；赋予企业更完善的客户交流能力；使客户收益最大化。它包括一对一和交互式的客户服务、大规模的客户化定制服务、客户关怀和亲密接触服务、最大化客户价值、简化业务处理流程以及加强客户交流等。和企业资源规划（ERP）应用系统一样，客户关系管理解决方案着重于业务活动的自动化和改进流程，尤其是在销售、市场营销、客户服务和支持等与客户直接打交道的前台领域。

SAP 公司认为成功实施 CRM 需要确立合理、可行的项目实施目标；高层管理者对 CRM 项目的理解和支持；CRM 项目的正确定位；有效地控制变更管理；建立恰当的项目实施组织结构；明确项目参与人员的考核及奖惩制度；选择合适的软件产品供应商及实施伙伴。

NCR 公司认为实施 CRM 主要是企业的组织、流程以及文化方面的变革。企业实施 CRM 的重点在于：寻找正确的客户；提供正确的产品和服务；在正确的时间与客户接触；利用正确的渠道为客户提供服务。

IBM 公司把客户关系管理分为三类：关系管理、流程管理、接入管理。它认为企业实施 CRM 需要考虑四个方面：是否为客户与企业的沟通提供了不同的渠道；是否有计划地为客户提供了个性化的服务和内容；不断收集有关客户的各种信息；提供一致的服务内容和水准。IBM 帮助上海通用汽车公司实施 CRM 的四个步骤是：集中客户信息；提高协同工作的效率；开拓新的渠道；客户细分。

惠普公司认为一个企业的 CRM 流程应当由四个阶段组成：信息管理阶段；客户价值衡量阶段；活动管理阶段；实施管理阶段。这四个阶段构成企业 CRM 闭环的流程。企业实施 CRM 可以分为六个步骤：定义企业的战略目标；定义 CRM 实施的目标；与客户一起制订 CRM 的进程；和客户一起讨论商业模型和组织结构的状况；根据需求定义需要什么样的 CRM 产品；与客户一起回顾 CRM 项目的全过程。

思政专栏

战略与策略

战略和策略是辩证统一的关系。习近平总书记从辩证唯物主义和历史唯物主义的高度，深刻揭示了战略和策略的辩证统一关系，指出："战略是从全局、长远、大势上做出判断和决策。""策略是在战略指导下为战略服务的。"深刻把握战略和策略的辩证统一关系，要求我们运用马克思主义立场观点方法，把握整个物质世界的本质特性和人类社会发展的客观规律，洞悉现象与本质、特殊与普遍、局部与整体、当前与长远的辩证关系，坚持共产主义远大理想和中国特色社会主义共同理想，坚持以人民为中心的发展思想，分析战略态势、明确战略方向、把握战略机遇、进行战略布局。同时要制定切合实际的目标任务、政策策略，在不断解决突出问题中实现战略突破，在准确把握战略全局中确保各项事业行稳致远。

《习近平谈治国理政（第三卷）》着眼于中华民族伟大复兴的战略全局和世界百年未有之大变局，对历史规律进行科学揭示、对现实问题进行深刻把握、对未来发展进行深入思考。该书强调指出，从整体思维、战略思维、创新思维、历史思维相统一的视角去统筹和把握新时代中国特色社会主义各要素之间的内在逻辑和发展走向。坚持马克思主义战略全局观，从全局观出发，统筹整体与局部、系统与部分、两点论与重点论、共性与个性、战略与战术的关系，抓住内因是事物发展的关键因素，从战略高度去把握新时代中国特色社会主义的主要内容和发展大势，立足大局、判明大势、顺势而动、应势而为，坚持底线思维，努力营造、延长和用好我国发展的重要战略机遇期。在客户关系管理流程中，一定要强化战略思维，保持战略定力，探究历史规律，把谋事和谋势、谋当下和谋未来统一起来，这样才能牢牢掌握战略主动权，切实增强工作的系统性、预见性、创造性。

资料来源：臧安民．高度重视战略策略问题（深入学习贯彻习近平新时代中国特色社会主义思想）.（2022 - 01 - 28）. http://paper.people.com.cn/rmrb/html/2022-01/28/nw.D110000renmrb_20220128_1-09.htm；刘晓川．马克思主义世界观和方法论的时代彰显.（2020 - 08 - 25）. http://paper.dzwww.com/dzrb/content/20200825/Articel09003MT.htm.

三、面向客户的战略流程框架

在吸收借鉴国内外学者与专家的观念、思想和方法的基础上，我们认为客户关系管理的运作框架应该至少具备以下三个特征。

1. 面向顾客

客户关系管理的运作首先从了解客户的价值链开始，包括顾客的价值、偏好和期望；其次开发让客户感觉有价值的服务内容；然后以最小的成本将这些服务"有质量"地传递给客户；再将以上的行为程式化，持续为客户提供有价值的服务；最后监控以上进程的运作与变化。整个客户关系管理的流程应该面向客户，以客户为中心。

2. 战略性

客户关系管理活动作为企业经营活动的重要组成部分，首先应该与企业的战略保持一致，必须有助于企业战略目标的实现。其次在整个客户关系管理活动中也应该具有全局观和战略视角，要兼顾企业与顾客的长远利益，将顾客关系作为一种资产来经营，基于顾客的终身价值发展与顾客的关系，进行顾客关系的周期性管理。

3. 整合性

客户关系管理不应该只是营销部门的责任，需要跨越部门与职责的界限，在企业内部与外部之间形成顺畅的沟通，所以要求企业在组织结构、企业文化、业务流程、经营策略与信息化程度等方面进行面向客户的变革，实施全员营销，将所有的资源整合在一起，为客户关系管理的关键活动提供支撑，共同实现企业价值最大化和客户价值最大化的平衡。

在以上原则的指导下，我们借鉴波特的价值链理论，将面向客户的客户关系管理流程分为两个部分（见图 2－3）：核心流程与支撑平台。核心流程包括：客户组合分析、客户信息积累、客户价值设计、客户价值传递、客户周期管理和绩效评估。核心流程运行的质量有赖于企业的信息化程度、组织变革和流程优化等基础性工作。通过核心流程与支撑平台的整合，企业为客户提供持续的效用和满意等价值，并因此获得利润和忠诚。

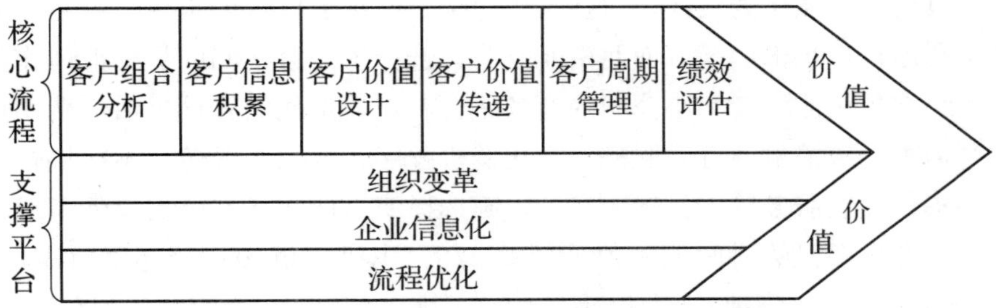

图 2－3　面向客户的客户关系管理流程

第 2 节　核心流程

面向客户的客户关系管理流程包括六个核心环节，它们构成一个闭环的管理过程。我们后面将逐一详细探讨，这里先简要介绍一下各环节的主要内容以及彼此之间的联系，帮助大家对整个客户关系管理的核心内容形成初步的认识和了解。

一、客户组合分析

客户组合分析是成功运作客户关系管理的前提。为了改善营销活动的效率和效果，企业需要改变以往大规模营销的模式，实施精细化管理，有选择地为客户提供服务。这种选择至少存在三个层次：

1. 寻找目标客户，细分客户群

对于掌握有限资源的企业而言，不可能满足所有客户的所有需求，也不能像以往那样推行标准化、大规模的营销模式，必须按照一定的标准对潜在的顾客群体进行细分，根据竞争格局和自身情况，从中选择合适的目标顾客群体，作为今后服务的对象。寻找目标客户的行为往往可以带给企业意想不到的效果。当全球航空公司在热火朝天地进行价格倾轧时，斯堪的那维亚航空公司（SAS）对目标市场进行了重新定义：集中发展欧洲民航运输产业中的一个特定市场——经理阶层，即产品——民航运输，需求——商务旅行，客户——经理，地域——欧洲。这一客户群体的特定需要是：在陆上和空中的准时、安全、个性化和舒适。为此，SAS 开发了许多服务项目来应对，例如，为实现在陆上提供舒适服务的目标，SAS 保证在欧洲和美洲城市的 SAS 宾馆可以直接预订；SAS 拥有一支供租用的运输队，由豪华轿车、直升机和普通轿车组成，用于接送旅客；在一些城市 SAS 还提供将旅客的行李从办公室或 SAS 宾馆运送到机场的特殊服务；在机场备有适当装饰、供旅客使用的特殊房间；更换了服务人员的旧制服；职员重新培训，以改进服务和提高处理突发事件的能力。简言之，即向目标顾客提供门对门的服务。与此同时，SAS 减少了对其他市场领域的关注，包括飞机租赁、经济舱座位的提供、货运、旅游航班、低关税航运市场部门等。而西南航空公司选择了完全不同的目标群体作为服务的对象：自费外出旅游者和小公司的商务旅行者，满足他们轻松灵活但费用低廉的短途旅行需求。取消电话订票服务、简化登机程序、取消头等舱、不提供行李转机服务、不提供餐饮服务等。目标顾客的正确选择使得西南航空公司降低了成本、提高了效率：办理登机的时间比其他公司短 2/3；飞机在机场一个起落只需 25 分钟（其他公司则需要 40 分钟）；去掉头等舱（3 排×3 个＝9 个座位），增加 4 排×6 个＝24 个座位；取消餐饮服务后服务人员从标准配置的 4 个减少到 2 个（一人年薪为 4.4 万美元，且工资占公司用于员工成本费用的 1/4 或 1/5）；取消机上餐饮设施，增加了 6 个座位；不提供餐饮服务，原着陆后 15 分钟的清洁时间也可节省；增加了航班量（一般航空公司为 6 趟，西南航空公司是 8 趟）；机票售价只要 60～80 美元，大大低于其他航空公司的 180～200 美元。西南航空公司成为世界上盈利能力最强的航空公司之一。

2. 寻找有价值的客户，对客户进行分级

不是所有的客户都是有价值的客户，企业在确定目标客户群体之后，需要对客户的直接和间接贡献价值进行评估，从中选择有价值的客户，为之提供服务。例如，联想集团综合运用客户终身价值、心理因素和使用频率等细分变量将客户分为四级：铂金客户、黄金客户、钢铁客户和重铅客户，并设立大客户市场部，由熟悉相关行业与领域的专业服务人员组成客户服务小组，向铂金客户和黄金客户等大客户提供最优质的服务，提高客户的满意度。

选择有价值的客户，还要兼顾客户的当前价值和未来价值，或者说应该从顾客终身价值的角度来评价顾客价值的大小。一些银行信用卡业务部把高校在校大学生作为业务推广的重点对象之一，尽管他们当前的消费能力有限，信贷消费的愿望不强烈，盈利的空间非常小。通过前期的开发和维护，大学生毕业以后，当紧随而来的购房、购车、结婚、生子、教育等大项消费需要分期付款和超前消费时，银行巨大的利润空间开始显现。

3. 寻找合适的关系战略，进行差异化服务

不是所有的客户都应该发展为亲密的关系，这取决于客户的类型和客户对关系的需要。可以根据客户的终身价值对其进行细分，了解他们对关系类型的偏好，进而发展合适的关系战略和策略。例如，联想集团所划分的铂金层级的客户是典型的产品大量使用者，对价格并不十分敏感，愿意花钱购买，愿意试用新产品，对企业比较忠诚，盈利能力最强，而且有巨大的发展潜力，他们的业务总量在不断增大，未来在增量销售、交叉销售方面尚有巨大潜力可挖。对于铂金客户应该加强获取和维护的力度，优先、重点向他们配置企业最优的服务与营销资源。但同样是铂金客户，对关系的偏好类型却大相径庭，有的商业用户侧重简单的、自动化的交易，讨厌客户经理天天满怀温情的问候，闲聊一些与业务无关的事情；有的客户却总希望客户经理能记得他喜欢打网球、一起谈谈最近的股票行情，生日的时候希望收到精美的贺卡和温馨的祝福。

二、客户信息积累

企业对目标顾客需求与偏好的深入了解，有赖于客户信息的积累，并将客户信息转化为知识，应用到具体的营销决策中。客户信息积累是一个长期、系统的过程，企业应该根据决策需要确定客户信息结构，并持续收集和更新客户信息。完善的客户信息有助于制定科学的营销决策。

利用客户数据库，沃尔玛对商品购买的相关性进行分析，一个意外的发现是：跟纸尿裤一起购买最多的商品竟然是啤酒。按照常规思维，纸尿裤与啤酒风马牛不相及，若不是借助于客户数据库系统，商家不可能发现隐藏在背后的事实：原来太太们常叮嘱丈夫下班后为小孩买纸尿裤，而丈夫们在买完纸尿裤后常常随手带回两瓶啤酒。既然纸尿裤与啤酒一起购买的机会最多，沃尔玛就在商店里将它们摆放在一起，结果纸尿裤与啤酒的销售量双双增长。

三、客户价值设计

客户价值的设计来源于真实需求的挖掘，而需求的真实性取决于对客户理解的完整性。为客户创造价值的途径很多，产品、服务、流程、人员、品牌、渠道等方面的创新或重组都可以提高客户的满意度。

开发出令客户满意的价值组合，首先需要对价值的内涵进行科学的界定，客户重视的是感知价值，而且是让渡价值，是效用与付出之间的对比。所以客户价值设计理论上可以从增加效用和减少付出两个方面着手。

英国快餐连锁店 Pret A Manger（法文，意思为准备吃东西）注意到现在城市里的上班族越来越希望能够更快地进食午餐，饭菜新鲜、有益健康、就餐环境舒适、价格合理是他们的要求。于是 Pret A Manger 用最好的配料，每天按照高级餐厅的标准做出新鲜的三明治，提供食物的速度比餐馆快，甚至比一般快餐店还要快；餐饮环境整洁，价格也合理。走进 Pret A Manger 快餐店，就像走进一家明亮的艺术工作室。靠墙摆放着干净的冷藏货架，里面的三明治达 30 余种，平均价格为 4～6 美元，所有三明治都是在店内用当天早晨送来的新鲜原料做成的。人们也可以选择其他当日制成的新鲜食品，比如沙拉、酸奶、冰激凌、鲜榨果汁和寿司。每家快餐店都有自己的厨房，非时鲜的食品则来自高品质的生产商，即使是在纽约的店内，长面包也来自巴黎，牛角面包来自比利时，奶制品来自丹麦。任何食物都不过夜，每天剩下的食物都送给无家可归者。除了提供新鲜、健康的食品外，Pret A Manger 还在服务流程方面进行改进，将原先的排队—点餐—付款—等候—接餐—就座的购买程序调整为浏览—取餐—付款—离开，不提供堂食服务，顾客从排队到走出餐厅平均只用 90 秒。

与客户互动、创造客户体验也是客户价值的重要源泉。哈雷戴维森公司于 1983 年成立哈雷车主会（HOG），开展各项体验活动和优惠项目，致力于将会员单纯的骑士身份转变为快乐的爱车族。哈雷车主会每年都在固定的地方举办全国性和区域性的车主聚会，吸引成千上万的车主从四面八方赶来。在聚会上，车主可以展示自己的摩托车，观摩别人的摩托车，进行摩托车比赛，试驾新款摩托车等。另外还不定期地组织车主跨区域巡游，1996 年的 66 号公路巡游的主题定为"重回西部淘金梦"和"探寻好莱坞之谜"，持续一周，吸引了 350 多位车手在 66 号公路上结成长龙，浩浩荡荡开往洛杉矶。这段经历让所有参与者终生难忘，印象深刻，每当回忆起来，都十分自豪。此外，哈雷车主会资助出版哈雷乐园刊物，每年 6 期，将各地哈雷车主会的新闻消息、图片、聚会安排、个人精彩照片、车主现身说法的哈雷故事等编辑成册，邮寄给各位车主。通过参与活动，客户与客户之间、客户与哈雷摩托车之间建立起亲密的关系，90%的哈雷车主会会员声称他们愿意再买一辆哈雷摩托车。

四、客户价值传递

为了将设定的价值交付传递给目标客户，企业需要在内外部构建价值网络，将供应商、分销商、合作伙伴、投资方以及员工等相关利益者整合起来，共同服务于目标客户，对抗竞争对手。在价值交付和传递的过程中，有两条相互连接、彼此依托、一明一暗的主线。明线是客户接触过程，它直接影响客户的感受，是价值传递的最前沿阵地，另一条隐藏于其后的暗线是维持整个交付传递系统正常运转的价值战略网络，是客户接触的支撑平台。二者的结合，为客户价值准确、及时、有效的传递提供了有力的保障。

沃克斯豪尔英国分公司是通用汽车公司在全世界的分支机构中做得最出色的。它成功进行了全程客户关系管理规划，通过控制各个关键时点为客户创造完美体验，并与经销商建立稳定、共赢的关系网络，有力支撑客户价值的明线传递。沃克斯豪尔公司抽调有十年营销、品牌管理和直销工作经验的保罗组建电子营销部，这个部门的目标是与沃克斯豪尔的客户建立更紧密的关系，同时又向其 450 个经销商——小到单独的家庭公司，大到由多个经营机构组成的集团推出能够增加其收益的服务项目。当一辆新车到了第一次保养期（12 000 英里或 12 个月），沃克斯豪尔电子营销部门的人员就会给客户打电话，提醒汽车该保养了，问客户是否愿意让经销商安排预约、什么时间最方便。这些信息和客户电话号码一起被转到经销商的服务部。另外，电子营销部的工作人员也会提醒客户质量保证期将到期，是否愿意延长。当客户的融资方案到了“节点”的时候（如客户决定改变付款方式或重新融资的时候，一般是满 3 年的时候），电子营销部门会给客户打电话，提供一整套服务和一辆崭新的借用汽车。如果客户同意，经销商的代表就为客户带来一辆客户自己选的新车，可以试用两天，与此同时，旧汽车被彻底清洗和重新估价。当代表送还焕然一新的旧汽车的时候，会带来一份合同并告诉客户，如果他想继续开那辆新车需要支付多少钱（例如，每月只多付 45 英镑就可以开这辆极好的新车，旧车可以由厂商折价收回）。

近年来崛起的生鲜农产品供应企业，则充分体现了客户价值传递支撑平台的重要性。生鲜农产品流通具有生产分散、流通渠道长、环节多、易损耗等特点。已经获得多轮融资的乐禾食品集团股份有限公司，一方面积极响应国家“十四五”规划“加快数字化发展、建设数字中国”的指示，在行业内率先启动数字化转型，通过系统来管理从田间到餐桌的全过程，优化从产地源头食材供应、食品安全溯源检测、食材加工到仓储物流配送等各环节，提高生产和经营效率；另一方面，乐禾着力构建食安云平台，秉承“食安大于天”的理念，实现食材来源可溯，检测管理高效透明，全方位把控食材品质安全。同时，乐禾通过不断更新完善信息化系统，对全国营销网络实行数字化管理，实现 240 多家分子公司的经营数据与总部精准高效对接，从而提升管理效率，用数字技术创造更多价值。

五、客户周期管理

从寻找目标客户、识别客户价值、积累客户信息、设计客户价值到传递客户价值，不是一次性的过程，需要从客户周期的角度来经营客户关系，注意不同阶段客户需求的变化及演进规律，注意不同阶段之间关系营销策略的衔接。

一些移动通信运营商为了巩固在大学生群体中的市场地位，根据大学生活的周期性规律开展不同主题的推广活动，极大提高了客户的保持率和满意度。大学生活的周期性非常明显，处于不同阶段的学生有着完全不同的活动偏好，而处于同一阶段的学生又具有大致相似的活动内容。9 月份新生入学是获取客户的最佳时机，通过开展高校迎新促销、迎新晚会冠名、“感师恩”等活动，及时满足新生与师长、学长交流的迫切需要，帮助大家尽快熟悉大学生活环境，同时建立了学生对企业品牌的归属感。在顾客维持阶段，通过组织校际篮球赛、足球赛和组建动感 WAP 网站与集群网，促进大学生彼此之间的了解，同时创造群体空间增加企业和品牌对用户的吸引和渗透，降低用户流失率。等到大学生客户对企业和品牌形成一定的忠诚感之后，运营商开始客户开发工作，通过数据业务营销深入挖掘用户需求，开发和介绍新业务，刺激用户使用和消费。每年 6 月是学生毕业的季节，运营商会资助举办一些大型的文艺活动，加强宣传介绍高端品牌业务、企业集团业务、企业集群网、移动办公系统等业务，并建立移动求职联盟，在帮助学生了解社会、尽快进行角色转变的同时，实现业务与品牌的提升。

六、绩效评估

对客户关系管理各个环节的运行绩效进行评估，有助于企业更加深入地了解客户需求，改进工作思路与对策，提高客户满意度与保持率。

李先生在父亲去世之后接手了家族建筑公司经理的工作。上任后他决定给所有过去 7 年内没有消息的客户打电话，之所以选择 7 年，是因为他知道一般来说平均 7 年就会有重复的工程。打完一轮电话后，他发现了一些令人震惊的事情。10%的客户对他公司以前的工作并不满意。这还不算很糟糕，只有 10%，李先生觉得庆幸，因为任何一家公司都会有一小部分不满意的客户。但是，通过进一步的调查，他发现大多数的客户都不是非常满意，很多客户觉得还有一些地方本来可以做得更好、更快或更便宜。李先生决定给每一个不太满意的客户提供免费的维修服务，向每一个客户保证愿意上门对他们觉得不够好的地方进行免费维修、替换和加固。令人惊讶的事情发生了，大概有 30%的客户让他的公司接手了新的工程，只有 5%的客户要求他去修理以前的工程。事实就是，他问客户是否满意，并保证让他们满意，这没有多花钱，却为公司赢回了 1/3 的老客户。

第 3 节　支撑平台

客户关系管理核心流程运行的质量和效果有赖于客户服务部门或市场营销部门的努力程度，也有赖于整个企业组织的配合程度。今天，在推行“以客户为中心”经营哲学的企业组织里，全员协同营销的理念得到大力贯彻和推广；营销企业的产品和服务，为客户提供优质满意的服务，绝不仅仅是营销部门的事情，也绝不是仅仅依靠营销部门就可以实现的，它需要整个组织的各个细胞在思想和行动上都要进行面向客户的变革，时时刻刻为客户着想，共同完成为客户传递价值的工作。为了在组织中有效实施和推广客户关系管理战略和策略，组织变革、信息化和流程优化的工作是必不可少的支撑平台。

一、组织变革

为了支撑客户关系管理良好运作，企业组织内部需要在管理层的态度、企业文化、人员和组织结构等方面进行相应的调整。

1. 管理层的态度

态度一般包括三个成分：认知、情感和行动倾向。管理层对客户关系管理的态度是指他们对客户关系管理的概念、特征、功能和流程等方面内容的理解程度，对客户关系管理绩效的预期及因此形成的偏好程度，在企业内部推广、实施和支持客户关系管理的意愿程度。认知影响情感，情感决定行动倾向。客户关系管理的实施和执行是一个长期持续的过程，在短期内的直接效益并不十分明显，如果没有高层人员的鼎力支持，客户关系管理的运作难以为继。

首先，管理层需要为客户关系管理的应用调整经营思路。管理层的经营哲学决定了客户关系管理的层级与类型。回顾企业发展史，管理层的经营哲学经历了从生产观念、产品观念、推销观念到市场观念的演进。实施和推行客户关系管理的决策层一般倾向于采纳推销观念和市场观念，而不是生产观念和产品观念。当销售和营销问题成为管理层关注的核心议题时，他们就会想尽办法提高销售的业绩，刺激客户购买更多的产品或服务，提高客户的满意度与保持率，客户关系管理的运作自然成为企业发展和生存的必需。当然，客户关系管理推行到何种程度，是作为一种单纯的提高客户服务质量的技术方案，还是帮助客户解决问题的整合技术方案，抑或面向客户的企业全面改造，完全取决于管理层对客户关系管理实施必要性的认识程度。管理层越是意识到按照过去的方式方法进行销售和服务，企业将陷入生存的困境，越是认识到产品和价格的优势是短暂的，客户需求的潜力却是巨大的，越是愿意接受来自市场的竞争和挑战，通过对企业营销、销售和服务的方式方法进行改造来获取竞争优势，满足客户个性化、差异化的需求，客户关系管理推进的力度和深度就越明显，企业以客户为中心的战略转型就越成功。今天不少企业的决策层已经深深地感受到顾客导向对企业发展的重要性。全球最大的家居用品零售商宜家家居致力于为大多数人提供种类繁多、美观实用、负担得起的家居用品，与客户建立伙伴关系，共同创造更加美好的日常生活。网红品牌完美日记和名创优品都认为企业的成功源自不懈地了解年轻人的想法，提供有创意的产品，提升他们的生活品质。在企业的核心价值观里，致力于客户的满意与成功和专注于对客户与公司有影响的创新成为首要的信条。宜家、完美日记、名创优品的决策层采纳以顾客为中心的经营理念，为各自顺利推广和实施客户关系管理营造了良好的组织氛围。

其次，管理层需要为客户关系管理的实施提供必要的资源。短期来看，在企业内部实施客户关系管理是比较昂贵的事情。在导入阶段，一套客户关系管理系统需要十几万元到几百万元不等的现金支出，系统越庞大、越复杂，企业信息化程度要求越高，现金投入越大。同时，由于软件开发商提供的系统均是标准化的产品，没有考虑到企业的行业背景与业务特征，所以慎重的做法多是由软件开发商与企业相关人员成立项目小组，进行为期3个月到一年的个性化开发和辅导工作，根据企业的实际运作要求对标准化软件系统进行改造，这需要耗费企业大量的时间、人力和其他资源。有时企业会在同一时间段面临很多大型的投资项目，比如建设新厂房、增加生产线、兼并或收购等，客户关系管理能否成为优先发展的项目，完全取决于管理层是否愿意为企业内部的改造首先提供必要的资源。

再次，管理层需要为客户关系管理的推进提供动力源泉和指引。科学实施与推广客户关系管理是一个长期的过程，即使是在客户关系管理的导入阶段，系统的适应性改造、客户数据库的建立、营销信息的导入、销售自动化的实现等，都需要有一个时间进度表。管理层需要站在企业整体运行的高度，协调各个子项目的改造进程，并制定考核与评估体系，保证整个改造过程朝着预期的目标迈进。改革难免会遇到阻力，推进力度越大，遇到的阻力也越大，而且在短期内，客户关系管理运行的绩效并不十分明显，这有可能成为项目停滞的主要客观原因，管理层需要改变考核和奖励机制，加大非财务指标和长期指标（如客户满意度、客户获取率和客户终身价值等）的权重，突出对过程的考核，为客户关系管理的实施人员提供必要的动力和激励。

最后，管理层需要为客户关系管理的推广打破部门障碍。实施客户关系管理的动因多是起源于营销部门或销售部门，但在具体实施和推广过程中必然涉及企业的信息部门、服务部门、生产运作部门和财务部门，还需要改变企业的文化、流程、资源结构、组织结构、技术基础、企业目标、考核体系和员工技能等，所以组建跨部门的执行团队是客户关系管理成功的关键，而组织、协调与监控跨部门团队都需要管理层的大力支持。多数企业在推行客户关系管理项目时，会指派一位副总经理来直接领导跨部门的团队，类似于经营管理委员会或董事会的决策层会定期检查推行的情况，这种制度安排有效地打破了部门之间的障碍，促进了部门之间的交流。

2. 企业文化

企业文化在维系企业稳定发展方面的贡献逐渐得到大家的认可。企业文化一般是指企业组织成员的共同价值观和信念，它帮助成员理解组织的职责和目标，并规范个体在组织中的行为。实施和推行客户关系管理需要以客户为中心的企业文化（见图2-4）。

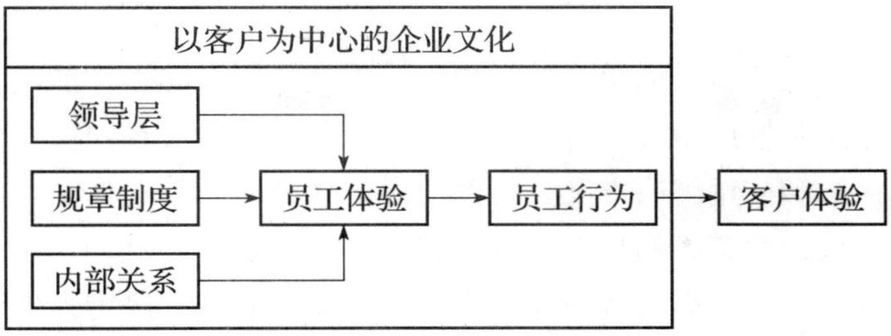

图2-4　以客户为中心的企业文化

以客户为中心的企业文化具体表现在：

- 有选择地为客户提供服务；
- 熟悉客户当前和未来的需求；
- 在组织内部积累和分享客户知识；
- 时刻监测客户的反应：满意程度、保持率、未来购买倾向、推荐或口头正面宣传倾向、钱包份额（即在其整体消费支出中的比例）；
- 为客户设计和提供优于竞争对手的产品与服务；
- 集中全部资源（包括信息、物资、人力和技术等）努力满足客户需求；
- 发展面向客户的企业战略、流程和结构。

客户的体验受到多种因素的影响，包括企业的产品、服务、流程、沟通活动、声誉和人员。其中作为与客户直接接触的一线营销、销售和服务人员，对客户的满意程度和未来购买倾向影响非常大。面向客户的企业文化通过领导层、规章制度和内部关系，可以很好地引导和规范员工的行为，提高客户体验的满意程度。

领导层方面：

- 致力于创造非凡的客户体验；
- 要求员工时刻为顾客着想，从顾客的需求出发；
- 以身作则，处处表现出重视与客户发展关系，客户至上；
- 尽一切可能为下属，特别是一线接触人员提供必要的资源，全力支持他们为客户提供优质的服务。

规章制度方面：

- 设计制度用于识别和奖惩员工在创造客户体验方面的差异；
- 测量客户满意度和保持率等指标，作为员工业绩考核的基础之一；
- 对新进职员进行客户至上的系统培训；
- 邀请客户参与到对一线员工业绩评价的活动中来。

内部关系方面：

- 客户信息与知识在组织内部得到有效传递和共享；
- 不同部门的人员愿意通力合作来探讨如何改善客户体验；
- 欣赏他人在创造客户体验方面的成就。

3. 人员

只有忠诚的员工才能带来忠诚的客户；员工满意了，客户才能满意。人员在客户关系管理的应用和推广中发挥着至关重要的作用。从发展客户关系管理战略，选择解决方案，执行和使用解决方案，跨部门运作客户关系管理体系，积累和维护客户数据与信息，设计营销、销售与服务流程，与客户接触和互动，改变工作流程与氛围，到创造客户满意、提高客户保持率等，人员都起到了决定性的作用。如果没有人员的积极参与，客户关系管理就无法在企业内部实施和推广，无法提升企业的绩效和盈利水平。

为了获得人员的支持，首先需要倾听他们的声音，尤其是因为推行客户关系管理而彻底改变其原有工作模式的员工的反映，说明客户关系管理带来的益处以及实施的必要性，缓解他们的抵触心理。比如要在销售部门实施流程自动化的改造工作，必须先对销售人员的工作实践有充分的了解，邀请他们参与到新流程设计的活动中，尊重他们的意见，考虑人员使用的便利性，否则就会出现束之高阁的情形。嘉柏集团作为全球领先的搬运公司，认为成功实施客户关系管理需要员工广泛的参与、理解和执行。所以在实施方案定稿之前，项目小组人员在企业内部广泛征求员工的意见，比如实施销售自动化方案之前特别征求了销售部门和客户服务部门对新方案的感受以及推行的可能性。经过一段时间的辅导和测试之后，当企业全面运用客户关系管理系统进行业务操作时，在市场上获得了极大的成功，各个部门使用系统的积极性高涨，并从中得到了益处，如销售部门80%以上的业务代表因此大大提升了销售业绩。嘉柏集团认为这一切应该主要归功于在项目实施前期与员工的有效沟通。

其次，要注意对不同部门、不同层次人员能力的培养与职责的划分。管理决策层应该培养战略型客户关系管理的能力，从以企业为中心转变为以客户为中心，把握客户需求变动的趋势，在企业内部推进面向客户的改造，打破部门利益造成的阻隔。中层管理人员应该培养操作型客户关系管理的能力，精密设计营销、销售和客户服务的进程与频率，帮助实现组织改造，并指导一线人员的工作。基层业务人员应该培养分析型客户关系管理的能力，注意收集和识别有价值的客户信息，提高客户接触的技巧和反应速度，提高信息挖掘与分析的能力，为管理层进行决策提供有力支撑。市场部门、销售部门和客户服务部门应该是客户关系管理的主体部门，信息技术部门只是提供技术支撑，为部门应用提供服务。

最后，定期考核和评估人员的技能、知识与态度也是十分必要的工作。随着客户关系管理应用的不断深入，对人员的要求不断提高，持续的学习和改造是企业成功实施客户关系管理的基本保证。

4. 组织结构

客户服务定制化、个性化程度的提高，要求企业的反应速度不断提升，所以组织结构也要相应扁平化、团队化。

在传统的组织结构中，领导和下属之间的职权都有明确的规定，不能更改，领导高高在上，下面是下属，呈金字塔形。过多的管理层级容易引起信息失真和传递缓慢以及企业成本上升，导致效率下降。当需要基层人员灵活应对客户需求时，金字塔形的传统组织结构的弊端就越发明显。实施客户关系管理的企业应该努力减少中间管理层，实现扁平化，适当向员工授权。领导层起的作用从命令转向支持与考核，为下属服务，确保下属不越轨，支持他们，给他们提供促进组织长远成功的机会和资源。诺德斯特龙百货公司以超凡的客户服务水平闻名于世，在其组织结构图（见图2-5）中，董事会不是高高在上，而是在幕后默默支持那些为客户提供实际服务的雇员。

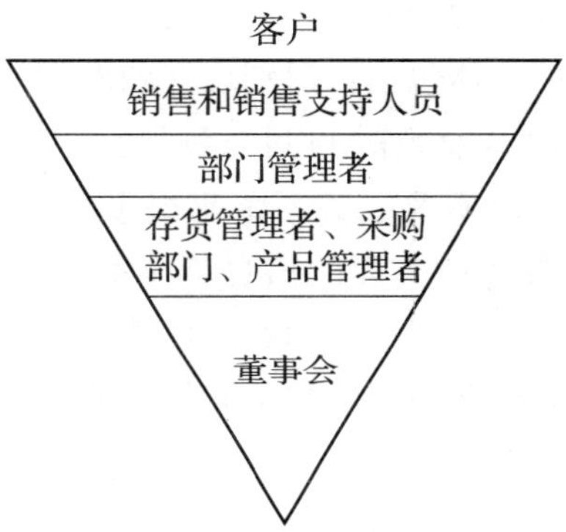

图2-5　诺德斯特龙百货公司组织结构图

打破部门之间的障碍，提高工作效率和反应速度的一个有效方法就是组织结构的团队化。从生产、市场、销售、研发、工程等部门中选出人员组成一个客户服务团队，成为很多企业获得成功的重要因素。广州日立电梯公司根据客户订单成立一条龙项目小组，从各个部门抽调人员形成固定团队，负责上门测试、设计、生产、运输、安装、调试及维护的工作，与客户形成稳定的紧密关系。

二、企业信息化

信息技术的发展提高了企业处理业务的效率。企业信息化实际上就是运用信息技术对企业内外部信息资源进行整合、开发和利用的过程，最终形成完善的信息系统。

信息技术有硬件和软件两个层面：硬件主要由计算机网络和信息设备组成，是企业根据其业务发展趋势及对信息采集、处理、存储、传输和共享的要求而构筑的硬件信息环境；软件主要包括由数据库系统软件和应用系统软件组成的信息处理与应用体系，为信息资源的集成、开发和使用提供支持。信息技术是企业信息化的基础，企业的信息化投入越大，硬件设施就越先进、齐全，软件系统就越庞大、高效，企业内部处理信息资源的能力则越有保证。

但是，信息技术并不是企业信息化的根本。只有企业内外部信息资源得到有效的整合、开发和利用，形成完善的信息体系，在企业内部实现合理的知识共享，企业才真正实现了管理的信息化。

一方面，客户信息的积累、挖掘、分析、应用和共享构成企业信息化的重要组成部分，客户关系管理系统也是整个软件平台中的关键一环；另一方面，企业信息化为客户关系管理的实施提供了有力的技术支持和知识保障，有效地促成了客户知识的形成与共享，改善了客户服务的效率和效果。企业信息化对客户关系管理活动的支撑，贯穿于客户关系管理核心流程的每一个环节。比如客户组合分析的首要任务是识别出企业应该服务的目标客户群体，他们在战略上十分重要，能够为企业带来巨大的潜在价值。识别客户的价值必然包括两个方面的基础工作：对历史信息的分析和对未来行为的预测。具体包括：识别现有和潜在的客户；识别单个客户或客户群体过往交易的成本、收益及贡献利润；预测保持和开发现有客户的成本及收益；预测未来获得新客户的成本及收益。企业积累的关于市场、客户、竞争对手、企业本身、合作者以及宏观环境方面的信息越全面、及时，软件的分析功能越强大，信息资源整合的程度越大，客户识别的工作就越精准，对营销决策的帮助就越大。对其他环节的支撑我们将在第 3 章和第 5 章做更加详细的叙述。

三、流程优化

企业的流程可以分为不同的类别。按照部门的跨度可以分为垂直流程和水平流程。垂直流程是发生在一个职能部门内部的流程，如客户获取流程完全在营销部门内执行，不会涉及其他部门的参与。水平流程是跨部门的合作，如新产品开发需要销售部门、市场部门、财务部门、生产部门和研发部门的通力合作才能成功。按照与客户接触的程度分为前台流程和后台流程。客户抱怨管理属于前台流程的范畴；生产运作管理不直接和客户接触，属于后台流程的类别。按照对企业价值链贡献的大小可以分为主要流程和次要流程。例如订单处理流程、物流管理流程对企业运营成本和收益的影响至关重要，属于企业的主要流程。

流程显示企业经营管理的方式，流程的优化有助于顾客价值传递能够以有效率和有效果的方式实现，降低服务成本，提高客户满意度。当你乘坐美国航空公司（American Airlines）的航班时，你会发现这家公司的飞机机身上除了公司标记彩条外，通体都是银白色。为什么该公司不像其他航空公司那样，在机身上涂上斑斓的色彩或是凸显公司个性的颜色呢？这是因为他们发现喷涂一架大型喷气式客机的机身需要数吨漆料，不涂色不仅节省了漆料和工时，而且由于不会增加重量，相对会降低飞行燃料消耗，也给客户带来了不一样的感受。

企业通过重新设计组织经营的流程，使这些流程的增值内容最大化，其他方面的内容最小化，从而获得绩效改善的跃进。流程优化有两种方法，即系统化改造法和全新设计法。其中，系统化改造法以现有流程为基础，通过对现有流程的梳理，企业可以明确自身的流程现状，并通过现状问题以及业务需求的分析，对关键的流程进行优化，同时在企业内部建立流程管理体系，从而实现流程优化的管理的持续运转。全新设计法是从流程所要取得的结果出发，从零开始设计新流程。这两种流程优化方式的选择取决于企业的具体情况和外部环境。一般来说，外部经营环境相对稳定时，企业趋向于采取系统化改造法，以短期改进为主；而在外部经营环境剧烈波动时，企业趋向于采取全新设计法，着眼于长远发展而进行较大幅度的改进工作。一般来说，比较适宜的方式是采取系统化改造法。

可以看出，流程优化是一个彻头彻尾的"唯价值是图"的东西，它紧密围绕增值这个主题内容展开，要求组织尽量保证增值活动以最高效的方式开展，而把非增值活动控制到最少，甚至使其消失。无论是前台流程还是后台流程的优化与整合，都会为客户价值的创造和增加做出有力的支撑。

案例分析

希尔顿酒店 OnQ CRM 系统

全球十大酒店集团之一的希尔顿酒店集团 1907 年在美国得克萨斯州的一个小镇上起家，发展至今已经在全球 90 多个国家和地区拥有 4 000 多家酒店，旗下拥有 Waldorf Astoria，Conrad，Hilton，Double Tree，Garden Inn，Hampton 等十余个国际知名品牌，超过十万名员工每日为数以百万计的全球顾客提供优质、全方位的服务。希尔顿集团坚信信息技术与品牌、企业文化紧密相连，持续稳定的信息技术基础设施可以确保品牌承诺的有效实现。

起初，希尔顿集团投资 9 300 万美元用于建设集团的中枢神经系统：OnQ 系统，其中 4 000 万美元用于软件开发，5 300 万美元用于硬件和实施。2007 年又追加了 1.02 亿美元的建设费用，其中 2 200 万美元用于软件开发，4 000 万美元用于系统的全球化，4 000 万美元用于购买和运行新的硬件。系统建设完成后，每年还要花费 6 000 万美元进行系统维护。在 OnQ 系统上开发的客户关系管理子系统，开发费用仅 65 万美元，每年的维护费用需要 100 万美元。

希尔顿的顾客可以通过集团网站、呼叫中心、代理机构等各种渠道预订客房，一旦预订成功，希尔顿的 OnQ 系统就会启动对顾客的周期管理，分为顾客画像、入住前、到店、住店、离店、回访等环节。对高价值的顾客，希尔顿酒店会特别关注。每天早上，酒店前台会拿到一份当天入住酒店的高价值顾客报告，列明客户资料和等级；前台会根据客户偏好提前分配和准备好房间；为黄金和钻石客户准备好附加服务；对客户曾经的抱怨格外小心，避免同样的错误再次发生；最后会请客户填写有关满意度和忠诚度的问卷。

▶ 讨论题

1. 希尔顿对顾客的周期管理体现了客户关系管理的哪些关键流程？
2. 如果你是希尔顿的董事长，你会如何进一步借助 OnQ CRM 系统改进服务？

3. OnQ CRM 系统的推行，需要酒店等传统服务行业对自身的内部管理做出哪些改变？

基本概念

客户关系管理流程（customer relationship management process）
6σ 管理法（six sigma management）
客户价值（customer value）
组织变革（organizational reform）
流程优化（process optimization）

思考题

1. 客户关系管理流程中的六个核心环节相互之间有什么关系？
2. 组织变革、企业信息化和流程优化如何支撑客户关系管理核心流程的有效运行？
3. 如何将 6σ 管理法应用在客户关系管理流程中？

拓展练习

深入了解某个机构或社团，规划出其面向客户的客户关系管理流程，重点列出其核心流程和支撑平台的内容。

第3章
客户关系管理技术

本章要点

- 客户关系管理技术的基本构成。
- 客户关系管理技术的变迁过程。
- 客户关系管理软件系统的主要功能模块。
- 接触管理与应用平台、数据仓库和数据挖掘技术在客户关系管理软件系统中的应用。

引例

新加坡樟宜机场的客户服务

英国公司 Skytrax 每年都会综合乘客满意度等因素评选出全球十佳机场。2020 年，新加坡樟宜机场获得全球最佳机场奖，这已经是樟宜机场连续 8 年获得第一，并第 11 次获得这项殊荣了。位于樟宜机场内的室内瀑布高达 40 米，是世界上最高的室内瀑布，周围拥有大片乔木和灌木，还设有森林步道，到了晚上就变成梦幻灯光秀。除了机场内部令人惊叹之外，樟宜机场还有很多免费体验项目，免费电影院、免费游戏、免费休息区。如果时间足够，甚至可以免费参加 2 小时的新加坡观光游，参观新加坡的经典景点。樟宜机场里有很多电子触屏装置，它们有三个功能：一是为附近的诸如卫生间之类的服务设施打分；二是通知功能，如果旅客打了低分，那么附近的工作人员就会立刻收到信息，并及时赶来处理；第三个功能就是告诉管理部门是哪一个工作人员当班时出现了差评。

如果服务出错，乘客会记住糟糕的经历，并对服务质量产生意见。机场人流量大，难免会出现疏忽甚至混乱的情况。一旦出错，满意度就会受到影响。怎么区分是机场哪个部门的疏忽呢？对于客户而言，机场是一个整体，无论是哪个部门的疏忽都会被认为是机场的疏忽。但从运营逻辑的角度来看，机场由多个独立部门组成，这些部门各司其职。例如，樟宜机场在公共区域和中转区域设有上百个零售商店，这些商店都属于独立的商业个体。除此之外，还有各种合作商，例如清洁公司和行李搬运公司等，都按照自己的运作流程和目标来开展工作。但是真正以客户为中心的组织必须设身处地为客户考虑。樟宜机场将整个机场作为一个整体来向客户提供服务，这就是“OneChangi”计划，该计划倡导使用技术手段来进行高标准服务，让服务水平变得更加稳定，服务效率得到提升，从而带来良好的客户体验。“OneChangi”计划的实施需要一个与之协调的技术系统，部署CRM平台将机场集团各渠道和后台数据资源整合，为该机场内的客户服务提供支持。机场通过客户接触点（包括网站、电子邮件、联系中心以及位于机场各航站楼内的即时反馈系统），收集机场客户的反馈，并使用该平台传输和整合这些反馈信息。客户的反馈意见五花八门，几乎涵盖各个方面。樟宜机场与合作商分享这些信息，以便他们及时处理和跟踪相关的反馈。收集的数据还可以让樟宜机场大致了解服务水平和反馈指标，从而帮助机场各部门达到规定的服务水平。借助CRM的实时信息，管理人员可以实时了解发生的情况，以及投诉是否已经在规定的时间内得到妥善处理。

第1节　客户关系管理技术演进与发展

技术对客户关系管理的实施与运用起着巨大的推动作用。在各种软件和硬件技术的支撑下，企业能够快速搜集和积累大量信息，对它们进行复杂精细的加工和处理，为客户关系管理战略决策以及日常管理活动提供有力的指引与支撑。不过，技术也是一把双刃剑，不是所有的企业都可以运用自如，如鱼得水。企业要根据实际情况量力而行，按需采用，有计划、有步骤地应用相关技术，并与业务流程紧密融合。随着信息技术的飞速发展，客户关系管理的应用技术经历了从单一模块到系统整合的演进过程，逐渐与企业的业务活动和商业智能融合。

一、技术的起源

构成今日客户关系管理技术的子模块已存在多年，它们从一系列单机技术演化而来（见图3-1），包括呼叫中心、销售管理系统和客户信息管理系统等，一些技术可回溯到20世纪70年代以前。到了80年代末，一些企业开始尝试将这些不同的技术集成起来。例如，许多保险公司和银行开始将非常重要的客户信息档案当成营销信息的一个来源，而不仅是顾客账户的基本记录；呼叫中心不再只是被动地应付呼入电话，开始用于主动呼出，比如对客户进行增量销售。客户开始被所有面对客户的部门识别为单一的实体，由此逐渐引出“一对一服务”的概念。

顾客期望普遍化延伸在客户关系管理技术的发展和传播中也起到了直接的推动作用，顾客往往将自己在某一行业的满意体验转化为对另一个行业的期望，于是，客户关系管理迅速地从其先行者（如银行和通信企业）蔓延到别的行业（如医疗和消费品行业），企业开始意识到，要保持竞争力必须有统一的公司形象，必须理解顾客的价值。这些早期尝试是出于企业的内部整改，而非以提升顾客体验为目的，

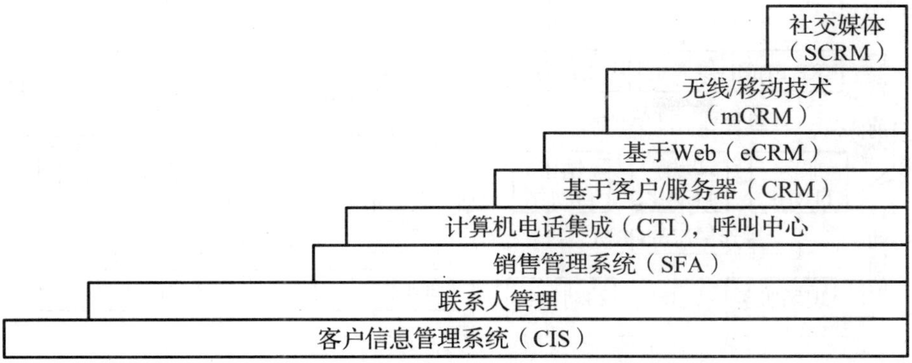

图3-1　客户关系管理主要技术的发展轨迹

其根本目标是构建多渠道客户关系管理，通过整合所有的沟通媒介，包括面对面交流、语音电话、电子邮件、网页、社交媒体和无线通信等，把所有的顾客接触渠道如销售部门、合作伙伴、营销部门和服务中心等统一协调起来。对顾客来说，他们要的是能跟一个公司有持续的、一致的交易，而不关心公司里包含了什么部门、什么系统。多渠道客户关系管理提出了一个重大的技术挑战，因为不同媒介、不同渠道所要求的技术差别是很大的，要把它们整合进一个系统并不容易。

网页技术的发展拓宽了客户关系管理的概念，把除直接雇员以外的其他用户包含进来。网页浏览器使外部用户无须安装特别的软件就能访问和共享信息，引出了诸如客户自助服务、合作伙伴信息门户和投资者信息门户等超企业客户关系管理的新功能。

客户关系管理技术不是简单的一套应用程序，它必须有足够的灵活性来适应顾客的变化，必须反映不同行业的不同要求，必须能方便地被外部的利益相关者和各种移动的专业人员如销售员和现场技术员所访问，必须能运作于任何沟通渠道上，还必须与其他的系统集成，以保证有统一的公司形象。最后，客户关系管理并不是单纯的技术所能解决的，企业必须先拥有相当的实践和技能才能上马客户关系管理项目。

二、软件系统

业务的发展促使企业将单一的技术模块整合起来。集成了客户关系管理思想和技术的客户关系管理软件系统，是帮助企业最终实现以客户为中心的管理模式的重要手段。一般而言，客户关系管理软件系统分为三个组成部分：客户接触、业务功能以及数据库（见图3-2）。

多渠道客户关系管理就是尽量运用各种沟通渠道与客户进行接触，并有效整合这些沟通渠道。今天典型的客户接触方式有呼叫中心、电话、网络、电子邮件、传真、移动通信和面对面的沟通等。客户关系管理软件通过协调这些沟通渠道，保证客户能够采取其方便或偏好的形式随时与企业交流。

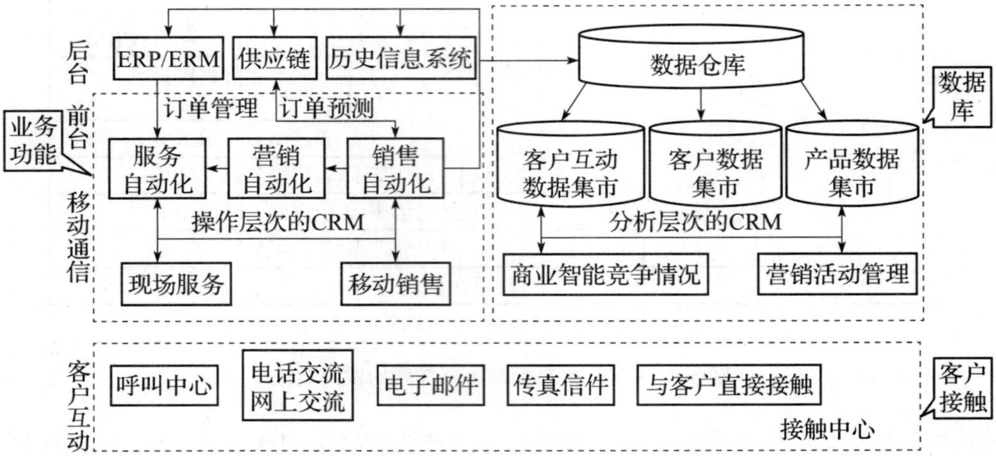

图3-2 客户关系管理软件系统一般模型

客户关系管理软件系统的业务功能通常包括营销管理、销售管理和客户服务与支持三个组成部分。营销管理的主要任务是通过对市场和客户信息的统计与分析，发现市场机会，确定目标客户群体和营销组合，科学地制定出市场和产品策略；为市场人员提供制订预算、计划，执行和控制的工具，不断完善营销计划；管理各类市场营销活动（如广告、会议、展览和促销等），对营销活动进行跟踪、分析和总结，以便改进工作。销售管理的主要任务是通过电话销售、移动销售、远程销售、电子商务和现场销售等各种销售工具，方便及时地获取有关生产、库存、定价和订单处理的信息；存储和共享与销售有关的信息，方便销售人员随时提取与补充；安排销售工作计划、进度、日程和路线，提高工作效率。客户服务与支持的主要任务是通过计算机电话集成技术（CTI）支持的呼叫中心，为客户提供全天候、不间断的服务，并将客户的各种反应信息存入共享的数据库中；对客户的使用情况进行跟踪，为客户提供个性化服务，对服务合同进行管理。

数据库是客户接触与业务功能运行的基础和保障，在整个客户关系管理软件系统中起关键性支撑作用。它的主要任务是识别客户价值，根据客户价值区分客户；寻找目标顾客群体；彻底了解客户的交易状况和交易习惯，从而为企业营销活动的安排提供便利，也为市场反应测试和营销活动效果评价提供方便；存储客户信息，方便与客户进行高效、可衡量、双向的沟通。

客户关系管理软件系统的三个组成部分之间相互合作，相互依托，并与企业的其他管理系统（如ERP/ERM、供应链管理、历史信息系统）相结合，共同传递顾客价值，实现顾客价值和企业价值最大化的平衡。

三、技术的发展趋势

企业的应用需求和信息技术的发展是推动客户关系管理软件系统发展的重要因

素，目前CRM系统的技术架构发展呈现以下几种趋势。

1. 全面采用B/S技术

为了满足移动办公和分布式管理的需求，客户关系管理软件系统将更多采用基于浏览器/服务器（Browser/Server，B/S）架构的多层结构。B/S结构的特点是在客户端使用标准的Web页面浏览器（如Internet Explorer等），不需安装特殊的应用程序，减少了升级和维护的难度；所有的业务数据都保存在服务器端，确保了数据的安全；在通信方面，由于使用标准的HTTP协议，系统可以轻松地实现移动办公和分布式管理。

2. 全面集成各种信息交流技术

随着互联网的发展，新的信息交流技术不断发展。作为企业的前端业务系统，客户关系管理软件系统需要支持客户可能倾向采用的各种交流方式。除了支持传统的电话和电子邮件以外，客户关系管理软件系统也应该集成对手机短信、网络电话、社交媒体、企业即时消息（EIM）和网络会议等沟通方式的支持。在一个客户服务中心，客户代表既可以接听客户的普通电话和网络电话、查看客户的E-mail和在社交媒体上的留言，也可以看到客户通过手机发来的短信、与客户通过即时聊天软件谈话，或者与客户开视频网络会议，实时解决客户的问题，大大提高服务响应速度和客户满意度。对于企业的市场和销售业务，多媒体短信促销、在线导购、远程演示等全新的沟通技术在降低营销成本的同时也可以扩展传播途径、提高客户沟通效率、缩短交易周期，从而提升企业的盈利能力。

3. 提供方便的工作流管理与监控

企业的业务流程因为业务的差异和业务参与部门的不同往往非常复杂，而业务部门的调整、人员权限的调整和业务管理流程等的调整，都会对客户关系管理系统的流程产生影响。工作流（workflow）管理技术引入软件系统，能够实现工作流程的灵活定制和管理。管理人员可以通过工作流管理模块，方便地定制工单的流转方向和流转时限、查阅人员的权限，变更部门和业务的流程，对工作流的每一个节点进行动态监控，设置业务处理的警戒线。

工作流的实例如下：

- 升级："如果一个客服电话是20个小时之前打来的，该客户非常重要，是高价值客户，状态是未解决，立即呼叫客服经理。"
- 过程自动化："当电子邮件由南部地区的一个客户发来，自动回复如下……"
- 指派："当一个主要分销商访问网站，查看目前供应的产品、区域和当前销售人员的负荷，系统就可以把该分销商指派给最好的销售人员。"
- 会话脚本："当一个顾客打电话进来，用标准的欢迎稿提示呼叫中心服务代表。记下客户的反应，然后决定最好的行动方案，并为服务代表提供相应的脚本。延续这个过程以提高向客户增量销售的机会。"
- 流程导航："如果客户没有提供密码，自动转到客户认证界面。"

● 集成："如果客户提交一份确认订单，将它自动转到履行部门核查并分派。"

4. 广泛应用数据仓库和数据挖掘技术

客户关系管理系统的有效性建立在数据可靠性的基础上，数据的真实性直接影响 CRM 系统的分析结果。作为管理客户资源这一企业核心资源的信息系统，客户关系管理软件系统必须具备强大的数据分析和挖掘功能，为管理者做出正确的决策提供及时准确的依据。数据仓库（data warehousing）、数据挖掘（data mining）和 OLAP 技术已成为 CRM 系统提供决策支持的关键技术。以企业日常业务处理的各类数据为基础，利用数据库技术或商业智能系统，对业务数据进行综合分析或预测，在业务发展、企业市场经营战略等问题上为领导者提供决策帮助，将成为 CRM 系统发展的一个方向。商业智能的目的是收集、管理和分析数据，然后将这些数据转化为有用的信息分发到企业各处用于改善业务决策；其核心技术是逐渐成熟的数据仓库和挖掘技术，以及各种数据分析与查询工具和应用多维度分析（multidimensional analysis）、假设性问题分析（what-if analysis）等各种先进技术。

第2节　客户关系管理软件系统

从20世纪90年代初期起，客户关系管理软件系统市场开始茁壮成长。银行、金融和通信行业较早采用客户关系管理软件系统，随后，批发商、运输、仓储和专业性服务等服务行业，公共部门，公用事业和制造行业（尤其是消费品制造）也开始跟进，促进了客户关系管理软件系统市场的繁荣。

客户关系管理软件市场是企业应用软件（enterprise application software，EAS）市场的一部分，EAS 包含三个主要的套件：SCM，ERP 和客户关系管理。在20世纪80年代和90年代，ERP 是主流，占据了世界 EAS 市场的80%。在这段时期，客户关系管理和 SCM 仅占了很小的比例，但增长率很高，就客户关系管理而言，在20世纪90年代大部分时间里，年增长率都超过50%。从90年代中期起，客户关系管理从占所有 EAS 市场 1/8 的份额逐渐增长到超过 1/3。近年来，整个 EAS 市场萎缩，客户关系管理也停止了爆炸性增长。

从地域上看，20世纪90年代，美国是市场增长的主要动力，欧洲的影响力逐渐增强，这两个地区占了全球客户关系管理软件销售收入的80%～90%。据 Gartner Dataquest 的预测，尽管最高的增长率来自拉丁美洲和亚洲，但未来欧美还将继续在总销售收入中占据主导地位。

一、主要软件系统提供商

目前的客户关系管理软件供应商大致可以分为四类：角逐全球市场的大型电子商务套件或CRM软件提供商，如甲骨文、SAP等，它们的应用软件产品线很长，拥有全球范围内的声誉，产品功能强，价格昂贵，实施周期长，能满足不同行业的各方面业务需求，主要角逐CRM高端市场；角逐全球市场的专业的CRM软件提供商，如Salesforce等，它们在CRM领域拥有全球性声誉；角逐亚洲市场的提供CRM软件的供应商，主要是来自中国的CRM、呼叫中心、网站管理等方面的系统提供者；角逐中国市场的提供CRM软件的供应商。

下面对一些具有代表性的公司进行简要介绍，具体内容以及最新发展情况可参考公司的网站。

1. 甲骨文公司

甲骨文公司是全球最大的数据库软件公司，总部位于美国加州的红木城，向遍及140多个国家和地区的用户提供数据库、工具和应用软件以及相关的咨询、培训和支持服务。甲骨文进行了一系列引人注目的兼并活动，通过兼并，JD爱德华（J. D. Edwards）、仁科（PeopleSoft）和希柏（Siebel）都已经成为甲骨文公司的一部分。其中对希柏的收购极大地增强了甲骨文公司在CRM系统方面的市场竞争力。

目前甲骨文提供两种类型的客户关系管理软件系统。CRM套件（Packaged CRM）是一套全功能的前端应用软件，18～24个月可以完成80%～100%功能的导入，整体费用支出的比例大约是软件占25%～30%，硬件占10%，外部咨询占25%，内部资源占25%～30%，这种套件最大的优势是用户独立拥有软件和数据，但费用高昂，实施的时间也比较长。

为了应对市场竞争，甲骨文公司现在也提供托管式的客户关系管理软件系统（Hosted CRM），用户按月或年缴纳租金，可以节省1/2～2/3的费用，只需30天就能学会系统的使用，但只拥有数据。

甲骨文CRM的主要功能模块包括：销售管理、营销管理、客户服务管理、交互中心和电子商务。甲骨文CRM具有客户智能、融会贯通的渠道和基于Internet技术的应用体系结构等功能特征，属于高端产品。

2. SAP公司

1972年，从IBM跳槽出来的5个年轻工程师在德国沃尔多夫市创办了SAP公司，该公司一直是ERP领域的领导者，2000年推出CRM系统，2004年开始面向中小企业用户。2006年推出SAP CRM On-demand Platform，在两条战线上同时和甲骨文公司展开激烈的竞争。SAP公司开发的客户关系管理软件系统的具体功能包括：营销分析、促销管理、电话营销、电子营销和线索管理。企业用户通过所有渠道全面了解客户，与客户互动，并在客户需要时为他们提供帮助。

SAP早在20世纪80年代就开始同中国的企业进行项目合作，并取得了成功。1995年在北京正式成立SAP中国公司，之后陆续设立了上海、广州、大连分公司。

3. 微软

从2001年收购Great Plains公司到2002年收购丹麦企业Navision公司，微软花了25.5亿美元。通过收购这两家软件制造商，微软得到不少CRM软件技术。微软公司借助其强大的品牌威力，于2003年推出Microsoft CRM客户关系管理软件，专攻中小用户市场。之后微软公司又推出升级版销售及市场业务软件——微软Dynamics CRM，开始抢夺被甲骨文公司和SAP公司所占领的大型企业级用户市场。该软件强化了与微软Office等系统的进一步良好集成，更有助于提高市场销售服务人员的工作效率。例如，用户可以直接从Excel查询CRM软件的客户数据库；安装了CRM许可后，Outlook桌面办公套件界面上多了很多客户关系管理功能的菜单：客户、联系人、报价单、订单等，只需在Outlook桌面办公套件界面上选择有关选项就可以。点击工具条上“同步日期”“同步任务”“同步联系人”，一切都自动与服务器数据库同步。同样，无须打开ERP系统，用户直接下拉Word文档的列表选择“客户”“地址”“产品名称”“代码”“价格”“数量”就可以完成数十张销售订单。

4. Salesforce

Salesforce是创建于1999年3月的一家客户关系管理软件服务提供商，创始人马克·贝尼奥夫（Marc Benioff）曾经担任过甲骨文公司的高级副总裁，因为受到亚马逊公司的启发，决心要颠覆软件行业原有的商业模式。Salesforce允许客户与独立软件供应商定制并整合其产品，同时建立各自所需的应用软件，并开辟了客户关系管理软件的租赁市场。起初公司只有10名员工，200万美元的投资，但短短4年内就成为全球最大的Hosted CRM服务提供商，动摇了甲骨文和SAP在CRM市场上的霸主地位。对用户而言，通过互联网使用企业级应用软件，可以避免购买硬件、开发软件等前期投资以及复杂的后台管理问题；同时可以利用云计算服务平台随时随地拓展业务、挖掘新客户、完成交易、跟踪所有客户信息和互动，实现复杂业务流程的自动化操作。

5. SugarCRM

这家公司起源于2004年三个硅谷CRM专家成立的开放源代码的CRM项目，目的是进一步降低客户关系管理软件系统的使用成本，同时鼓励更多的开发人员贡献聪明才智。目前SugarCRM总共有三种版本：社区版、个人版和企业版，均可以与智能手机、社交媒体（Social CRM）对接。SugarCRM的特点是：采用PHP编写，所以拥有最广泛的兼容性，在各种操作系统上都可以运行；具有多个界面方案，按不同主题提供用户选择；支持多语言，可以随时切换；可扩展性强，随时按照用户需求或者自己增加新的功能和模块。SugarCRM既提供免费版，也有收费版。但即便是收费版，其定价也要比 Salesforce 低 50%以上。

二、主要功能模块

客户关系管理应用程序通常根据主要功能分为营销、销售和服务，但这些传统的业务功能已经不足以描述客户关系管理的范畴。例如，通过分销商和渠道进行的营销、销售和服务就需要伙伴关系管理（PRM）；顾客和产品管理也需要一系列横跨营销、销售和服务的专用功能和模块；而分析模块往往被认为是相对独立的应用模块，有专业的解决方案和供应商。下面将对客户关系管理软件系统的主要功能模块进行简要介绍，应该指出，现代客户关系管理应用已经发展出极为丰富的特点和功能，远超过这里所能表述的。

1. 顾客和产品管理模块

顾客和产品管理模块在客户关系管理软件系统中可以独立成块，也可以内嵌在销售、服务和市场模块中。无论是前者还是后者，顾客和产品管理都必须在应用软件系统中占有一席之地。B2B 模式下顾客的采购行为和过程可能比较复杂，而 B2C 模式下则存在顾客住址变动的问题；产品可能是非常简单的零售货品，也可能是配置复杂的产品（比如一辆汽车需要阐明它的组装引擎、外观色调、轮胎类型和配件等）。图 3－3 勾勒出了顾客和产品管理模块的典型结构。

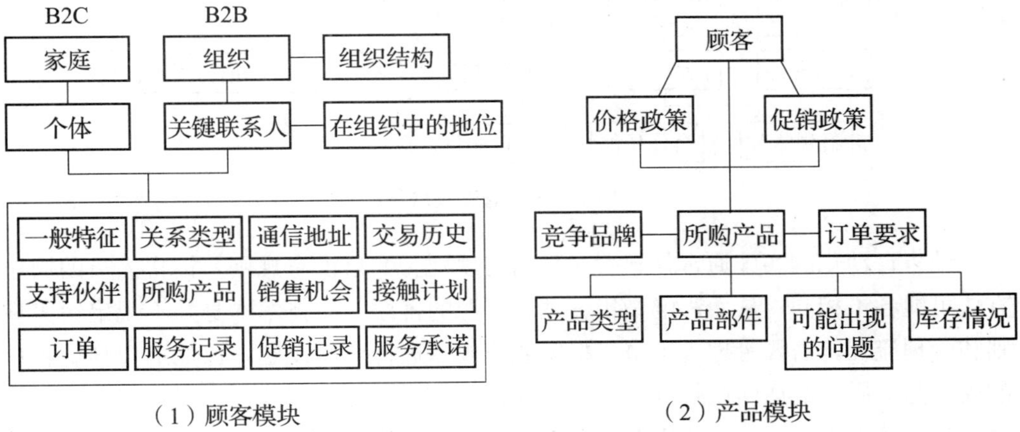

图 3－3　顾客和产品管理模块结构

2. 营销管理模块

客户关系管理的营销过程包含对顾客（根据其顾客价值）的评估和细分两部分，根据分析结果安排活动，再对活动效果进行评估，最后确定企业资源配置的方向，如图 3－4 所示。

以上步骤牵涉一系列客户关系管理的相关功能，例如，营销预算和资金的管理、顾客忠诚计划、渠道和其他合作伙伴管理等。营销管理模块必须能够融合多种

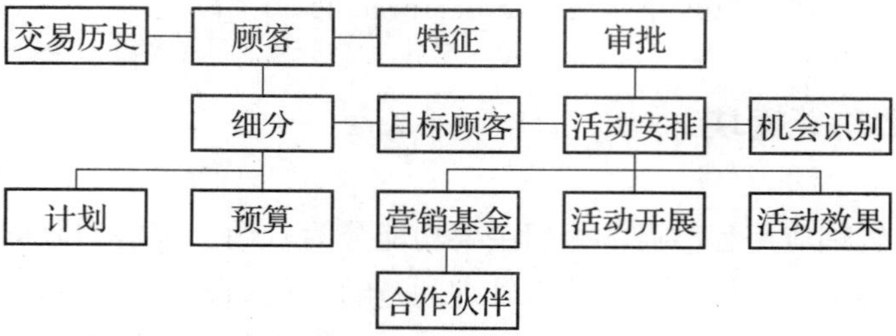

图 3-4 营销管理模块结构

顾客沟通渠道，并运用这些渠道进行营销活动，包括电子邮件营销、通信营销、电话营销、传统的信件营销和网络营销。在所有的方式中，完备的后台程序和有效的客户数据支持客户关系管理系统对营销投入进行分类和个性化。

3. 销售管理模块

如图 3-5 所示，客户关系管理销售管理模块支持的销售模式很多，包括复杂的 B2B 销售、B2C 电话销售等。这些可能涉及团队销售、分销商销售、特定的销售方式和地域管理。支持销售过程的一个关键技术是同步化移动设备解决方案和无线设备解决方案，使得销售人员可随时随地访问企业的客户关系管理系统。

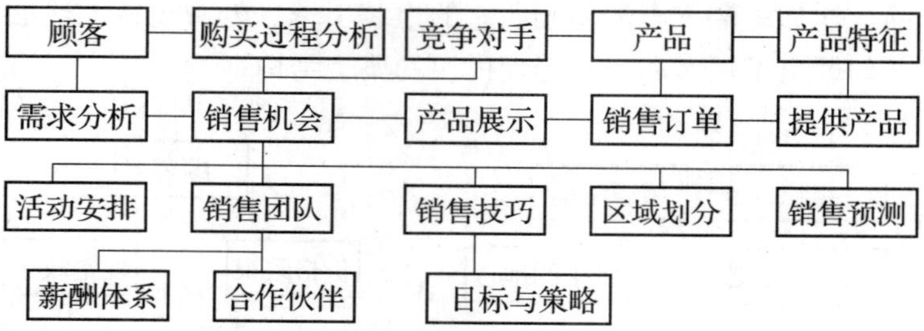

图 3-5 销售管理模块结构

销售自动化的实施通常伴随着一套销售规则。如果没有规则，销售人员的操作方式可能各不相同，从而影响销售管理和资源的排序。但技术本身并不规定销售规则和管理流程，需要管理人员事先根据业务规律进行合理设定，比如上门拜访客户的周期为三周，电话问候是五天一个周期。销售规则有很多种，许多在客户关系管理之前就发展出来了，主要面向企业内部而非顾客。

采取网上销售形式的企业还要注意其技术的独特性，它需要另外配置应用软件，如购物车技术、店面与产品图标目录展示技术和安全校验等。产品特征展示技术的发展使人们能够在网上销售较为复杂的物品。

有些销售管理模块将业绩考核与薪酬计划也融入在内，让销售人员能够随时看到一单成功的销售对其报酬结构的影响。

4. 服务和支持模块

客户关系管理中服务和支持模块也有很多变数（见图 3-6），例如，复杂的工业产品需要现场服务工程师，处理投诉的事务需要集中的电话网络和中央知识库，等等。客户服务的核心要素是服务请求单或故障单，用来跟踪整个过程直到服务完成。跟销售一样，现场服务也需要移动设备，但更多的是使用分派和行程安排程序。

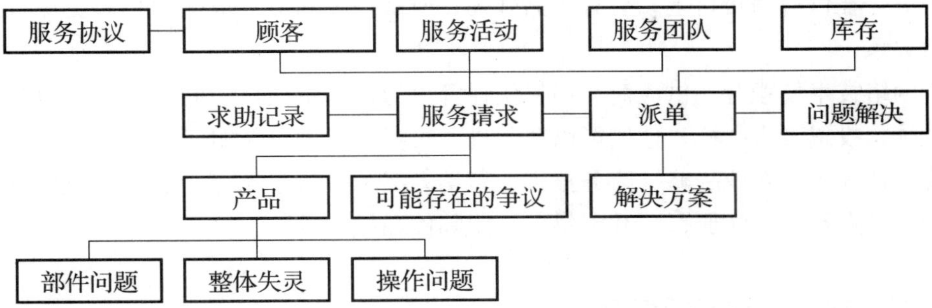

图3-6 服务和支持模块结构

5. 伙伴关系管理模块

渠道伙伴与终端客户的关系管理也需要系统支持，包括营销、销售、服务等各种功能。除此之外，还需要专业的伙伴关系管理模块，如支持分销商资格认证和签约、支持联合商务计划和目标、评估成果、支持分销商培训、管理多个企业的营销资金和专业的伙伴激励方案等（见图3-7）。

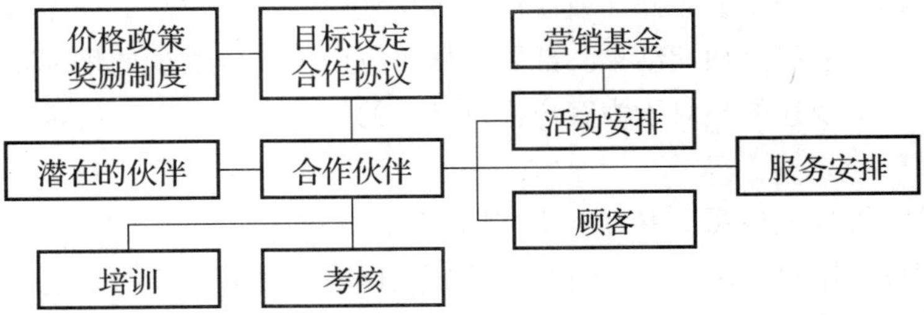

图3-7 伙伴关系管理模块结构

伙伴关系管理通常需要一个特别的接口，让分销商在可控的情况下访问客户关系管理系统，从而在有效协作的同时保证数据安全。数据安全是相当重要的一个问题，要保证互相竞争的分销商在系统中访问不到彼此的数据，同时能处理自己的事务。

除了上述主要模块之外，现代客户关系管理系统的范围已经扩展到员工、投资方及供应商。员工关系管理（ERM，也称为B2E）模块通过员工接口，列出新闻、目标、培训、表现、考勤、知识管理及激励等子模块，确保员工容易获取信息，做事有充分准备，积极性高。管理层可以此规范员工的期望、产出和表现，更好地配置企业资源和完成业务目标。

传统的供应商关系管理（SRM）系统主要集中于交易，采购系统、收货系统、付款系统比比皆是。最新的理念则注重供应链整体效率的改善，像约束条件下的最优化等供应链优化技术大派用场，这些技术试图清除供应链上的消极因素，从而优化供应链。但客户关系管理是从另一角度来考虑供应商关系的，它不关注成本，而是看重关系的价值。如其他的外部关系管理方案一样，SRM模块致力于与供应商的沟通和相互理解，其中包括供应商接口和网上协作技术、订单和配送管理、账户维护等，在供应商接口上，会有产品开发、质量保障和节约成本项目等更深入的供应商关系。

网络技术使顾客、供应商、销售伙伴等可通过特定接口访问企业的客户关系管理系统，投资者也一样，他们可以登录进入投资者界面，及时了解企业概况、远景和阶段性任务、企业战略、财务报告、营销方案和专家意见等一系列企业信息。投资者可以在网站上注册、下载资料、订阅邮件和提供反馈。

三、软件系统评价标准

面对众多的客户关系管理软件系统，企业在选用过程中，除了考虑自身的需求、软件系统价格和供应商服务水平，软件系统的易用性、灵活性、性能和可升级性是重点评价的因素。一旦应用程序公布在网页上，其性能和易用性都是直接可见的。若应用软件难以操作和配置，或者反应迟缓，会给顾客留下不好的印象。

1. 易用性

易用性描述了一个程序操作或使用的容易程度，易用性高的程序是直观的，仅需最少的工作就能得到预期结果。部署这样的应用也仅需最少的培训，同时还会被客户认为是反应快速的。对于为客户提供良好的体验来说，反应快速的应用程序是必要因素。

客户关系管理软件系统传统上使用菜单系统和功能键来导航。功能键反应很快，但它们也把用户限制在系统最初设计的流程里。对前台部门来说这种做法可能很烦琐，并且需要花时间来取得客户的预期结果。相反，网页技术结合超链接和“继续掘进”技术，支持一种直观的、“想去哪就去哪”的操作方法。如果想了解更多的相关信息，点击链接就行了。因此，网页风格的界面现在成了客户关系管理应用程序的标准做法。

唯一的例外是呼叫中心，在这里会有大量来电，简单的html网页技术就不够用了，需要脚本和Java小应用程序进行扩展以提供所需的互动性和性能。

2. 灵活性

快速反应可以是“硬连线”的，通过先发制人地构想一个客户可能需要的所有进程，并提前在应用系统中运行，以此取得快速反应。但是这种办法也有问题，顾客不一定总是跟随你的脚本。应用的灵活性是指在任何时间客户能有多少种可选择方案，这些选择通常通过超链接、按钮或屏幕标签来实现。灵活性高的应用可能会有许多这类链接，并不要求人们跟着特定的程序来做。

3. 性能

性能是多个技术的函数，所有技术必须联合起来以提供一个高性能系统。一个运行于高速网络上的客户关系管理应用也可能很慢，因为数据库负荷太大了。系统的总体性能通常取决于最弱的那一部分。可感知的性能包括上面讨论的易用性和灵活性，还有网络性能、数据库性能和服务器性能。许多客户关系管理应用把数据库和服务器分离开来以改善总体性能。

高性能体系结构的一个特征是其分离高负荷区域（如数据库和应用服务器）的能力，以及扩展应用服务器和网页服务器层次的能力。

4. 可升级性

随着客户关系管理系统的增大，有越来越多的内部和外部用户，可升级性就变得很重要了。一旦大量客户同时在线并访问网站，或者所有的销售人员从各地一起进行同步，原来能支持 100 个用户的系统可能会慢得让人无法忍受。这种情况在涉及客户的高周转领域尤为严重，如呼叫中心和网站。

由于客户关系管理系统是在模仿一个不断变化的环境（市场和顾客），构建在系统中的所有数据模型和过程模型必须能迅速有效地改变，这个环境也随着行业不同而不同。客户关系管理应用很少是单打独斗的，它们几乎都要跟别的内部系统进行集成。

第3节　客户关系管理支撑技术

客户关系管理软件系统的运行需要大量的硬件和软件技术支撑。其中比较重要的包括接触管理与应用平台技术、数据仓库技术和数据挖掘技术。这些技术的出现与发展，极大地降低了客户关系管理应用的成本，提高了应用效率，使得客户关系管理在更广的范围内深入运作成为可能。

一、接触管理与应用平台技术

与纯粹面向企业内部的系统不同，客户关系管理系统必须能在办公室内外和网络上运作，必须能把使用不同接触技术的多个沟通渠道（网页、电子邮件、电话、社交媒体等）联系起来，还要有足够好的性能和灵活性以适应不断变化的用户群体。

1. 接触管理

多渠道客户接触管理从 20 世纪 90 年代初发展起来，一般有两个层面：一是面向顾客的多渠道通信技术；二是组织内的多接触点技术。企业需要将二者整合起来，形成面向顾客的单一界面。顾客可能通过网站浏览信息，发 E-mail 询问价格，打电话讨论折扣，并希望整个对话前后一致。多渠道技术必须带给顾客受重视的感觉，以及在沟通过程各阶段的服务一致性。

（1）多渠道通信技术。

随着信息技术的发展，企业与顾客接触的渠道越来越多，电话、传真、网络、移动电话、短信、电视会议、电子商务、社交媒体、面对面交流等，都可以成为企业与顾客沟通交流的媒介。不管顾客选用电话、E-mail、网络聊天还是面对面交流跟企业沟通，客户关系管理的目的是跟踪和管理能反映出顾客价值的整个对话过程。重要的客户可能希望在任何沟通渠道中都有优先权，他们的E-mail要优先处理，他们的呼入电话要优先接听，特别地，高价值客户的E-mail要比低价值客户的呼入电话更优先处理，为达到这种效果，需要一个中央客户关系管理数据库，还有全局排队机制。全局排队机制把所有的沟通排成一个单队列，不管这些沟通来自什么媒介，这样就能依据客户价值或者其他的变量来确定回应的先后顺序。要有效应用全局排队机制，通信基础设施（电话、移动端、E-mail和网页系统）和客户关系管理应用（客户价值评估方法等）必须集成起来。

（2）组织内的接触点技术。

与顾客沟通的媒介是多种多样的，企业内部负责与顾客沟通的部门与人员也不是单一的。在全员营销的格局下，每一个员工都是顾客接触点。对这些接触点的整合也是确保服务一致性的重要前提。营销部门寄出一份促销单，销售员在打电话给顾客讨论价格之前必须知道这份促销单。同样地，当顾客致电服务中心寻求帮助时，这份促销单也必须显示出来，以便服务人员能正确对待顾客。如果服务中心还执行一些其他任务，比如交叉销售，这份促销单就更重要了。多渠道的技术解决方案包括供各部门和客户使用的一系列集成的应用软件，为外部合作伙伴建立的门户网站，在全组织范围内执行的同步技术（把信息送达现场），以及关于产品、定价和客户活动的中央知识库。这里有很大的技术挑战，然而多渠道客户关系管理最困难的还是跨部门的业务流程实施和对外保证客户对话的一致性。

2. 应用平台技术

现在支撑客户关系管理软件系统运行的应用平台技术主要包括网页技术、移动无线技术和集成技术。

（1）网页技术。

网页浏览器技术已经成为现代客户关系管理系统的必要成分，许多这类系统的成功都依赖于其对客户和渠道伙伴的可访问性。传统的客户端/服务器技术对客户和合作伙伴来说是不够的，因为这种技术要求客户和伙伴在他们的个人电脑上安装客户关系管理客户端软件。一个组织不能指望也无法支持大量的客户安装并维护客户关系管理软件。相比之下，基于浏览器的系统仅要求在客户端安装标准的浏览器（可能要达到一定的版本），客户关系管理系统只需用html技术或动态html技术与网页浏览器通信。

然而，html 和动态 html 不能支持所有在充分的客户端/服务器架构下所能支持的那种互动性。这通常意味着必须在网页浏览器所支持的互动性水平和下载程序组件到客户机的必要性之间取得平衡。下载进程通常被视为是不好的，因为它占用时间和网络带宽，但它也有积极的一面，因为这些应用程序和脚本能增强浏览器的互动性。因此，每一个客户关系管理系统供应商都开发了自己的技术和语言组合，产生不同水平的易用性、互动性和带宽要求。

浏览器技术还有其他对客户关系管理来说很重要的优点。超链接驱动的用户界面是大部分面向客户会话的理想界面。网络无所不在的性质也使得人们学习如何操作这种程序变得比较容易。这对于面向客户和面向伙伴的程序尤为重要。

在集成与移动解决方案中，网页技术也发挥了重要作用。扩展标记语言 xml，是一个标准的、灵活的、用于描述网络上的文件的范式，正在成为不同应用软件之间进行集成的标准语言。客户关系管理应用程序就可以使用 xml 与会计系统通信。无线移动方案也通过网页服务器和 wml（html 的无线版本）来传送信息。

利用网页来对客户进行营销、销售和服务也促进了基于网页的专家应用软件的发展，如配置器和顾问。这些客户关系管理模块允许一个组织为产品、产品配件和定价建模，然后以顾客反应为基础，用这个模型来确定网上提供给顾客的产品或服务。例如，许多 PC 制造商现在允许顾客上网自己选择 PC 的配置，包括 CPU、内存、硬盘、声效系统、操作系统和保修方案等。虽然对客户来说并不明显，但在选择的背后，程序是在确定一个长期有效的配置，比如，确保最大的扩展卡插槽不少于产品的最终配置。

（2）移动无线技术。

许多业务要走进客户处所，而不是坐等顾客上门或者给顾客打电话就行，这类业务就需要可移动的专业人员，如销售员和技术服务工程师，这些人员是客户体验的一部分，必须配备有最新的客户信息和产品信息。支持这种移动人员的两种设备是移动设备（同步化的）和无线设备（在线的）。

同步化移动解决方案包括一个手提设备和一个本地小型数据库，这个数据库是客户关系管理数据库关于特定的客户信息的一份拷贝。这种系统不是在线系统，它依赖于同步技术过滤进入小型手提设备的信息，用户可在方便的时候将移动设备和主系统进行同步，比如在离开家或者办公室之前进行同步。这类系统的优点是，它可以在不能保证网络连接的环境下工作，如飞机上、偏远地区等，客户关系管理移动客户端跟那些在办公室里的在线孪生系统功能是一样的。移动设备的缺点是：同步过程可能很复杂而且不可靠，某些供应商的技术无法适应大规模的用户；移动客户端的信息不一定是最新的，仅跟最后一次同步时一样。尽管如此，同步化移动解决方案还是目前最广为传播和接受的移动装备。

无线设备包含一个手提设备，该设备通过手机或无线网卡跟主系统保持连接。新技术如蓝牙技术、WiFi 技术、5G 技术使得无线在线方式更简单。目前，由于成本较高、带宽和无线媒介有限，客户关系管理无线客户端跟同步化移动设备相比还是略逊一筹，持续在线的优势以及数据的及时性优势，被连接问题和性能局限性冲销掉了。随着中国移动通信全面进入5G时代，这些问题将有所缓解。

（3）集成技术。

集成本身就是一个重大的IT课题，专业的集成中间件供应商如Webmethods，IBM，SeeBeyond，Vitria和Tibco在大型复杂的客户关系管理项目中起了关键的作用。并非所有的集成需求都是复杂的，但是集成的难度是应用环境复杂度和信息传递及时性需求的一个函数。这引出两类主要的集成：批处理和实时处理。批处理技术比实时处理简单，它能在处理大量事务的同时对系统性能影响较小。批处理把信息存在一个文件中或存成一批，然后把这些信息一次性地送到目标系统，这样做的代价是信息的延迟。许多批处理程序只在晚上运行，这意味着目标系统的信息总是迟了一天。跨国组织由于跨时区交易，面临更复杂的情况：批处理只能在不同地区的夜晚运行。一般来说，在适当的地方使用批处理更好，如信息不经常变动的时候。

某些情况需要实时集成。实时集成是指现实发生变化，系统就即时反应，例如一个客户记录在某个系统上更新了，这个变动会立刻在目标系统上反映出来。集成过程可以用认证或队列管理技术进行管理，确保集成数据不丢失。某些形式的整合，如电话整合，必须始终实时，因为客户当时正在电话上。

不管用何种集成技术，客户关系管理通常需要对四个领域进行集成：应用程序、电话系统、电子邮件和网络集成。

1）应用程序集成把客户关系管理系统和其他商务系统连接起来，如会计系统、账单系统、存货管理系统和人力资源系统，具体事务包括客户订单、分类总账和激励报酬等。这种类型的集成可以是批处理的，也可以是实时的。应用程序集成可以由客户关系管理系统供应商或其他系统厂商提供标准集成，但大多数情况下，这种标准集成需要做些修改。集成也可以手工进行，但长期来看成本就很高了，因为每次软件升级，接口就得修改一次。复杂的情况下，有很多应用系统需要集成，这时候通常用专业的集成中间件来做，用中间件来处理不同应用系统之间的信息流。这种方式需要为大多数普通应用系统配置标准的连接器。

2）电话系统集成把电话系统和客户关系管理应用程序连接起来，使呼入电话能依据呼入者的细节转到合适的人手里，呼出电话能在呼叫中心的桌面自动呼出。以金融服务企业Capital One为例，呼入者若在过去两个月内没使用过他们的信用卡，就把他转到挽留专员手里；又以Qantas航空为例，呼入者若最近订了票，就把他转到预约组，否则转到普通客服人员手里。对电话系统的有效集成是大规模联络中心取得成功的基本要素。此外，全局排队技术和预测拨号技术也可以用来进一步提炼联系处理过程。预测拨号技术的目的是优化呼叫中心座席代表的呼叫率，这种技术监控呼叫时间并预测一个代表何时结束当前呼叫，然后系统把下一个呼叫拨给他，预期客户在座席代表完成当前呼叫的精确时刻接通电话，从而最小化无效益时间。虽然这些系统可以增加呼叫率，但它们必须被小心管理以确保客户交流的质量和效果，确保座席代表不会因为工作量的增加而倦怠。

3）电子邮件集成跟电话系统的集成类似，用于改善客户交流过程，不过它需要的技术却很不一样。电子邮件集成包括邮件自动创建（例如，一旦订单已准备装运，自动给客户发邮件告知调度细节）和邮件自动回复。电子邮件回复程序已经发展得很完备了，简单的有自动确认程序，如自动回复发到服务台的邮件，告知邮件已收到和相关的服务请求跟踪号；复杂一点的程序可以阅读邮件内容，搜索关键字（如产品描述）并用最有可能的回答自动回复邮件。不过这种自动化有时也会产生问题：如果客户收到的回复跟他们的问题无关，客户的满意度就会降低。

4）网络集成对许多采用客户关系管理系统的企业来说是一个巨大的挑战。现在许多企业都有网站，而且网站上有许多跟客户关系管理系统相同的内容（如客户注册细节、解决方案知识库、产品信息等）。理想的结果是，利用集成技术或者把网络应用程序作为核心客户关系管理系统的一部分，让网站从客户关系管理系统中提取信息。任何不必要的信息副本都可能造成失误或增加工作量，甚至让客户不满，例如，呼叫中心给客户报的价格跟网站上的不一致。网络集成可能还涉及网上聊天和网上协作，这些技术让企业能通过网页为客户提供帮助，而不必离开他们所在的网页。比如一个简单的电话回拨，客户和座席代表可以用网上文本聊天进行交流，也可以进行互动协作；让座席代表操纵客户的鼠标，帮他填表或寻找文件。

二、数据仓库技术

在信息爆炸的年代里，太多的信息容易让决策者患上信息疲劳症，可能会导致分析的瘫痪，以至于决策者很难发现正确的解决方案，做出最佳选择。每一个企业在过去的若干年时间里都积累了大量以不同形式存储的数据资料，这些资料十分繁杂，单凭人力和脑力从中发现有价值的信息或知识是非常艰巨的任务。要使内容丰富的信息库真正变成一座富金矿，必须借助于现代信息技术和分析技术的支持。支持客户信息库为企业管理决策服务的两个核心技术是数据仓库（data warehouse）和数据挖掘（data mining）。

数据仓库之父因曼（W. H. Inmon）对数据仓库的定义是："数据仓库就是面向主题的、集成的、稳定的、不同时间的数据集合，用以支持经营管理中的决策制定过程。"①

传统的数据库技术是以单一的数据资源，即数据库为中心，进行从事务处理、批处理到决策分析等各种类型的数据处理工作，它只能对业务数据进行增、删、改等事务处理操作和简单的统计汇总，不能对不同时期、不同类型的数据进行整合，也不能沉淀大量的历史数据，这样，决策者就无法综合利用当前数据和历史数据进

① W. H. 因曼，等．数据仓库管理．北京：电子工业出版社，2000.

行各种复杂分析。

数据仓库的建立使企业的信息环境划分为两个部分：操作型环境和分析型环境。操作型环境负责数据的日常操作性应用，当数据在操作环境中不再使用时，若它对分析有用，就将其归到数据仓库中，数据仓库存储旧的历史数据，留做分析性应用。在分析型环境中，数据很少变动，因而数据仓库没有数据库的日常的增、删、改等操作，只有存取和装入操作，专用于各种复杂分析，为高层管理人员的决策起信息支撑作用。

数据仓库从原有业务数据库中获得的基本数据和综合数据被分成几个不同的级别：早期细节级（older detail data）、当前细节级（current detail data）、轻度综合级（lightly summarized data）、高度综合级（highly summarized data）和元数据（meta data）。原始数据经过集合后，首先进入当前细节级，并根据具体需要进一步综合，从而进入轻度综合级乃至高度综合级，老化的数据将进入早期细节级。元数据在数据仓库中起到数据指南的作用，它能够让使用者了解数据仓库中有什么以及如何使用，它包含的信息包括数据结构、综合算法、从业务环境到数据仓库的规划等，但不包含任何业务数据库中的实际数据信息。

基于元数据的应用程序允许一个组织用最少的工作实现商务规则的更改。新的流程、屏幕布局、选择价值、业务流程和规则审定都可以不必编程就构造出来。更重要的是，当客户驱动的流程需要改变，组织可以用最少的工作快速地付诸测试和实施。最后，如果有核心应用程序的新版本发布出来，例常程序可以跑一遍来比较新版本的元数据和旧的定制化版本的元数据，从而改善升级后的进程。

有效客户关系管理的一个关键因素是存储和升级关于客户的知识。这些知识可以是结构化的交易数据如接触历史和账户，也可以是非结构化的信息，如来自客户的信件和传真，以及电话交谈时的笔记。客户关系管理的成功很大程度上取决于这些信息是如何转化为企业的知识，并最终转化为对客户的洞察力，这将取决于数据的完整性、及时性、可得性和相关性。

客户信息经过数据仓库技术的处理，不仅会变得更加结构化和明晰化，而且可以用于各种复杂的决策分析，为客户关系管理决策提供一个全面完善的信息应用基础。

三、数据挖掘技术

近年来，客户关系管理分析已经上升到了一个很重要的位置。企业意识到以往仅仅关注改善面向顾客的运作是不够的，还要对顾客进行分析，评估顾客价值、顾客满意度和顾客流失倾向。现代客户关系管理系统有三个层次的分析模块，依复杂性由低到高分别是：标准报告、联机分析处理（OLAP）和数据挖掘。

1. 标准报告

标准报告是一个有效客户关系管理系统的基础。客户关系管理的基础就是对顾客的了解和区分，而这又依赖于优质的顾客信息和内部信息。标准报告可以用简单列表的方式，列出重点客户、全年收入额或一些更精确的报告，从中体现出某种销售规则或是业绩度量。报告分标准化报告（预定义的）或者是查询报告（特殊的）。标准化报告由客户关系管理系统给出，但需要做一些特定工作以满足使用者的要求，在实际运行时也可以做一些定制化，比如设置选项或过滤条件，但结果仍限于设计者所能设想的范围之内。查询报告可以根据使用者设定的条件给出当前所需的结论，这种方法更灵活，但要设定这些条件也很花时间，对于那些经常性的、标准的操作层报告来说并不适合，除此之外，这种方法功能强大，它能支持精确的查询，比如“列出我管辖区域内保修期满并且年交易额超过一定额度的所有客户”。

2. OLAP

随着分析需求的增长，核心客户关系管理系统中的标准交易信息可能结构化不足，无法提供最好的结论，这样一来，OLAP 就成为客户关系管理系统的一个必要部分。OLAP 技术支持信息进行格式转换并存入数据仓库，以适应分析需要和特殊查询。信息被归纳成一种支持快速分块的格式，通常以图标和表格来表示，这样用户可以逐层掘进，直观地找到问题点。这种格式叫星状图，它包含一个中心的主题表格，周围连着几个次元表格，成星状分布。一个数据仓库一般有多个星状图，如顾客图、机会图、服务请求图、活动图和市场回馈图。以顾客图为例，它可能包含的信息有顾客的销售收入、销量、销售成本、利润率、折扣、促销费用等。用户可以对一个或多个图进行分析，得出所需结论。这种图支持专项分析，提供给用户总结后的信息，用户可以从中分析出问题所在和问题原因。例如，销售人员可从中分析出收入和利润，客服人员可得到电话回复率和次数，分销经理可以根据批下去的营销资金和分销商收入来分析分销商的业绩。分析工具还可以实现实时决策。比如，顾客进行电话咨询时，呼叫中心可以给座席代表传送预定的初步解决措施，顾客可以实时给出评分。

信息传送机制是客户关系管理分析系统中的一个重要因素。一种机制是信息可以在桌面上直接获取，通过网页浏览器接口，利用图形布局和超链接技术，让用户自主搜寻。另一种机制是设定触发事件，如某顾客在过去一个月里登录搜索相同内容的次数累积到一定数量，系统就会将这些内容的相关信息以邮件或者其他方式投递给顾客。这也称为发布和订阅，是一项重要的管理工具。

3. 数据挖掘

在一些行业中，例如，银行、电信、保险、公共部门、零售和公用事业，都需要对庞大的顾客数据进行分析，此项繁重的工作如果没有数据挖掘的帮助将很难进行。数据挖掘技术是对数据仓库进行访问和分析的一种重要工具，它是当前 IT 业界的一项热门技术，已经在多个应用领域产生了巨大的效益，是计算机领域发展最快、最为活跃的技术之一。在国外，数据挖掘技术已经获得了较为广泛的应用，并为决策过程提供了强有力的支持。

数据挖掘也称为数据开采、数据采掘等，是按照既定的目标，对大量的企业历史数据进行探索，揭示隐藏在其中的规律性，进一步将之模型化的先进有效的方法。

数据仓库的出现为数据挖掘提供了更为广阔的空间。数据挖掘的主要步骤包括以下几个环节：

（1）确定问题和明确目的。为了充分利用数据挖掘，必须明确表述目标是什么，不同的目标将使用不同的模型。

（2）数据准备。数据准备工作应该包括数据收集、数据评估、数据合并与清除、数据选择和数据转换等步骤，这一环节是数据挖掘的基础。

（3）建立模型。数据挖掘的模型化工作涉及多个技术领域，常用的如决策树模型、人工神经元网络、数理统计方法以及时间序列分析等。从目前的应用来看，比较实用的方法还是数理统计方法，它已经非常成熟且容易理解和使用。

（4）分析评价。运用模型对信息进行分析，评价数据挖掘的结果是否符合目标的客观规律性。

当然，数据挖掘是一个开拓性的、重复的过程，不可避免地要在多个步骤之间来回跳跃，例如，在建立模型阶段我们可能发现要补充新的变量，在分析阶段需要补充新的数据等。数据挖掘为管理决策提供了更明确、完善的决策信息。

思政专栏

技术进步与人民生活

进入21世纪以来，全球科技创新进入空前密集活跃的时期，新一轮科技革命和产业变革正在重构全球创新版图、重塑全球经济结构。以人工智能、量子信息、移动通信、物联网、区块链为代表的新一代信息技术加速突破应用，以合成生物学、基因编辑、脑科学、再生医学等为代表的生命科学领域孕育新的变革，融合机器人、数字化、新材料的先进制造技术正在加速推进制造业向智能化、服务化、绿色化转型，以清洁高效可持续为目标的能源技术加速发展将引发全球能源变革，空间和海洋技术正在拓展人类生存发展新疆域。总之，信息、生命、制造、能源、空间、海洋等的原创突破为前沿技术、颠覆性技术提供了更多创新源泉，学科之间、科学和技术之间、技术之间、自然科学和人文社会科学之间日益呈现交叉融合趋势，科学技术从来没有像今天这样深刻影响着国家前途命运，从来没有像今天这样深刻影响着人民生活福祉。

科学技术是人类伟大创造性活动的结晶，发展科学技术必须具有全球视野、把握时代脉搏。建设科技强国，是全面建设社会主义现代化强国的重要战略支撑，是习近平新时代中国特色社会主义思想的重要组成部分。习近平总书记指出："要把满足人民对美好生活的向往作为科技创新的落脚点，把惠民、利民、富民、改善民生作为科技创新的重要方向。"《中共中央关于制定国民经济和社会发展第十四个五年规划和二〇三五年远景目标的建议》提出："面向世界科技前沿、面向经济主战场、面向国家重大需求、面向人民生命健康，深入实施科教兴国战略、人才强国战略、创新驱动发展战略，完善国家创新体系，加快建设科技强国。"这是党的历史上第一次把"面向人民生命健康"作为建设科技强国的"四个面向"之一，旗帜鲜明地强调了科技创新以人民为中心、为人民谋福祉的发展方向。中国建设科技强国不仅是为中国人民谋幸福，为中华民族谋复兴，也是为了让科技创新更好地造福人类。新征程上，要深度参与全球科技治理，贡献中国智慧，塑造科技向善的文化理念，让科技更好地增进人类福祉，让中国科技为推动构建人类命运共同体做出更大贡献。

资料来源：习近平：努力成为世界主要科学中心和创新高地．(2021－03－15). http://www.xinhuanet.com/politics/leaders/2021-03/15/c_1127212833.htm；奚洁人．加快建设科技强国．(2021－11－09). http://www.qstheory.cn/dukan/hqwg/2021-11/09/c_1128047225.htm.

案例分析

麦德龙的GMS系统

麦德龙（Metro）是德国最大、欧洲第二、世界第三的零售批发超市集团，拥有六大独立销售业态，其中，麦德龙现购自运有限公司（Cash and Carry，C&C）最具竞争力和特色，其销售额约占集团销售额的50%，居全球各大现购自运商业集团之首，拥有绝对优势。

全球所有的麦德龙现购自运商场均采用向甲骨文公司定制开发的GMS客户管理和商品查询系统，根据历史资料自动预测销售，制订采购计划，产生订单，功能强大，在全球零售贸易集团中仅次于沃尔玛的决策支持系统，为开展全面的客户关系管理提供了强有力的信息支持。其中，GMS客户管理系统界面包括客户单位编号、名称、地址、电话号码、传真号码、持卡人姓名、开卡日期、客户种类、购买各类商品金额的各年度统计、详细购买记录等情况。GMS商品查询系统界面包括商品编号、商品描述、供应商编号、供应商描述、价格、到货日期、到货数量、总销售量、库存、增值税率、是否处在广告期、是否专卖商品、是否零售商品、是否限制商品、最小起订数量（重量、体积）、有效天数、所属销售部门、种类及订货建议等详尽信息。

基于这些信息，GMS系统可生成各种年度、季度、月度、周、日销售报表，包括库存报表、各时期销售总计报表、各时期分类销售统计报表、各年同期各类商品销售对比报表、各年同期分类客户数和账单数对比报表、各时期横向和纵向销售对比报表、修正报表、商品修改列表等，从多角度将数据整合成为有用的信息，是商场及总部预测需求、适应变化、及时为客户提供所需商品和服务的重要依据。

各个商场都设置了EDP电脑部门，负责对GMS系统进行日常维护，并且在商场各部门、各商场、各区域总部、国家总部及德国总部之间实时相连，一般有英语及所在国语言两个版本，因此查看数据非常方便，更便于集团高层掌握与控制全局。

为充分保障GMS系统更有效地进行客户关系管理，麦德龙的客户开发部门人员每天都会在外出拜访客户之前，查看该客户在商场的历史消费记录，包括消费时间统计、种类统计、金额统计、最大成交额等，并结合商场该时期商品价格为客户事先制订一个推荐采购计划，主动、及时地满足客户需要。对于大宗客户，GMS系统有更为详细的销售统计和分析技术。除此之外，客户开发人员每天、每周、每月、每年都要依据GMS实时生成的各种销售报表制订详尽的客户开发计划，客户开发部门密切关注各种类和各区域、路段客户的销售增幅，随时调整计划。每天工作结束，客户开发人员要根据拜访情况填写各种表格，更新GMS系统中的客户资料数据和销售建议，并提供有针对性的服务和信息支持。

麦德龙还积极建立稳定的信息渠道，通过电话拜访、咨询员专访、邮寄麦德龙邮报、信件联络、客户交流会等形式促进信息反馈，了解市场，修正其经营策略和管理决策。

▶ **讨论题**

1. 麦德龙的GMS系统包括哪些基本模块？
2. 麦德龙的GMS系统有哪些特点？
3. 麦德龙如何灵活应用客户关系管理支持技术？

基本概念

客户关系管理技术（CRM technology）

客户关系管理软件系统（CRM software system）

多渠道客户接触（multi-channel customer contact）

数据仓库（data warehouse）

数据挖掘（data mining）

思考题

1. 目前市面上主要的客户关系管理软件系统的核心功能有哪些？各有什么优缺点？

2. 目前的应用平台技术如何支撑多渠道客户接触？

3. 数据仓库和数据挖掘在客户关系管理的关键流程中有何作用？

拓展练习

请登录 Salesforce CRM 网站，进入其 30 天的免费试用版，构造一个学生管理系统，了解其中的主要功能模块及流程。

第4章
客户组合分析

本章要点

- 客户识别的方法和客户细分的标准。
- 客户贡献价值的内涵及测算方法。
- 客户分层及战略匹配。

引例

京东会员权益

京东把原来的“铜、银、金、钻”几个等级的会员权益，全面升级为“京享值”会员体系，并且推出需要付费的PLUS会员，为了让原有高价值的会员（比如钻石会员）能够顺利迁移成为PLUS会员，京东推出高价值会员在试用期内免费体验PLUS会员权益的活动，并且在体验期结束后原钻石会员可以享受109元购买原价149元/年的PLUS会员服务。为什么在大家都将付费转向免费的时候，京东却推出付费的PLUS会员呢?

在一般的超市，想要成为会员非常简单。只需要输入电话号码或者微信关注即可完成会员注册，没有任何限制就能免费成为会员。实际上，免费的东西得到的太容易，就会给人不值钱的感觉，消费者往往不会珍惜。因为是免费注册的会员卡，考虑到成本问题，一般享受的会员折扣或者积分返利也都在一定的范围内，对消费者的吸引力相对来说有限。相反，山姆会员店每年收取150美元的会费，让你只要想买东西就想到山姆店，因为你已经是那里的会员，已经花了150美元会员费，不去消费就“亏”了。所以150美元的门槛，让用户更加有黏性。并且这类型的优质会员，每年的销售贡献是普通会员的数倍。零售行业的巨头如亚马逊、开市客等都采取了类似的政策。

我们来看看京东PLUS为核心的会员提供了哪些差异化、更优质的会员权益。PLUS会员权益包含购物回馈、尊享优惠、自营运费补贴、畅读电子书、退换无忧、专属客服等9项权益。比如享受京东自营商品售后服务（退货、换货、维修）免运费和免费上门取件服务；每月可获得5张免运费券，全年累计可以获得60张免运费券；尊享京东自营部分精选商品的专项特价，以更优惠的价格购买精选商品，还可参加每周五更新的PLUS会员尊享专场；免费享受价值93元的畅读VIP年卡，全年（360天）可从近20万本正版电子书中挑选1 000本中文电子书畅读。

收费的会员权益要解决消费者的痛点，消费者才会付费。依靠快捷的配送服务，京东成功地圈粉无数。是不是对所有消费者都能免费配送呢？从运营策略上讲是不会的。针对普通会员使用单次购物满一定金额包邮，不满规定金额收取配送费的策略可以降低运营成本，达到一定购买金额包邮也可以有效提升客单价，包邮增加了消费者凑单的概率。针对高价值会员，免邮这个权益无疑是可以吸引付费的，因为这是电商购物的一个痛点，消费者对于邮费价格的敏感度远高于对于商品价格的敏感度，也就是说消费者可能对于多买了6元的商品觉得无所谓，但是对于多付出了6元的邮费会很在意。

客户分析是客户关系管理活动的基础性工作。客户分析的目的是帮助企业了解客户的构成与价值，寻找合适的目标群体或个体，并有针对性地发展关系战略，制定营销策略，合理配置资源。客户分析可以采取多维度、多指标的方法，确保营销活动朝正确的方向推进。

第1节 客户识别

客户识别就是发现对企业有价值的客户。他们是响应企业宣传活动的潜在客户，或者重复购买产品的客户，或者购买企业其他产品的客户。企业需要知晓哪些客户对企业的产品感兴趣，并详细了解他们的构成以及行为模式。

一、确定目标市场

企业不需要也不可能满足所有客户的所有需求。为了优化客户识别的效率和效果，企业需要对其所面临的市场进行细分，找到合适的目标市场，并确定有差异的市场定位。

1. 确认企业所在的行业/市场

企业确认自己所在行业似乎是一项简单的工作，比如可口可乐和百事很显然都处于软饮料行业，奔驰公司和宝马公司均侧重在高档汽车行业竞争。实际上，传统的行业观念正逐渐被打破，新技术的出现使得原本处在不同行业的企业彼此之间构成强烈的竞争关系，如分别处在手表行业的瑞士手表制造商和数码行业的电子公司，由于数码产品的日渐流行，可以与智能手机配合使用的智能手表对传统的手表行业带来不小的冲击。为了避免落入“营销近视”的困境，企业应该综合竞争导向和顾客导向的视角，明确自己所处的竞争领域与范围。

一般而言，企业可以在四个层次来划分自己的市场竞争领域。品牌竞争是以相似的价格向相同的顾客提供类似产品或服务，如同样是满足顾客的去除头皮屑需求的海飞丝、风影、雨洁洗发水之间的竞争。行业竞争是同业或制造同类产品的公司，如都在日化用品行业的宝洁、联合利华、丝宝、拉芳等的竞争。形式竞争是所有制造能提供相同服务的产品的公司之间的竞争，如航空公司和铁路企业都在满足人或物的空间移动的需求。一般竞争是争取同一消费者资金的消费项目的竞争，这个层次的市场边界最广泛，汽车制造商可能需要将房地产商视为自己的主要竞争对手之一，因为消费者在购房之后，买车的欲望可能会减弱甚至消失。

2. 确定细分变量

在确定市场边界之后，企业需要深入了解市场的结构和特征，以发现目标客户和新的市场机会。选择合适的细分变量，有助于了解市场的结构与特征。一般而言，消费者市场和产业市场的市场细分标准存在很大的差异。消费者市场细分的标准主要有地理因素、人口因素、心理因素和行为因素；产业市场还需要增加采购方法、经营特点等变量。当然不同行业所偏重的细分变量会有差异，如地理因素中的气候变量对空调行业影响深远，中国南方地区炎热潮湿，所以制冷与除湿功能是顾客关注的重点；北方地区干燥的气候使得消费者喜欢有加湿功能的空调。然而，气候变量对电视机的消费基本没有影响，人们选择电视机的时候，更多基于其收入水平和生活方式的考虑。

有的时候，合理选择细分变量会给企业带来新的发展机会或卖点。“她他”饮料和佳洁士牙膏打破传统行业细分标准，将性别作为市场细分的新变量，分别开发出女士专属和男士专属的饮料与牙膏，受到部分顾客的青睐。

3. 运用细分变量分割市场

很少有企业只用一个细分变量对市场进行分割，更倾向于多维度的市场细分。在这些多维度的细分体系中，至少应该包括顾客群体、顾客需求以及技术或产品类型这三个维度，比如个人计算机行业，可以按照职业和用途将顾客群体分为教育培训、小型办公、科学家或工程师、商务旅行者、政府机构等；顾客需求包括多媒体、无线通信、台式机、笔记本等；技术分为 AMD 系列、英特尔系列和酷睿系列等。这样我们就得到了至少 60（5×4×3）个细分市场（见图 4－1）。每一个细分市场的特征也是非常明显的。

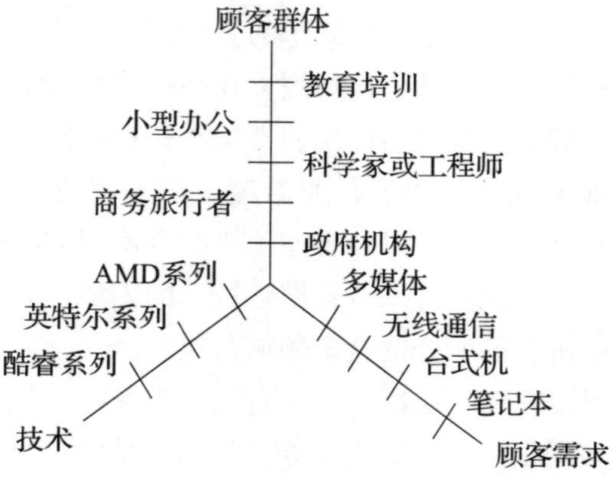

图 4－1　个人计算机行业的市场分割

4. 评价各个细分市场

如表 4－1 所示，对各个细分市场的评价可以从两个方面入手：细分市场的吸引力以及与企业能力的匹配程度。细分市场的吸引力评价可以从市场规模、市场增长率、消费者的支付能力、风险等角度进行测量；匹配程度的考察重点在细分市场与企业经营目标、资源状况的匹配程度。有些细分市场虽然有较大吸引力，但不符合企业的长远目标，或者企业不具备相应的技术能力、渠道关系、资金规模和人力资源等，因此不得不放弃。

表 4－1　细分市场评价指标

吸引力评价因子	得分	匹配程度评价因子	得分
市场规模 市场增长率 竞争者实力 消费者对现有产品的满意度 消费者的支付能力 市场的稳定性和可预测性 风险 其他		与公司形象的匹配程度 与公司经营目标的匹配程度 与公司资源状况的匹配程度 分销渠道的可获得性 需要的投资额 成本 获得持续竞争优势的可能性 营销沟通的可达性	

5. 选择目标细分市场

企业对不同细分市场评估后，可以选择其中一个或多个细分市场作为自己的目标市场。密集单一市场是只选择其中一个细分市场，通过生产、销售和服务的高度专业化来获得经济效益。一般而言，密集单一市场的风险比较大，许多企业更愿意选择多个细分市场以分散风险。有选择的专门化是指企业选择若干个细分市场进行专业化服务，其中每个细分市场都有吸引力并符合企业的发展目标，而且彼此之间很少有联系。当然，企业也可以采用完全覆盖的策略，通过提供标准化产品或差异化产品满足各种顾客群体的要求，比如联合利华公司的产品几乎覆盖了人们日常生活的各个方面，不仅提供诸如旁氏这样价格亲民的大众品牌，也提供诸如凌仕这样专门针对男性市场的专属品牌。

思政专栏

李宁的文化自信

李宁公司成立于 1990 年，经营专业及休闲运动鞋、服装、器材。李宁公司采取“单品牌、多品类、多渠道”的发展策略，聚焦篮球、跑步、健身、羽毛球及运动生活五大核心品类，持续强化品牌的专业运动属性。如果你是一个健身爱好者，你可以选择李宁的健身用品，瑜伽垫、跳绳、仰卧起坐辅助器、普拉提拉力绳、脚蹬拉力器等等，借助这些器械轻松实现在家健身的目的。如果你是一个篮球爱好者，从篮球、篮球服、篮球鞋，到护具，李宁都可以提供。同样，作为羽毛球爱好者、跑步爱好者，或者日常运动爱好者，李宁也可以满足你的需求。

2018年，李宁以“悟道”为主题，登陆国际时装周，引起了国内外市场的强烈反响。主题“悟道”系列坚持国人“自省、自悟、自创”的精神内涵，用运动的视角表达了对中国传统文化和现代潮流时尚的理解。时装秀开始不到一分钟，秀场同款鞋服即在电商平台上售罄。“悟道”主题系列，改变了李宁在年轻消费者心目中的固有印象，一举成为“国货潮牌”的代表。李宁用“中国文化+运动视角+潮流眼界”，异军突起，掀起一场轰轰烈烈的“国潮热”。随后，在很多行业中都能看到李宁的身影，比如李宁与滑板选手合作，发布滑板系列产品，希望引发滑板文化和潮流文化的圈层共鸣。李宁不断使用灵活多样的跨界手段和数字化营销资源，吸引年轻消费群体的注意。对现有会员、潜在消费者、店铺、商圈、门店等做出360度的用户画像，提供多维度的分析决策能力，让李宁更加懂得年轻人喜欢什么，更加懂得如何打动Z世代的年轻人。现在的李宁，在年轻人的眼中，已经从一家单纯的体育用品厂商逐渐变成了“潮牌”厂商。2021年8月，李宁发布2021年中期业绩公告。财报显示，上半年李宁营收为101.97亿元，同比上升65%；净利润为19.62亿元，同比增长187%。

“国潮”崛起的背后，是文化自信的提升与绽放，是中国经济、文化、科技等多领域蓬勃发展的体现。从某种意义上来讲，“国潮”以品牌为载体，既满足了消费者对时尚的追求、个性的张扬，又是一种传统文化自然回归的现象。“国潮风”的崛起代表了国货品牌的自信心提升，其背后的一个重要驱动力在于年轻消费群体的崛起。年轻消费群体的消费观是：好货不贵才是王道，Z世代不再一味地迷恋所谓的大牌。近年来，中国企业不再着眼于生产低价产品，而是努力升级产品的品质、性能和价值。中国风是中国品牌独有的IP，将中国风元素融入企业品牌中，展现独特的品牌形象，能够创造更高的文化价值。

二、搜寻潜在客户

“坐等客户上门”的时代已经成为历史，在选定目标市场之后，企业需要通过各种途径主动发掘与搜寻目标市场中的潜在客户。一般而言，销售人员或客户代表是企业搜寻潜在客户的主力军。在招揽客户之前，销售人员或客户代表应当清楚自己拥有哪些搜寻客户的手段与途径。除了拜访和打电话，展销会、广告、公关活动和网络搜索可能在某些时候效果更佳。表4-2列出了几种常用的客户搜寻方式。

表4-2 客户搜寻方式分析

方式	优点	缺点	成功要诀
信件/直接广告	受众多，单位成本较低，方便	响应周期长，反应率低，损失较大	了解受众的特点，注重质量而非数量，层层推进

续表

方式	优点	缺点	成功要诀
电话	成本较低，每次联系都可以得到客户的反应，每天可进行多次联系	没有直观感觉，电话铃声意味着打扰，电话容易被拒绝	以最现代化的技术作为基础，采取容易理解的谈话方式
拜访	互动性强，容易感染对方，能够详细介绍和说明情况	成本高，拜访次数有限，耗时长	精心安排会谈过程，会谈内容紧密围绕客户利益展开
非预约拜访	容易给客户带来惊喜，了解客户的真实情况	容易被拒绝	完善的销售装备，不故作自信，不做谦卑的解释
中介机构	共同销售，扩大客户搜寻范围	不稳定，风险较大	对中介进行良好的培训和支持，保持密切联系
博览会	专业化、集中，与会人员的兴趣高，存在对后续工作的信任	展会劳顿，成本较高，信息过多，干扰较大	清晰的会谈方案，将主要注意力放在简短信息上，约定会谈日程，尽快发感谢信
网络搜索	成本低廉，覆盖范围广	信息不够详细，有时难辨真假	了解搜索引擎的排名规律，合理搜索关键词，快速跟进和联系
公关活动	容易给公众留下长期深刻的印象	成本较高，直接效果不明显	选择合适的主题，有针对性地邀请观众

在搜寻潜在客户的过程中，销售人员或客户代表还需要对客户的类型、角色、购买决策过程有所研究和区分，连同客户基本信息一同存储于客户信息库中，方便以后的价值分析与设计活动。

首先，个体客户与组织客户的需求存在显著差别，搜寻的方式也应该有所不同。以移动通信服务为例，个体客户侧重品牌归属与社会认同感高、通话清晰稳定等需求，组织客户则希望能够借助移动通信工具促进其业务发展和内部沟通。大众媒体和拜访是搜寻个体客户的有效途径，通过各种顾客忠诚计划招徕潜在客户；组织客户更适合通过专业媒体和网络来搜寻，诉求的重点也完全不同，如表4－3所示。

表4－3 移动通信业个体客户与组织客户的区别

	产品诉求	广告宣传	促销
个体客户	全球通	大众媒体＋拜访	VIP积分计划、商务计划（提供培训、机场绿色通道）、全球通俱乐部

续表

	产品诉求	广告宣传	促销
组织客户	集群网、虚拟网（通过推行电话费减免、网内主叫优惠、被叫包月或单向收费、发短信通知等优惠方案与固定电话争夺市场；通过开通手机银行服务，方便集团客户进行业务联系）	专业媒体＋大众媒体＋上门宣传＋网络搜寻	免费建网 提供电脑和群发设备

其次，客户在整个购买决策过程中担任的角色也值得关注，在个体客户的购买决策过程中，一般有倡议者、影响者、决策者、购买者和使用者等角色；对于组织客户，其中的角色可能包括倡议者、影响者、决策者、批准者、购买者、使用者和守门者等。各个角色对购买决策的形成与持续都起到了不可替代的作用，在搜寻过程中应注意辨别各个角色的差异，采取有针对性的措施。

第 2 节　客户价值识别

并非所有的客户都是有价值的，企业应该根据顾客贡献价值的不同区别对待。科学识别客户的价值是成功运用客户关系管理的前提，是企业营销实践客观发展的需要。企业并不是一开始就自发地意识到客户价值识别的必要性和重要性，而是在市场环境的不断变迁中逐渐意识到的，逐渐发展成为一种自觉的行为。在对客户价值的研究中，突出的问题有两个：一是客户（尤其是忠实客户）到底能给企业带来哪些价值；二是如何计算一个客户的价值。

一、客户贡献价值的内涵

客户贡献价值是指客户从多个方面为企业的生存与发展做出的贡献。客户（特别是忠实客户）至少在以下几个方面为企业带来价值：保持对公司产品或服务的购买、增加对公司的开支、降低服务成本、正面的口碑传播。我们从财务分析的角度将客户贡献价值分为直接价值和间接价值。

1. 客户直接贡献价值

客户直接贡献价值是指因客户与企业的交易行为而产生的净收益，也可以称为财务价值、经济价值、直接价值或原生价值，它包括保持对公司的购买、增加对公司的开支、服务成本的降低等。客户直接贡献价值是交易收益与交易成本的差额净值，所以客户的交易量越大、交易价格越高、交易越频繁、交易程序越简单，客户的直接贡献价值就越大。

2. 客户间接贡献价值

客户间接贡献价值是与直接交易无关的价值，也称为非财务价值，或非经济价值、间接价值、衍生价值，如正面的口碑传播导致吸引新顾客成本的降低和交易量的增加等。有时，老客户与员工的私人感情以及良好互动，提高了员工工作的积极性和满意程度，无形中也为企业的生存与发展增加了稳定的因素。与直接贡献价值相比而言，间接价值的测量要复杂很多，由于间接价值的效应最终还是会体现在企业的财务绩效中，所以多数情况下，我们都将间接价值的估算放到客户的长期价值测算中。

二、客户贡献价值的传统测算方法

在关系营销的理论和实践尚未兴起之前，对客户贡献价值的测算主要集中在客户经济价值方面。而与直接交易相关的经济价值的测量最早起源于客户盈利性方面的研究。管理专家从财务的角度开发出了许多测算客户盈利性的工具和方法，大致可以归纳为两种类型：自上而下型（top-down customer profitability analysis）和自下而上型（bottom-up customer profitability analysis）。

自上而下型的客户盈利性分析一般先计算出企业的总利润，然后按照一定的标准将利润（或成本和收益）分摊到细分客户群或每一个客户身上，从而测算出客户的盈利性程度。比较典型的方法有 VBC 法和 ABC 法。自下而上型的客户盈利性分析则直接对每一个客户的盈利性程度进行测量或排序。比较典型的方法是源于市场调研技术并在零售业中广泛运用的 RFM 法。

1. VBC 法

VBC 法，即基于产量的成本分摊法（volume-based costing），是成本会计学中十分常见的一种成本分摊方法，它的基本原理是：将企业的间接成本或一般管理费用（包括管理费用、销售费用和财务费用等）按照产品生产所消耗的直接成本（包括直接人工、直接材料）的比例或产品销售收入的比例来进行匹配。

举例说明，假设 A 公司将目标客户群划分为甲、乙、丙三个细分市场，每一个细分市场的销售总额都为 100 万元，它们的直接成本分别为 20 万元、30 万元、50 万元，公司的管理费用是 50 万元，销售费用是 60 万元（为简化起见，这里假设公司的间接费用只包括管理费用和销售费用）。依据 VBC 法，我们对管理费用按照直接成本的比例进行匹配，对销售费用按照销售收入的比例进行匹配。结果如表 4－4 所示。

由此得出的结果是，细分市场甲的盈利程度最高，属于高价值客户群；细分市场乙的盈利程度较高，属于中等价值客户群；细分市场丙的盈利程度最差，属于低价值客户群。

表4-4 VBC法范例

单位：万元

项目	合计	细分市场甲	细分市场乙	细分市场丙
销售额	300	100	100	100
直接成本	100	20	30	50
管理费用	50	10	15	25
销售费用	60	20	20	20
成本合计	210	50	65	95
利润	90	50	35	5

VBC法在大生产时代具有它的合理性。由于此时企业以生产为主，直接生产成本占据了企业全部成本的绝大部分，管理费用、销售费用等一般管理费用处于依附地位，数额相对较小；另外客户的个性化需求因为卖方市场的缘故而受到压抑，企业服务客户的形式单一、成本低廉，企业应对客户差异化需求的压力并不强烈，所以依据直接成本或销售收入来分摊间接费用不会有很大的偏差，基本能保证成本匹配的合理性。同时，VBC法最大的优点是信息收集容易、操作简便、运作成本低。

但是由于行业和市场环境发生了一系列变化，VBC法的缺陷越来越明显，这种略显粗糙的成本分摊方法在很大程度上误导了企业决策的方向。

首先，服务经济和体验经济大行其道，企业的直接生产成本所占比例越来越低，而间接费用占比直线上升，一些知名企业的成本分布甚至从橄榄形向哑铃形转变，它们把核心竞争能力放在产品研发和销售网络上，将生产环节外包，如耐克公司，这样更是颠倒了直接成本与间接费用的主次关系。这时依据直接生产成本来匹配间接费用的做法可能会极大地扭曲企业的真实成本构成。

其次，买方市场的出现使得客户个性化的需求得到极大的发挥，不仅在产品的功能、特征、形式等方面产生差异，与产品消费配套的服务方面也有所不同。这就导致企业为每一个客户服务的成本或者说客户消耗企业的资源都不一样，纯粹按照收入来匹配间接费用的方法并不能准确找出真正的高价值客户和低价值客户。

前例中，如果细分市场甲的客户都属于积极型客户（aggressive customer），细分市场乙的客户都属于消极型客户（passive customer），那么，前者的实际服务成本要远远高于后者，因为积极型客户喜欢索求更低的价格，更特殊的包装、运输和售后服务，他们实际占用了更多的企业资源（见表4-5）。

表4-5 VBC法范例的修正

单位：万元

项目	合计	细分市场甲	细分市场乙	细分市场丙
销售额	300	100	100	100
直接成本	100	20	30	50

续表

项目	合计	细分市场甲	细分市场乙	细分市场丙
管理费用	50	25	10	15
销售费用	60	30	15	15
成本合计	210	75	55	80
利润	90	25	45	20

这样，实际的盈利程度排位是细分市场乙＞细分市场甲＞细分市场丙。真正的高价值客户是细分市场乙而非细分市场甲。

2. ABC法

针对VBC法的这些缺陷，管理专家从另一个视角提出了改良的成本分摊方法，即基于活动的成本分摊法（activity-based costing），简称ABC法。在会计学的分支管理会计学中，ABC法又称作业成本法。

ABC法分两大步骤：（1）确定生产一个产品或服务一个客户所包含的活动总量；（2）确定每一个活动所消耗的企业资源数量。二者的乘积即是产品生产或客户服务的总成本。

由于成本是基于活动来精细匹配，ABC法使得管理者能够很好地区分出哪些客户或细分市场在营销和配套支持方面要求更多，因而需要耗费更多的企业资源；哪些客户或细分市场则相反。在此基础上，结合收益的情况，管理者就可以测算出哪些客户是高价值的、哪些客户是低价值的。ABC法还有一个极大的益处是它为企业实施企业资源计划（ERP）、业务流程重组（BPR）等奠定了坚实的基础。ABC法的弊端在于信息收集分析的成本过高，不过随着IT的发展和CRM的不断深入，这种状况会得到极大的缓解。

3. RFM法

RFM法是根据每一个客户的光顾间歇（recency）、光顾频率（frequency）和消费额（monetary）三个变量来计算其价值大小的一种方法。有的学者用购买数量（amount purchased）代替消费额，所以RFM法又称RFA法。

光顾间歇是指客户最近一次购买距离现在的时间间隔。距离越近，分值越高。三天前刚刚光顾了商店的客户肯定比三个月前光顾商店后一直未来的客户得分高。

光顾频率是指客户在一段时期内光顾的次数。次数越多，分值越高。

消费额是指客户平均每次购买的金额。金额越大，分值越高。

RFM法既可以采用三分制又可以采用五分制，甚至可以采用七分制，视企业细分的需要而定，但关键在于如何确定分值的界限。产品价值高、购买数量小、购买次数少的行业，其RFM分值界限应该明显不同于产品价值低、购买数量大、购买频繁的行业（见表4-6）。

表 4-6　RFM 法范例

项目		1 分	2 分	3 分
汽车专卖店	光顾间歇	最近一次购买发生在 48 个月以前	最近一次购买发生在 12 个月之前	最近一次购买离现在不超过 12 个月
	光顾频率	在过去 60 个月里只光顾本店一次	在过去 60 个月里光顾本店两次	在过去 60 个月里光顾本店三次或更多
	消费额	平均消费额少于 20 万元	平均消费额在 20 万～40 万元之间	平均消费额高于 40 万元
零售药店	光顾间歇	最近一次购买发生在 9 个月以前	最近一次购买发生在 3 个月之前	最近一次购买离现在不超过 3 个月
	光顾频率	在过去 12 个月里只光顾本店一次	在过去 12 个月里光顾本店两次	在过去 12 个月里光顾本店三次或更多
	消费额	平均消费额少于 150 元	平均消费额在 150～450 元之间	平均消费额高于 450 元

这样，依据已有的数据和建立的标准，每一个客户都有一个对应的 RFM 值，企业不仅可以依据客户的 RFM 值对他们进行排序、分组，确定价值高低，还可以从中发现客户消费行为的动向与趋势，建立市场预警系统。

RFM 法的缺陷在于：（1）不能明显反映出客户服务成本的高低；（2）逐日逐期地计算，没有将客户作为一个整体来考虑。

综合而言，如表 4-7 所示，三种方法各有利弊，就估算客户贡献价值的准确性而言，ABC 法表现最佳，RFM 法其次，VBC 法比较粗糙；但从操作成本与难度来讲，VBC 法表现最优，RFM 法和 ABC 法都需要企业投入大量的资源。

表 4-7　三种方法的比较

准确性	操作成本	操作难度
ABC>RFM>VBC	ABC>RFM>VBC	ABC>RFM>VBC

三、顾客终身价值的测算

顾客终身价值（customer lifetime value）是指一个顾客购买某个品牌或公司的产品和服务的预期总利润的净现值，是该品牌或公司对顾客未来可能贡献的全部利润的估算。顾客终身价值认为一个顾客为企业贡献的价值不仅包括其过去价值和现在价值，还包括其未来价值；这些价值需要企业实施关系营销才能实现，所以顾客终身价值也是顾客关系价值，只有把关系维持住了，顾客终身价值才能延续、发展。

顾客终身价值理论是企业经营哲学的一次升华，它给企业经营管理者的重大启示意义在于：

(1) 保持顾客十分重要，一个顾客的流失将是其终身价值的流失。一般情况下，流失顾客的挽回概率较低或挽回成本较高，因此流失顾客给企业造成的损失不仅仅是一次交易额的减少，很可能是未来全部利润的流失，数额相对巨大。从顾客终身价值的视角可以看到保持顾客的工作对企业而言非常重要。

(2) 企业需要树立关系营销的观念，具有长期性、全局性的战略眼光，将顾客关系作为一项资产来经营。为了实现顾客终身价值最大化，企业必须战略性地处理与顾客的关系，在一开始接触顾客时，就要树立长期关系的导向，并在后续的营销活动中切实贯彻与顾客建立长期关系的指导思想，不搞一锤子买卖，不涸泽而渔、饮鸩止渴，不为追逐短期利益而牺牲长期利益。

(3) 企业需要注意顾客生命周期、生命阶段的变化，不能只根据顾客眼前的价值确定与顾客关系的类型。与顾客建立长期关系，意味着企业要照顾顾客终身，为了更好地长时间满足顾客的需求，需要企业密切关注顾客在不同生命周期和阶段的需求变化，根据变化实时调整营销组合策略，实现顾客终身价值最大化。企业在识别顾客价值大小的时候，也要有一定的前瞻性，对一些价值增长潜力较大的顾客，要提前锁定，与之建立长期稳定的关系，甚至帮助顾客稳步提升价值。

(4) 顾客终身价值并非一成不变，企业需要注意营销战略/策略对顾客关系、顾客资产价值的长远影响。市场环境瞬息万变，顾客为企业贡献的销售收入、企业为顾客提供服务所花费的费用、顾客的忠诚度等因素都会随之发生变化，导致顾客的终身价值出现波动。企业需要尽量发挥主观能动性，运用营销战略和组合策略，努力提高长期销售收入、降低服务成本、提高顾客忠诚度，实现顾客终身价值最大化。

顾客生命价值（customer lifetime value，CLTV）是顾客未来价值的贴现值。它的经典模型是：

$$CLTV=\sum_{t=1}^{n}\frac{p_t}{(1+i)^t}$$

式中，$CLTV$——顾客生命价值；

n——顾客与企业保持关系的年限；

p_t——顾客在第 t 年为企业带来的利润；

i——贴现率或称资金成本。

假设一个顾客在未来的4年里每年为企业带来100元的利润，资金成本是10%，那该顾客的生命价值就是317元。计算过程见表4-8。

表4-8 顾客生命价值计算范例 单位：元

年限（t）	1	2	3	4
顾客利润（p）	100	100	100	100

续表

贴现率/资金成本（i）（%）	10	10	10	10
现值	91	83	75	68
顾客生命价值（*CLTV*）	317			

确定顾客生命价值的关键就在于如何准确界定顾客利润 p_t、贴现率或资金成本 i、关系保持年限 n 三个变量。

1. 顾客利润

顾客利润是顾客收入与顾客成本的差额。关于顾客收入与顾客成本的内涵，不同的学者给出了不同的分析框架。

比较传统的做法是用销售收入代替顾客收入，然后将总成本按照一定的准则进行分类、分摊，如前所述的VBC法、ABC法等。由于销售收入在财务报表中可以直接得到，所以它的计算十分简单，但是总成本的归类与分摊存在一定的难度和复杂性。成本分类比较典型的如从供应商的角度将顾客成本分为：售前成本（宣传促销费用、售前定制服务费用等）、生产成本（订单处理、生产、包装、报废等费用）、分销成本（运输、储藏、返销等费用）、售后成本（培训、安装、维修、技术支持等费用）。

也可以从顾客让渡价值的角度界定顾客收入与顾客成本的内涵：顾客让渡价值＝顾客总价值－顾客总成本；顾客总价值＝产品价值＋服务价值＋人员价值＋形象价值；顾客总成本＝货币成本＋时间成本＋精神成本＋体力成本。

还可以在ABC法的基础上对顾客利润进行细致的动态分析。

首先，将顾客成本分为获取成本（即市场推广成本，包括对新顾客的推广成本和对老顾客推广新产品/服务的成本）、产品提供成本、服务成本和关系成本（即保持顾客所耗费的成本）。这样顾客的利润就如表4－9所示。

表4－9　顾客利润分析

获取成本＝	顾客利润	第一年
收入－产品提供成本－服务成本－关系成本＝		第二年
收入－产品提供成本－服务成本－关系成本＝		第三年
⋮		⋮

其次，运用ABC法对顾客的各项成本进行匹配（见图4－2）。

2. 资金成本

一般的倾向是选用市场利率或预期的投资报酬率来做贴现率。实际上两者都不合适。市场利率过于一般，并不能反映企业自身的特殊情况；预期的投资报酬率则相对虚幻，不能反映企业资金的真实成本。比较明智的选择是用企业的资金成本作为贴现率。企业的资金成本是企业债务成本和权益成本的加权平均值。企业的债务

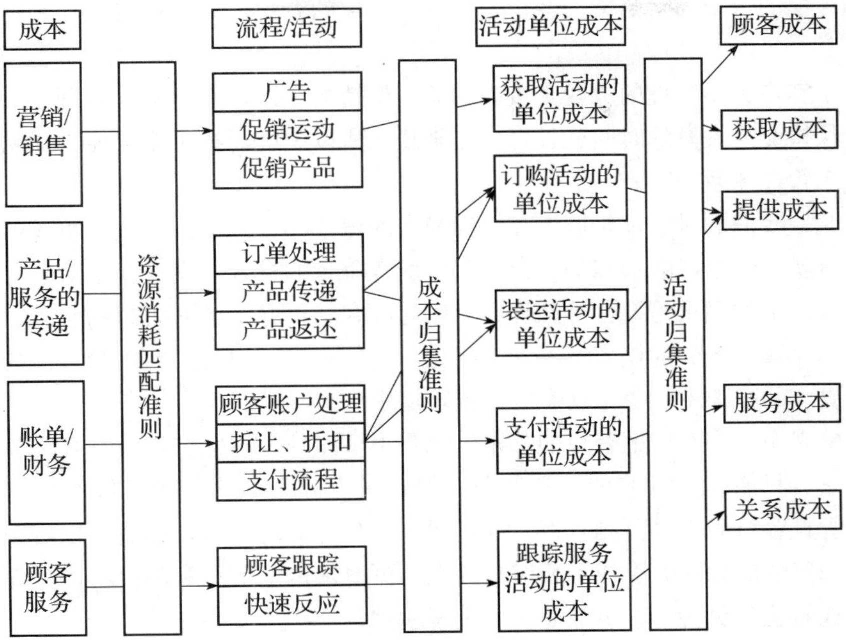

图 4-2 基于 ABC 法的成本匹配

成本即企业支付给债权人的利息；企业的权益成本即投资者的预期报酬率；权重即企业的资本结构（负债与所有者权益的比例）。

假设企业的资本结构是 4∶6，即 40%的资产是通过借贷获得，60%的资产由股东自筹。债务利息为 8%，股东的预期投资报酬率为 12%，则

贴现率(资金成本)=40%×8%+60%×12%=10.4%

除此之外，贴现率还要考虑风险的因素。由于客户关系管理是一个长期的过程，其中必然存在一些不可预知的因素，这些因素也必然会影响顾客的生命价值，比如顾客背叛、顾客服务的缺失等。企业可以通过 CRM 中的数据对顾客的交易信用进行评定，从而确定其风险类别和风险概率，然后在此基础上对其贴现率进行相应的处理。基本的原则是：

一般风险顾客的贴现率=公司的资金成本
高风险顾客的贴现率=公司资金成本×(1+风险概率)
低风险顾客的贴现率=公司资金成本×(1-风险概率)

3. 关系保持年限

预测客户关系生命周期的长短并不容易，因为其中不可预测的变数太多，比如客户意外死亡，公司破产、解散等，都不是企业所能左右和预见的。所以对关系保持年限只能做一个趋势估算。比较常见的方法是在顾客平均寿命的基础上，依据顾客的信用等级或客户信息库中其他相关信息对关系保持年限进行大致的估算。如果你的客户拥有客户，那计算客户关系生命周期会变得更加复杂。决定你们之间交易

周期和规模的一个因素是你的客户如何服务于他的客户，必须把这种连锁反应考虑在内。

由于客户关系管理的成效直接影响关系保持的年限，客户关系管理得当，客户与企业保持交易关系的时间就长，反之则短，所以关键还在于企业能否成功运作其客户关系管理体系。

至此，我们的讨论都是假设在一种静态的竞争环境之中，其实，市场的竞争结构和竞争状况都会影响顾客的生命价值。新竞争者的进入、现有竞争对手之间的博弈、竞争对手的退出等，会不同程度地引起顾客的偏好、顾客贡献的收入、维持顾客的成本、顾客流失的概率等因素的变化，所以我们必须将顾客生命价值的估算放到一个更大的框架中，一个动态的市场环境中。

总的来说，准确理解客户的未来价值是不可能的，不存在计算顾客终身价值的精确方法，只能靠大量的估算和判断。但这一点并不能抹杀顾客价值估算的必要性。尽管顾客行为不可预测，但是通过顾客终身价值的分析，企业可以辨别出不同顾客或顾客群的相对吸引力和相对重要性，更清楚地了解盈利的机会，从而为企业的营销战略奠定更科学、更商业化的决策基础。

四、顾客资产分析

每一个顾客的终身价值就是顾客在企业的资产，而全部顾客的终身价值加总起来就构成了企业的顾客资产总和。顾客资产分析可以分为总量分析和结构分析两种。

总量分析就是对企业的顾客资产总和或均值进行横向和纵向的比较分析，从而判断企业的未来增长潜力、竞争优势和绩效表现。总量分析的前提是要求顾客终身价值的计算方法和取值水平要保持一致，以确保不同企业之间、企业不同时期之间的顾客资产具有可比性。顾客资产总和反映了企业的整体实力，是企业未来盈利空间的总体可能性，顾客资产越大，企业的发展前景越好，越能够吸引外部投资的进驻。人均顾客资产反映企业的营销效率和客户关系管理的成效，人均顾客资产越高，就表明企业获取和保留了更多高价值的顾客，整体经营绩效良好，未来的竞争优势明显。

结构分析是通过编制顾客资产损益表来分析年度顾客资产的变动情况，从而判断年度营销工作绩效，以及确定下一个年度客户关系管理工作的重点。编制顾客资产损益表，需要在计算每一个顾客在不同时点的终身价值的基础上，把顾客数量、顾客人均资产、顾客资产等指标的期初余额、期中变动情况及期末余额计算出来，如表 4－10 所示。编制完成顾客资产损益表之后，我们可以做如下分析：

（1）年度整体经营绩效分析：通过对比期初和期末的顾客资产和顾客人均资产，可以看出企业年度经营绩效的优劣。在表 4－10 中我们可以看到，虽然顾客数量有所增加，但期末顾客人均资产出现下滑，导致企业的顾客资产减值。

表 4－10　顾客资产损益表举例

项目	顾客数量（人）	顾客人均资产（元）	顾客资产（元）
初始余额	100 000	282.00	28 200 000
流失顾客	15 000	343.00	5 145 000
小结	85 000	271.24	23 055 000
获得新顾客	20 000	294.00	5 880 000
小结	105 000	275.57	28 935 000
CLTV 上升的顾客	15 000	305.00	4 575 000
CLTV 下降的顾客	15 000	182.00	2 730 000
CLTV 不变的顾客	75 000	275.57	20 667 857
期末余额	105 000	266.41	27 972 857

（2）年度顾客获取工作绩效分析：通过对比新顾客的人均资产和顾客人均资产的初始余额，可以初步判断顾客获取工作的成效。在表 4－10 中，我们看到新顾客的人均资产高于顾客人均资产的初始余额，说明企业获取了更多高价值的顾客，增强了企业的未来盈利能力，因此顾客获取工作是很有成效的。

（3）年度顾客维系工作绩效分析：通过对比流失顾客的人均资产和顾客人均资产的初始余额，可以初步判断顾客维系工作的成效。在表 4－10 中，我们看到流失顾客的人均资产明显高于顾客人均资产的初始余额，说明企业流失的多是高价值的顾客，顾客维系工作需要进一步加强。另外，通过分析每一个顾客终身价值的变动情况，可以判断企业顾客开发工作的成效，顾客终身价值有显著提升，说明企业对顾客的交叉销售和升级销售工作富有成效，顾客的忠诚度有明显提升。

第 3 节　客户组合战略

传统的细分变量大致可以分为两大类：一类是客户的基本特征，如人口统计、地理和心理特征等；另一类是客户对企业产品和服务的反应，如所追求的利益、使用时机和品牌忠诚度等。在实际运用中，企业经常使用两个或两个以上的变量对客户进行细分，据此勾勒出每个细分市场的基本特征。例如比较常见的客户细分方法之一是根据心理因素和使用频率，将客户分为大量使用者、中度使用者、少量使用者和非用户四类。

根据细分变量对客户进行有效的细分，有助于改善企业营销活动的效率和效果。在消费者需求日益个性化、差异化的年代，无差异化营销战略和差异化营销战略使企业营销投入与产出越来越不成比例，实际上，任何一家企业没有能力也没有必要去满足所有的市场需求，集中于一个或几个有吸引力的细分市场，不仅可以增强企业目标的准确性，还可以使企业有限的资源发挥出最大的效用。

一、客户分层

客户终身价值的科学估算为客户细分提供了新的变量。基于客户价值的细分，可以使企业的资源配置更有效。企业可以从大量低价值客户的纠缠中摆脱出来，集中精力为一般价值客户服务，从而提高企业的盈利能力和竞争优势。

基于商业化的思想，我们认为客户价值这个新的细分变量与传统细分变量之间是一种递进、互补的关系。实施客户关系管理的企业可以先根据客户终身价值的大小对他们进行区分。同时客户价值变量也可以与其他变量结合使用，在运用客户价值变量细分客户之后，还必须根据有效细分的准则进一步挖掘市场的异质性和市场的同质性。根据客户信息库中客户信息的丰富程度，可以选择的客户层级划分方法有二分法、四分法和矩阵分析法三种。

1. 二分法

二分法的理论依据是公认的80/20法则。该法则认为企业利润中80%的部分是由20%的客户创造的。根据80/20法则，可以将企业的所有客户大致划分为两个层级：黄金层级和钢铁层级。20%的客户构成企业的黄金层级客户，他们是企业盈利能力最强的客户。其余的客户是钢铁层级客户，他们之间的盈利能力没有明显区别，但是与黄金层级客户的盈利能力有很大的差别。有学者将这种依据80/20法则发展出来的客户层级模型形象地称为80/20分布的客户金字塔模型，如图4－3所示。

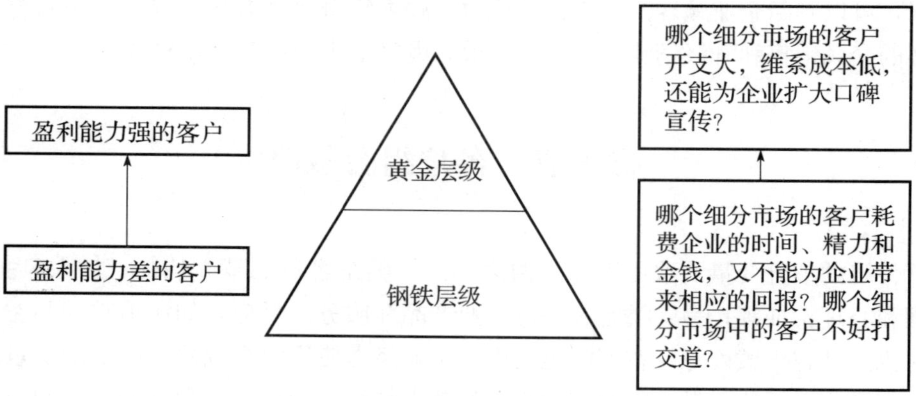

图4－3　80/20分布的客户金字塔模型

二分法是当前企业划分顾客价值最普遍采用的一种方法，该方法提供了一个较好的基准，对顾客进行细分，根据顾客重要程度合理分配营销力量，从全局的角度设计持久、稳健的顾客发展战略。例如，电信行业的中国移动公司、中国电信公司等，普遍将自己的客户划分为公众客户和大客户。其中，月均消费额高于某一个数额的客户称为大客户。成立专门的大客户事业部，由专门的大客户经理实现“一对一”的服务。对于其他的客户，则由市场经营部负责营销和服务。

2. **四分法**

二分法基本勾勒出了企业客户价值的层级，符合客户关系管理商业化的标准。但是由于它过于简单，而且一般假定两层之中的客户是近似相同的，正如传统市场细分中通常假定同一细分市场中客户是同质的一样，这样，如果企业的客户群体比较庞大，或者客户的个性比较突出，那么应用二分法建立的客户层级就显得十分粗糙和不科学。如果企业的客户信息库中有足够的数据，为了更好地分析客户层级，两个层级以上的划分则更容易说明问题。受 80/20 分布的客户金字塔模型的启发，一些学者发展了扩大的客户金字塔模型，它将客户划分为四个层级（见图 4－4）：盈利能力最强的客户在铂金层级，其次是黄金层级，再次是钢铁层级，盈利能力最差的客户在重铅层级。

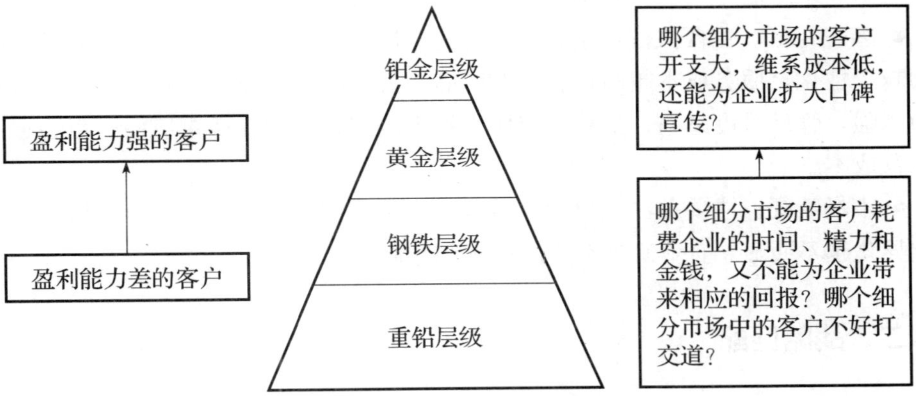

图 4－4　扩大的客户金字塔模型

3. **矩阵分析法**

客户盈利能力可以分解为客户收益和客户服务成本两个角度。矩阵分析法从客户战略重要性和客户关系管理难度两个维度出发，将客户分为关键-容易、关键-困难、不关键-容易和不关键-困难四个层级（见图 4－5），分别对应四分法中的铂金层级、黄金层级、钢铁层级和重铅层级，更加具体深入地剖析客户的构成。

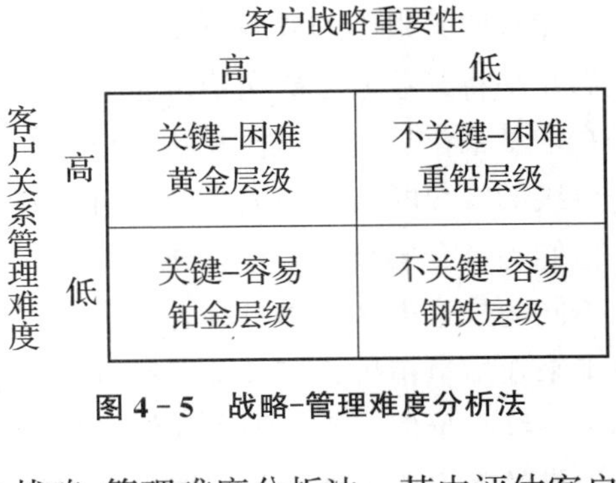

图 4－5　战略-管理难度分析法

矩阵分析法也称为战略-管理难度分析法。其中评估客户战略重要性的指标有：

● 客户购买数量或金额。客户购买产品的数量越多或金额越高，该客户的战略重要性则越明显。

● 客户的潜力和声望。有时，尽管某些客户当前的交易额相对而言比较小，但由于其未来购买能力比较强，或者在行业内拥有崇高威望和良好商誉，与之交易能够提高企业的知名度与美誉度，也应该视其为关键客户。

● 客户的市场地位。如果客户是行业内的领导者，即便当前贡献给企业的直接价值非常有限，考虑到其庞大的购买能力以及良好商誉，也应该视为战略地位非常关键的客户。

● 在对抗竞争、进入新市场、改善技术和技巧以及影响其他关系方面发挥的作用。

评估客户关系管理难度的指标有：

● 产品特征。主要关注创新性、复杂性。一般而言，产品越新颖、越复杂，培训、维修和跟踪服务的工作量则越大，需要企业付出更多的精力进行维护。

● 客户特征。主要关注需求、购买行为、能力、实力、行为。客户需求和购买行为越个性化，服务成本越高；客户对产品、公司以及行业了解越充分，讨价还价能力越强，管理难度越高；如果客户属于不忠诚型，经常变换供应商，也会提高企业经营成本。

● 市场特征。主要关注竞争者的数量、实力、优劣势。市场竞争越激烈、竞争的差异化越不明显，企业管理客户的成本则越高。

二、战略匹配

在描述各个层级客户的特征时，不同的学者由于出发点不同，给予的解释也大相径庭，这恰恰为我们带来了广阔的分析视角。下面选取一些有代表性的描述做简要介绍。

有的学者用当前价值和增值价值的高低来界定这四类客户层级。重铅层级的客户是最没有吸引力的一类客户，该类客户的当前价值和增值潜力都很低，他们偶尔下一些小额订单，经常延期支付甚至不付款，提出苛刻的客户服务要求，或定制化要求过高。钢铁层级的客户具有低的当前价值和高的增值潜力，这类客户的业务总量很大，但是企业目前只能获取其很小的业务份额。黄金层级的客户有高的当前价值和低的增值潜力，他们几乎将其业务全部交给本企业，并一直真诚、积极地为本企业推荐新客户，但是在增量销售、交叉销售和新客户推荐方面已经没有多少潜力可供进一步挖掘。铂金层级的客户既有很高的当前价值又有巨大的增值潜力，是最有吸引力的一类客户，他们和黄金层级的客户一样，对企业高度忠诚，已将其当前业务全部给了本企业，不同的是这类客户本身具有巨大的发展潜力，业务总量在不断增大，因此这类客户未来在增量销售、交叉销售等方面尚有巨大的潜力可挖。

有的学者综合运用客户终身价值、心理因素和使用频率等细分变量来描述这四类客户。他们认为铂金层级的客户代表那些盈利能力最强的客户，是典型的产品的大量使用者，他们对价格并不十分敏感，愿意花钱购买，愿意试用新产品，对企业比较忠诚。黄金层级的客户希望获得价格折扣，没有铂金层级客户那么忠诚，所以他们的盈利能力也没有铂金层级客户那么高，他们也许是大量使用者，也许是中度使用者，他们往往与多家企业而不是一家企业做生意，以降低风险。钢铁层级的客户数量很大，能消化企业的产能，但他们的消费支出水平、忠诚度、盈利能力不值得企业去特殊对待。重铅层级的客户不能给企业带来盈利，他们的要求很多，超过了他们的消费支出水平和盈利能力，有时他们是问题客户，向他人抱怨，消耗企业的资源。

显然，由于划分的标准不同，各个层级客户的特征也有所不同，这需要企业根据自身的情况和信息的丰富程度来调整。我们认为客户层级的划分应该与企业客户关系的战略选择紧密联系起来，所以从这个角度出发，结合实践中的普遍做法，在参考以上学者研究成果的基础上，按照客户终身价值的大小将客户划分为三个层级：高价值客户、一般价值客户和低价值客户。然后再依据直接价值和间接价值的突出程度将高价值客户分为忠诚的老客户和盈利的大客户，一般价值客户又分为有增值潜力的客户和有战略意义的客户（见表4-11）。

表4-11　客户层级划分

项目	客户终身价值		
	高	一般	低
直接价值突出	盈利的大客户	有增值潜力的客户	低价值客户
间接价值突出	忠诚的老客户	有战略意义的客户	

企业在研究客户的价值时，要突破两个认识误区：一是仅仅注重客户的当前价值，而不考虑客户的未来价值或终身价值；二是仅仅注重客户的交易价值或直接价值，而忽视客户的间接价值。陷入其中任何一个误区，都会给企业的战略决策带来极大的误导。结合运用客户终身价值和客户直接价值与间接价值两个标准来界定客户的层级，一方面可以对客户的价值进行全面的剖析，为营销决策的科学制定奠定基础；另一方面，由于直接价值与间接价值突出程度不同，营销对策亦不同，所以区分开来有助于营销效率和效果的改善。

基于客户价值的客户细分，其根本的价值就在于为企业客户关系战略的正确选择提供了坚实的基础和明确的方向。企业应该在客户细分的基础上，对不同层级的客户进行程度和内容都有所不同的营销活动，实行差异化的营销战略。

1. 客户关系的种类

应该与客户建立怎样的关系呢？

从售后服务的角度可以将企业与客户的关系分为五种类型：基本型（产品售出后不再与客户联系）；反应型（鼓励客户若有问题就与之联系）；可靠型（产品售出后不久就与客户联系）；主动型（经常与客户联系）；合伙型（与客户一直相处在一起）。企业可以根据自身的资源、能力和市场竞争环境来确定合适的服务类型。例如以顾客/分销商数量和产品利润的高低为维度，企业的关系战略选择如表4-12所示。

表4-12 基于顾客/分销商数量和产品利润的企业关系战略选择

顾客/分销商数量	产品利润		
	高利润	中利润	低利润
很多	可靠型	反应型	基本型或反应型
一般	主动型	可靠型	反应型
较少	合伙型	主动型	可靠型

从价值创造和传递的角度可以将企业与客户的关系分为四种：以价格为中心的关系（通过每天低价、标准产品和良好的购物体验为一般客户创造价值，这种关系有较强的竞争性）；以产品为中心的关系（通过定制产品为客户创造价值）；以需求为中心的关系（通过个性化服务和渠道为客户创造价值）；以价值为中心的关系（通过联合开发能令企业和合作伙伴双赢的方案、服务、产品来创造价值，通常需要各方密切地协作）。实际上，前面提到的关系阶梯模型也从另一个侧面阐述了企业与客户关系的种类，从潜在顾客到伙伴，企业与客户之间的密切程度不断增强。

综合以上描述，我们从企业关系投入和关系密切程度的角度，将企业与客户之间的关系分为无关系、松散型关系、一般关系、密切型关系和伙伴型关系五种。

2. 高价值客户的关系战略

高价值客户是企业盈利能力最强的客户，是企业利润的基石，企业花了很大的代价才使彼此的关系进入稳定状态，所以对其关系战略应该突出“保持”二字。企业应该保证足够的资源投入，千方百计地保持高价值客户，决不能让他们转向竞争对手。企业必须持续不断地向他们提供超预期的价值，对他们设计和实施个性化（甚至是一对一）的客户保持策略，充分利用包括网络在内的各种沟通手段不断主动地与他们进行有效沟通，真正了解他们的需求，甚至是他们的客户的需求或能影响他们购买决策的群体的偏好，不仅为他们优先安排生产、定制化产品/服务、提供灵活的支付条件、安排最好的服务人员，而且为他们提供能给其带来最大增益的全套解决方案，让他们始终坚信本企业是他们最好的供应商。

客户的终身价值之所以高，原因可能在于其能持续提供较高的交易价值，也可能在于其为企业提供了非常重要的间接价值，也可能是二者的折中。不同的情况，保持策略的具体内容应有所不同。能持续提供较高交易价值的客户称为盈利的大客户，他们无论在当前还是未来，都和企业进行持续的大额交易，他们比较关注交易的过程和结果，喜欢物美价廉，对价格比较敏感，喜欢交易便利和交易效率不断提高，厌恶交易中断和浪费。他们有时甚至厌恶供应商过于纠缠，喜欢简单的、程式化的交往关系，他们往往乐于将交易视为一种习惯和理所当然的事情。他们多数是一些组织用户或中间用户，比如工业企业、商业企业、政府机构和事业单位的集体采购。对于盈利的大客户，保持策略的重点在于便利和效率，努力为客户营造一种便利、熟悉、高效的交易环境，增加客户的财务利益。这包括专门定制的标准化产品/服务、优惠的价格、高效固定的配送渠道、快速双向的信息沟通渠道、安全便利的支付方式等。

能为企业提供巨大间接价值的客户称为忠诚的老客户。这类客户的销售收入基本趋于稳定，而且维护成本较高，之所以能成为高价值客户，原因在于两方面：一是由于该类客户的服务成本逐年下降，使得利润增加，这主要是因为客户关系持久，双方信息沟通和工作流程都很顺手，减少了时间和人员耗费。二是由于该类客户带来的间接价值持续增高，他们不仅会交叉购买，而且会不遗余力地为企业做正面的宣传，给企业带来更多的新客户。忠诚的老客户更注重与企业在情感上的联系，寻求一种品牌上的归属感，他们对价格并不十分敏感，愿意花钱购买，愿意试用新产品，对企业忠诚。他们往往是产品的早期使用者或创新者。对于忠诚的老客户，保持策略的重点在于参与和沟通，积极地、人性化地与客户进行定期或不定期的沟通交流，了解和重视他们的想法和意见，并邀请他们不同程度地参与到企业的各项决策中来，努力营造一种亲密无间的关系环境，发展联盟式的客户关系。如目前各大银行均推出 VIP 贵宾服务，针对高端客户设立专门的服务人员和贵宾室，不仅在业务办理上提供优先权和各种定制化的服务，也针对该类客户推出各种专属活动，例如，招商银行针对“金葵花”客户推出一系列养生讲座、亲子游、钢琴比赛等活动，以进一步培养客户对招商银行的感情。

3. 一般价值客户的关系战略

就目前而言，一般价值客户的长期盈利能力低于高价值客户，他们没有高价值客户那么稳定和忠诚，可能与多个企业进行交易，流失的概率较大，但他们的潜力巨大，有可能成为企业的高价值客户。所以一般价值客户关系战略的重点应突出“发展”二字。

从客户的直接价值和间接价值突出的程度来看，一般价值客户可以进一步细分为有增值潜力的客户和有战略意义的客户两种。

有增值潜力的客户当前交易价值比较低，主要原因在于这类客户与企业的关系可能一直徘徊在考察期或形成期前期，双方没有建立足够的信任和交互依赖关系；但是由于该类客户的总体业务量比较大，只是分散于几个不同的企业之间，所以理论上的未来增值潜力巨大。对于这类客户，要认真诊断其行为模式①，分析其转换

① 客户的行为模式有两种非常极端的情形，一种称为“总有一份”模式，属于这种行为模式的客户可以随意把部分或全部供应从一位卖主转给另一位卖主，因此客户与许多供应商有业务往来。“总有一份”的客户更换供应商的成本很低，不愿意与卖主保持长期的关系，所以即使与客户进行连贯业务交往的卖主也不得不在买主的每次购买行为中，为继续双方的关系提出好的立竿见影的理由。另一种极端情形是“永远失去”模式，客户的每次购买都只对一位卖方做出承诺，客户面临更换卖主的成本高，客户愿意与卖主保持持久、紧密的关系，如果客户确实放弃了一位卖主，那么再把他争取回来至少就像最初建立关系那么困难。当然，实际情况下，客户多处于这两种极端情况之间的某个位置上，可能接近“总有一份”的模式，也可能接近“永远失去”的模式，具体的位置取决于客户转换供应商所面临的损失与风险大小、企业关系投入的力度、市场竞争的激烈程度等因素。

成本，如果客户的行为接近“永远失去”模式，则可以通过适当的资源投入再造双方关系，通过不断向客户提供高质量的产品、有价值的信息、优质的服务甚至个性化的解决方案等，让客户持续满意，并形成对企业的高度信任，从而促进客户关系顺利越过考察期和形成期，最终进入稳定期，获得客户更多的业务份额。如果客户的行为接近“总有一份”模式，则只能顺其自然，待其行为模式有所改变之后再做关系调整，否则投入大量的资源并不能得到足够的回报。

有战略意义的客户可能在当前的交易价值贡献上并不明显，但是由于它的未来间接价值比较丰富，所以也必须予以高度的重视。这类客户的战略意义可能在于：该客户在业内有着很强的影响力，能够对其他客户起到很好的示范作用，与他们合作，可以提升企业本身的美誉度，有利于企业在竞争中脱颖而出，从而吸引其他更大规模、更具有战略意义的客户。这类客户或具有捆绑品牌（co-branding）的效应；或能帮助企业很容易地切入新的领域；或能优化企业的成本结构等。企业需要在考察其发展潜力的基础上进行适当的关系投入。

4. 低价值客户的关系战略

对于低价值的客户，企业通常的做法有两种，一种是坚决剔除，分辨出企业的高价值客户和一般价值客户，给予全力服务，对于其他客户，则坚决剔除，不再与他们联系和交易。另一种做法是坚决保留，无论客户多么难缠，都不遗余力地与客户保持一定的关系，有一个一度非常流行的宣言充分表达了这一点，它要求员工在与客户打交道时，必须遵守如下准则：第一条，客户永远是对的；第二条，当客户不对时，请参照第一条。这两种做法都不是正确的关系战略。企业应该在认真分析客户价值低的原因之后，有选择性地取舍。低价值客户已经没有大幅提升利润的空间，但是如果存在以下两种情况，还是值得企业与之继续保持适当的关系。

一是存在客户服务成本降低的空间。企业能够找出与客户交往更省钱的方式，如从原来面对面的销售方式转为电话销售、直销、电子邮件等，或由原来的直销转为由经销商销售，这样不仅保证了销售收入，也减少了整体成本，提高了利润水平。针对这种情形，企业可以采取维持的战略，不增加关系投入，而尽量减少关系成本。

二是有利于企业市场竞争战略的执行。有时，保持一定数量的低价值客户是企业实现规模经济的重要保证。大规模生产可以使单位成本降低，这对于那些固定成本与可变成本之比很高的供应商有特别的意义，从而使企业对于那些低价值客户有了盈利的空间。有时，保持一定数量的低价值客户是企业保住市场份额、遏制竞争对手的重要手段。不同时期企业的目标是不一样的，有时企业的首要目标是市场占有率最大化，而不是利润或收入最大化，这种情形在高科技和网络领域里比较常见，在这些领域里，快速改进的产品有可能占领整个市场。针对这种情形，企业可以采取弹性的关系战略，根据企业自身的需要和市场环境的变化来调整关系的紧密程度。

以上两种情形之外的低价值客户，企业最好选择结束关系的战略，停止对他们的服务，把他们引向适合的供应商。

表4-13总结了针对以上类型客户的战略选择。

表4-13 基于价值的客户细分和战略选择

客户细分	关系类型	关系战略	关系重点
盈利的大客户	一般关系	保持	便利与效率
忠诚的老客户	伙伴关系	保持	参与和沟通
有增值潜力的客户	密切关系或松散关系	发展	根据行为模式而定
有战略意义的客户	密切关系或伙伴关系	发展	根据发展潜力而定
低价值客户	松散关系或无关系	维持或放任	根据企业自身的需要和市场环境的变化而定

思政专栏

全面深化改革的组合分析

一个时代有一个时代的问题，一代人有一代人的使命。随着改革进入攻坚期和深水区，遇到的阻力越来越大，面对的暗礁、潜流、漩涡越来越多。发展中的问题和发展后的问题、一般矛盾和深层次矛盾交织叠加、错综复杂。容易的、皆大欢喜的改革已经完成了，好吃的肉都吃掉了，剩下的都是难啃的硬骨头。改革开放中的矛盾只能用改革开放的办法来解决。中国要前进，就要全面深化改革。明确全面深化改革总目标是完善和发展中国特色社会主义制度、推进国家治理体系和治理能力现代化，是习近平新时代中国特色社会主义思想的重要内容。这个总目标决定了全面深化改革不是某个领域某个方面的单项改革，而是要系统推进所有领域改革。这意味着，改革不可一蹴而就，也不能平均用力，必须明确改革的章法，既要步步深入地推进，又要以重点带动全局。

习近平总书记指出："改革开放是前无古人的崭新事业，必须坚持正确的方法论，在不断实践探索中推进。"全面深化改革是一个涉及经济社会发展各领域的复杂系统工程，需要统筹谋划各个方面、各个层次、各个要素，注重推动各项改革相互促进、良性互动、协同配合。注重系统性、整体性、协同性是全面深化改革的内在要求，也是推进改革的重要方法。要厘清重大改革的逻辑关系，推动有条件的地方和领域实现改革举措系统集成，打好改革"组合拳"，做到前后呼应、衔接配套。坚持整体推进，讲求整体效果，防止畸重畸轻、单兵突进、顾此失彼。整体推进不是平均用力、齐头并进，而是要注重抓主要矛盾和矛盾的主要方面，注重抓重要领域和关键环节。改革要注意协同，既抓改革方案协同，也抓改革落实协同，更抓改革效果协同，促进各项改革举措在政策取向上相互配合、在实施过程中相互促进、在改革成效上相得益彰。

资料来源：将全面深化改革进行到底．（2019－07－31）．http://theory.people.com.cn/n1/2019/0731/c40531-31265805.html；习近平的全面深改“阶段论”．（2019－09－11）．http://www.xinhuanet.com/politics/xxjxs/2019-09/11/c_1124986750.htm.

案例分析

MBC 棒球训练馆的客户分类

棒球在日本广为流行，虽说足球近几年在日本的普及率大大提高了，但仍然无法撼动棒球的地位。其实，棒球在日本也是一个舶来品，1872 年引入，先在大学生中普及，然后扩散到中小学生。日本共有 12 支职业棒球队，分属两个联盟，每个联盟一年要进行 130 场比赛，最终产生联盟冠军，再由两支联盟冠军队进行 7 场 4 胜制的比赛，争夺棒球总冠军。棒球在日本有着广泛的群众基础，不少人的梦想是当一名职业选手。当然，实现梦想的最关键一步是上高中后参加高中联赛。先是在每个县的学校进行比赛，决出的冠军队将代表本县参加全国锦标赛。每年暑假，代表日本各地的几十支队伍汇聚大阪，以淘汰赛的方式争夺总冠军。

由于棒球的火热，相关产业的发展也十分红火，其中之一就是遍布各地的棒球室内训练馆。坐落于东京的 MBC 是一个小规模的棒球训练馆，只有 8 个独立的场地，为了节省人工，MBC 只接受预订，而且必须提前至少 24 小时，可以同时预订多个场地，以半小时为计费单位。MBC 没有全职员工，均是兼职，每个场地需要 1～2 名员工全程负责调试设备，提供服务。

MBC 的顾客主要分为四类：（1）青少年群体，6～15 岁的孩子，每年有 25%的流失率，对价格不敏感，平均购买 10 小时/年，主要集中在 2、3 月。棒球是他们的必要运动，但他们都是菜鸟水平，每次训练需要 2 名员工和 1 位教练服务。（2）业余爱好者，均是成年人，有一定的基础，对价格比较敏感，每年有 50%的流失率，平均购买 4 小时/年，集中在夏季，很多属于企业的业余队，每次训练只需要 1 名员工在场提供服务。（3）职业选手，16～35 岁，每年有 40%的流失率，价格轻微敏感，平均购买 20 小时/年，全年都会来光顾，水平高、要求也高，需要最好的设备和服务，训练时需要 1 名员工外加 1 名专业教练。（4）娱乐休闲者，各个年龄段都有，每年有 65%的流失率，价格敏感度适中，平均购买 1.5 小时/年，多是在球赛前或晚上来光顾，纯属娱乐或交友，大多要求提供小食，因此也要配备 1 名员工和 1 名教练。具体数据如表 4－14 所示。

表 4－14　MBC 四类主要的顾客细分

项目	青少年群体	业余爱好者	职业选手	娱乐休闲者
接触成本（日元）	1 000	1 500	12 500	50
反应率	10%	15%	25%	2.5%

续表

项目	青少年群体	业余爱好者	职业选手	娱乐休闲者
获取成本（日元）				
兼职员工（名）	2	1	1	2
员工时薪（日元）	1 500	1 500	1 500	1 500
教练（名）	1	0	1	0
教练时薪（日元）	3 000	0	4 500	0
服务成本（日元）	6 000	1 500	6 000	3 000
时收费（日元）	6 500	3 000	7 500	4 000
时利润（日元）				
每年小时数	10	4	20	1.5
年利润（日元）				
保持率	75%	50%	60%	35%
折现率	10%	10%	10%	10%

▶ **讨论题**

1. 每个顾客群体的获取成本和第一年的利润分别是多少？
2. 下一个年度各个顾客群体的利润又是多少？
3. 如何根据每个顾客群体的终身价值来确定关系战略？

基本概念

客户组合战略（customer portfolio strategy）
客户识别（customer identification）
客户贡献价值（customer contribution value）
客户生命价值（customer lifetime value）
客户细分（customer segmentation）

思考题

1. 在动态的市场竞争环境中估计客户价值，应该考虑哪些因素？
2. 企业应该如何选择合适的测算方法预测客户贡献价值？
3. 不同的客户组合战略有何侧重点？如何根据市场竞争的变化有所改变？

拓展练习

利用顾客生命价值（CLTV）确定企业未来营销活动重点：请你通过观察分析表4-15的数据来确定企业下一年度客户关系管理的重点。

表4-15 相关数据

项目	客户数量（人）	CLTV平均值（元）	客户资产（元）
初始余额	100 000	282.00	28 200 000
流失客户	15 000	177.00	2 655 000
小结	85 000	300.53	25 545 000
获得新客户	20 000	134.00	2 680 000
小结	105 000	268.81	28 225 000
CLTV上升的客户	30 000	341.00	10 230 000
CLTV下降的客户	10 000	163.00	1 630 000
CLTV不变的客户	65 000	268.81	17 472 619
期末余额	105 000	279.36	29 332 619

第5章
构建客户信息库

本章要点

- 客户信息库的内涵。
- 客户信息库所需的重要信息类型。
- 客户信息库的作用。

引例

盒马鲜生探索新零售

盒马鲜生（以下简称盒马）是阿里巴巴对线下超市完全重构的新零售业态。盒马是超市，是餐饮店，也是菜市场，但这样的描述似乎又都不准确。消费者可到店购买，也可以在盒马APP下单。而盒马最大的特点之一就是快速配送：门店附近3公里范围内，30分钟送货上门。当你在盒马APP下单时，系统会指引你选择使用支付宝账号登录或者手机淘宝账号登录，并且只可以使用支付宝支付。这背后是盒马以及阿里巴巴对于用户消费行为大数据挖掘的设计。比如，2021年12月，盒马发布了一份《盒区房"懂生活"消费报告》，从鲜奶、有机菜、鲜花、可生食鸡蛋等8个代表消费升级的典型商品或品类入手，呈现出不同城市盒区房用户的消费趋势和偏好。例如报告中指出，消费者在盒马热衷购买有机蔬菜，不只是绿叶菜，连葱姜蒜调味料都要选有机的，部分盒区房用户已经进入全面有机时代。

2021年盒马在全国有300家左右店面。如果盒马只是自身不断开店，想要覆盖到更多城市的更多区域，需要大量的资金和很长的时间。但对于一直习惯于互联网平台操作的阿里巴巴来说，开更多的盒马店并不是最终的目的，阿里巴巴更看重将盒马做成新零售行业的标杆，探索、验证、优化新零售模式，做可复制化的流程，最终让技术、产品、服务、数字化应用落地并赋能到线下零售场景。所以盒马的战略意义大于其自身运营层面的盈利意义。以盒马公开的数据来看，成熟门店单店日销超过80万元，坪效超过5万元。以盒马首家门店上海金桥店为例，日均营业额可达100万元左右，已经实现单店盈利。从订单来源看，成熟门店的线上订单量占比为总订单量的60%。从客单价层面看，线上订单客单价75元，线下订单客单价113元。从会员每月购买情况看，如果会员线上线下都消费，会员的每月花费为575元。纯线上消费的会员，每月花费为 279 元。纯线下消费的会员，每月花费为 228 元。如果不考虑新开店因素（盒马新开店存在培育期），盒马每家店服务消费者超过 15.6 万人。

盒马覆盖周边几公里内的用户，不再通过阿里巴巴擅长的“轻”模式，而是要做“重”模式，除了本身作为生鲜电商的产品特殊性，还在于零售行业的趋势是线上线下融合，要让消费者享受到方便快捷的体验和服务。区别于传统零售行业，盒马运用大数据、移动互联网、智能物联网、自动化等技术及设备，实现人、货、场三者之间的优化匹配。不过这一模式也给盒马的前期投入带来巨大成本。店内挂着金属链条的网格麻绳是盒马全链路数字化系统的一部分。盒马的供应链、销售、物流履约链路是完全数字化的。从商品的上架、拣货、打包，到配送任务等，作业人员都是通过智能设备去识别和作业，简易高效，而且出错率极低。盒马能做到 3 公里内 30 分钟配送，在于算法驱动的能力。盒马门店实现店仓一体：店，展示商品，能直观地看到商品质量并现场体验；仓，带有仓储功能，能方便线上下单配送到家。新零售的最后一公里通过冷链、门店、前置仓等策略得到了很好的完成。

盒马主要服务三类人群。第一类，晚上大部分时间在家的家庭用户。第二类，经常去便利店购买轻餐的办公室人群。第三类，周末带孩子去超市走走的用户。一个典型的盒马用户场景应该是这样的：一二线城市，一家三口，收入稳定，对食物品质要求相对较高。在下班时，提前在网上下单买好今晚的晚饭食材；在周末休息时，一家人到店里走走逛逛，买一些生活日常所需的商品。当 80 后、90 后等成为消费主流人群时，他们不再热衷于去菜市场，而是更加接受便捷的买菜方式。消费理念的升级，也让他们更关注生鲜食品的品质。

在信息社会，信息是廉价而又宝贵的事物。从信息获取和存储的角度而言，由于计算机技术、通信技术和网络技术的广泛应用，信息发布和传播的速度呈级数提高，信息载体所包含的信息量不断增多，信息交流公开又自由。企业可以以极低的成本从各种信息源或信息中介处获取大量所需的原始信息，并以通用语言将这些海量的信息存储在极小的空间。一切都是那么简单易行，不费吹灰之力。但是，从信息挖掘和运用的角度来看，从这些海量的信息中挑拣出有价值的信息甚至有决定意义的信息并非易事。信息发布和传播的速度越快，原始信息存储量越大，信息挖掘和运用的难度则越大。这种两难困境的解决有赖于企业信息库的科学构建。

科学的信息库首先要解决的问题是信息主旨的选择。信息主旨是贯穿海量信息的主线，主旨确立后信息的分类、归类、输出和应用就有了秩序和规范，一切信息活动都可以围绕主旨有条不紊地展开。在大力推行客户关系管理战略的企业中，信息库的主旨显然是客户。企业的信息活动表现为收集、存储所有与客户有关的信息，并进行分类和归类，为客户服务决策搭建坚实可行的信息平台。

信息是决策的基础，没有准确足量的信息，就没有科学有效的决策。构建客户信息库是企业成功推进客户关系管理战略的第一步，也是关键的一步。

第 1 节　客户信息库概述

完整的客户信息库是有效客户关系网络的基础。信息库（database），也称数据库，是与计算机相关联的一个词语。韦氏词典将它解释为“通过计算机收集的数据，以便迅速寻找和查阅”。与企业营销活动有关的营销数据库最初的含义是指为实施直复营销（direct marketing）而收集的顾客和潜在顾客的姓名和地址。随着营销在企业管理活动中的地位和作用不断提高，营销数据库也逐渐发展成为营销信息系统（MIS），作为整个管理系统的核心组成部分发挥着极其重要的作用。

营销信息系统由人、机器和程序组成，它为营销决策者收集、挑选、分析、评估和分配需要的、及时的和准确的信息。它包含内部报告、营销情报、营销调研和营销决策支持四个子系统。同样，营销信息系统的结构化、秩序化有赖于信息主旨的选择。客户信息库是整个营销系统的核心部分和精华部分。整个营销系统运作的目的就是给企业的决策者呈现出顾客的基本状态和基本动态，以便其进行市场分析，确定市场定位，规划和执行整体营销计划。企业可以在原有营销信息系统的基础上按照客户信息的主旨精炼出企业所需的客户信息库，也可以围绕收集客户信息的主旨扩建信息平台。客户信息库的构建使营销信息系统与决策支持系统（DSS）之间的衔接更加紧密。

一、客户信息库的内涵

客户信息库可以看成一个中央数据库系统，它运用计算机技术、通信技术和网络技术来传递和存储有关企业与客户之间关系的所有信息。其目的不在于获得或存储信息，而是用来规划个性化的沟通，以创造销售业绩，客户信息库具有整合与业务相关的客户的所有资料，并增加客户生命价值的能力。

一般来讲，客户信息库包含的相关信息越多，作用也就越大，构建和维护的成本也就越高。所以科学的客户信息库应该具有结构化、明晰化、开放、动态、共享、目的明确等特征。

首先，客户信息库的构建必须与企业的战略目标一致。企业在构建客户信息库时，没有必要将所有信息都囊括在数据库之中，而应该有所取舍，取舍的根本标准就是企业的战略目标。信息只有和企业的战略目标相配合，才能转化为提升企业竞争优势的知识及智力资本。所以企业收集和组织起来的信息必须和其想要获得的知识领域密切相关。这是每一个信息收集人员必须遵守的根本准则。

其次，客户信息库必须结构化、明晰化。杂乱无序、堆砌而成的信息库只是一堆信息垃圾，导致开发和挖掘利用的成本提高。所以在构建客户信息库之前，必须确立科学、统一的编码符号和分类标准。然后以统一、精简、明了的语言对所收集的信息进行编制和合理的归类。同时运用关联技术对相关信息进行逐条链接或模块化链接，构建网络状的信息结构，保证信息之间交流的通畅和信息的全面深度挖掘。

最后，客户信息库必须开放、动态和共享。信息的收集和生成，不应只是企业单方面的行为，与客户双向交流产生的信息是企业实现个性化营销的关键和基础。企业应该在开放、共享的理念的指导下，与客户、员工共同构建客户信息库，形成一个动态的信息流，而不是“一潭死水”的封闭式信息水库。

在客户信息库的构建过程中，一个比较棘手而又无法回避的问题是如何保护客户隐私。企业在建立和管理信息库的过程中，对于收集、运用、分发和管理客户信息以及对信息的选择等活动，都需要设立一系列明确的政策、措施和指导方针，杜绝侵犯客户隐私的行为。

二、客户信息库的作用

在现代信息技术的推动下，客户信息库的应用范围越来越广，作用也越来越大。有效的客户信息库就是一座真正的富金矿，市场、客户、机会、利润都蕴藏在企业的客户信息库之中。通过现代数据挖掘技术，企业可以从客户信息库中提炼出准确反映客户消费特点的信息，从而有针对性地为客户提供个性化产品和专业性服务，最大限度地满足客户需求，与客户建立持久、良好的交换关系，为企业确立难以模仿的竞争力。

1. 短期作用

从短期来看，客户信息库给企业带来的直接效益表现在：

（1）便利性。

通过客户信息库，企业可以方便地区分出现有顾客和潜在顾客、大客户和小客户、老年客户和青年客户、企业客户和个体客户、工薪阶层和有闲阶层等，了解客户的交易状况和交易习惯，从而为企业营销活动的安排提供了极大的便利，也为市场反应测试和营销活动效果评价提供了方便。

（2）延续性。

客户信息库的积累与延续，保证了企业的业务不至于因某个工作人员的突然流失而完全停止，接替者可以从信息库中获得前任所掌握的基本信息和一些重要信息，继续为客户提供相应的服务。另外，客户信息库的知识共享性也为今后与相同客户交流的本企业人员提供了有价值的信息参考，从而促进企业服务水平和业务绩效不断提高。

（3）及时性。

许多客户信息库中的信息分析、信息提取和信息传递是通过计算机和互联网进行的，缩短了信息获取和共享的时间，扩大了信息共享的范围。企业可以利用客户信息库全天候地与世界各地的客户进行沟通、交流，为他们及时提供所需的产品或服务，可以同步地与世界各地的员工共享客户知识，协调、整合企业的全球性竞争战略和策略，缩短决策制定、传达和反馈的周期，提高企业对市场的应变能力。

（4）交互性。

服务接触界面的工作人员可以利用客户信息库中已有的客户个人记录，直接与客户进行个性化沟通，根据客户的不同要求提供特定的服务，而不至于因自己记忆错误而张冠李戴。客户知识的积累与共享，缩短了服务接触界面人员与客户之间的距离，提高了服务的精准性，为建立良好、持久的互动关系奠定了基础。

2. 长期作用

从长期来看，客户信息库给企业带来的效益表现在：

（1）有助于巩固企业的市场竞争优势地位。

买方市场的竞争格局要求企业必须树立市场导向的战略观念。企业的决策者必须摒弃以往拍脑袋做决策的做法，习惯于以事实和数据为依据的科学决策。客户信息库由于对客户的一般特征、个性特征和行为特征等都有详细全面的记录，从而为企业进行科学的市场细分与市场定位，准确地制定营销战略和营销组合策略提供了坚实的保障。企业可以从客户信息库中挖掘现有客户的需求信息、现有客户的潜在需求信息、潜在客户的需求信息，从而进行市场渗透、市场开发、产品开发或多样化的扩展活动，不断为企业寻找新的利润增长点，使企业达到超越竞争的境界。

（2）有助于提高企业新产品开发和服务的能力。

一般来说，通过客户信息库确定客户要求的特征、功能、应用、特点和收益，对于推进市场调研有很大的帮助作用。当企业拥有完善的客户信息库时，就可以减轻市场调研方面的压力，并且可以利用信息库的信息指导市场调研，使调研更具有针对性和目的性。在许多工业品市场中，最成功的新产品开发往往是由那些与企业相联系的潜在客户提出的。因此，通过客户信息库更容易直接与客户进行交互式沟通，更容易产生新产品概念，克服了传统市场调研中的滞后性、被动性、片面性、很难有效识别市场需求且成本高等缺陷。另外，对于现有产品，通过客户信息库企业可以容易地获取客户的评价和意见，以决定对产品的改进和换代产品的主要特征。

（3）有助于提高客户的忠诚度。

客户信息库的信息主旨是客户，它存储了大量现有客户和潜在客户的相关信息，企业可以根据客户需求提供特定的产品和服务，具有很强的针对性和时效性，可以极大地满足客户个性化的需求，同时，借助客户信息库也可以对目前销售的产品的满意度和购买情况做针对性、长期性的分析调查，及时发现问题、解决问题，确保客户满意，提高客户的忠诚度。

（4）有助于降低企业的运营成本，提高企业的营销效率。

在大规模、无差异营销的时代，庞大的营销投入所产生的市场效果是不明确的，企业的营销活动效率不高。客户信息库的引入，使一对一营销的实现成为可能，从而促进企业有针对性地进行营销投入，合理配置营销资源，并对投入的效果进行细致、紧密的跟踪评估，不断优化营销投资组合。例如，对高价值的客户可以投入高额的开发、维护费用，而对低价值的客户则投入低额的开发、维护费用，并分别计算各自的投入产出率，这样极大地降低了企业的运营成本，改善了企业营销活动的效果和效率。

（5）有助于培养企业的核心竞争力。

从某种意义上来说，一个科学、完整的客户信息库就是企业的核心竞争力。尽管信息技术使用成本日渐下降，但设计和建立一个有效和完善的客户信息库是一项长期的系统工程，需要投入大量的人力、物力和财力，信息的收集和开发使用需要长期的积累和改进，因此，一旦某个企业拥有了有效的客户信息库，它就拥有了可以获取巨大收益的无形资产和竞争对手难以模仿的竞争力，因为竞争对手要花费相当多的成本、相当长的时间才能建立一个类似的信息库。

第2节　客户信息库的构建

大多数数据库或信息库都会包括文件、记录和字段。在客户信息库中，一个记录就代表一个特定客户的所有信息，它由多个字段组成，如客户姓名、地址、性别、出生年月、电话号码和交易金额等；而对多个记录按照某种主题进行组合就构成一个文件，如按照产品类型、顾客类型或交易类型归集的组合。

客户信息库的构建可以分为五个步骤：明确数据库的功能、确定所需信息类型、确定信息来源、选择数据库技术和支持平台、建设和更新信息库。

一、明确数据库的功能

客户数据库一般具备两种功能：支撑日常业务运作；分析数据以支持决策。前者称为操作型功能，如呼叫中心服务人员接受客户咨询或投诉时需要了解客户的基本情况以及投诉历史；前台服务人员处理客户订单时需要了解客户的过往交易情况；销售人员交易时需要了解处理客户透支额度等。后者为分析型功能，主要是进行后台数据分析，为决策提供信息和知识支持，如客户投诉分析、交易时段与规模分析、客户盈利性分析和营销测试等。

支撑这两种功能的数据库技术分别是联机事务处理（online transaction processing，OLTP）和联机分析处理（online analytical processing，OLAP）。联机事务处理是一类程序，它们简化和管理面向事务的应用，最新的在线事务处理需要支持几个公司的跨网络的事务。基于这个原因，新的OLTP软件使用客户端/服务器模型，事务能在网络中不同平台的计算机上处理。联机分析处理是传统的关系型数据库的主要应用模式，主要面对基本的、日常的事务处理，是数据仓库系统的主要应用，支持复杂的分析操作，侧重决策支持，并且提供直观、易懂的查询结果。二者的主要区别如表5-1所示。

表5-1 OLTP与OLAP的主要区别

项目	OLTP	OLAP
用户	操作人员，低层管理人员	决策人员，高级管理人员
功能	日常操作处理	分析决策
面向性	面向应用	面向主题
数据	当前的，最新的，细节的，二维的，分立的	历史的，聚集的，多维的，集成的，统一的
存取	读/写数十条记录	读上百万条记录
工作	简单的事务	复杂的查询
用户数	上千个	上百个
数据库容量	100MB～GB级	100GB

OLTP与OLAP也可以通过一定的技术联系起来。OLTP存储了大量的详细信息，OLAP可以通过合并、清理、提取或转换其中的数据，用于特定的决策分析。由于两种技术的数据结构以及应用软件都有很大的差异，企业需要明确自己建立数据库的目的与功能，结合业务实际需要选择当前合适的数据库类型。

二、确定所需信息类型

不同的企业，其自身资源能力情况的差异以及所处行业环境与市场环境的迥异，导致其战略目标和定位亦有不同。所以其对信息的要求和信息关注的重点也会有所差异。一般来讲，为了保证客户信息库的完整性，至少应该在其中存储四种类型的客户相关信息。

1. 人口统计信息

客户信息库显然应该包含所有客户和潜在客户的姓名。除客户名单，还必须尽量记录所有客户的相关信息，来帮助企业进行消费行为分析。典型的客户信息库应包含客户和潜在客户的以下统计数据（资料）：

（1）个人消费者。包括姓名、身份证号码、出生年月、性别、婚姻状况、家庭结构、教育程度、收入阶层、就业状况、工作性质、生活方式、心理特征，以及其他相关描述。

（2）企业消费者。包括企业名称、企业简介、经营领域、企业规模、经营状况、主要产品或服务、信用状况等级、法人代表或采购负责人（也就是采购的最终决策者），以及关于企业位置的社会经济分析等。

2. 地址信息

地址信息是与客户和潜在客户联系的关键。同时，它还有助于分析喜欢特定产品或服务的人群的区域分布。下面是应掌握的有关客户的一些地址信息：

（1）个人消费者。包括详细的通信地址、邮政编码、地址类型（城镇还是乡村等）、地区代码、销售区域、电话号码、电子邮件地址、媒体覆盖区域代码等。

（2）企业消费者。包括公司名称、公司名称的缩写、详细通信地址、邮政编码、主要电话号码、传真号码、电子邮件地址、网址、公司类型代码、地区代码等。

3. 财务信息

企业需要清楚客户能否支付货款以及是否愿意付款。主要涉及客户的信用卡购物、分期付款及支付记录等方面的情况。财务信息应包括：账户类型、开户银行、账号、第一次订货（购买）日期、最近一次订货（购买）日期、平均订购价值、供货余额、平均付款期限、信用状况等级等。

4. 行为信息

行为信息是有关客户和潜在客户与企业交往的历史记录。行为信息能告诉我们客户过去做过什么、喜欢什么、每次购买多少及购买频率等，是客户信息库中最重要的一类信息。行为信息包括：

（1）购买习惯、品牌偏好、媒体偏好、购买地点、购买数量、购买频率、购买时间。

（2）回应类型（包括订购，询问，对调查活动、广告活动、促销活动等的反应）、回应的日期、回应的频率、回应价值、回应方式（电话、传真、信件、电子邮件、社交媒体等）。

（3）每次与客户进行接触的时间和方式（信件、电话、人员往来、参加展览会、在线沟通等）。

（4）每次客户的抱怨及其解决的记录、售后服务的记录等方面的详细资料。

在客户信息库中存储客户信息时，应注意以下几点：

在客户信息库中每个现在或潜在客户都要作为一个单独记录存储起来，只有了解每个个体的信息才能细分市场，并可通过汇总信息发现市场总体特征。

每个客户的记录不但要包含客户的一般信息，如姓名、地址、电话等，还要包含一定范围的市场营销信息，即客户需求和需求特点，以及有关的人口统计和心理测试统计信息。

每个客户的记录还要包含客户是否能接触针对特定市场开展的营销活动的信息，以及客户与公司或竞争对手的交易信息。

信息库中应包含客户对公司采取的营销沟通或销售活动所作反映的信息。存储的信息应有助于营销策略制定者制定营销政策，如针对目标市场或细分市场提供何种合适的产品或服务，或针对每个产品在目标市场中采用何种营销策略组合等。

另外，在收集和存储客户信息时，还应该保证客户信息的质量能够达到一定的标准。高质量的客户信息是整个客户关系管理运作体系的基础性环节。衡量客户信息质量一般可从以下几个标准来进行：

第一，精准性。信息的精准性包括可信度和有效性两个层面。有时由于记录人员的失误或测量方法的偏差，信息库中的信息未能客观反映记录人员所看或被测试人员所说的状态，信息缺乏可信度。有时尽管信息记录是客观的，但由于被测试人员的隐瞒或误导，信息没有真实反映被测试人员的想法、态度和状态，这时的信息就缺乏有效性。在理想的状态下，我们当然希望所收集的信息既可信又有效，但信息的精准性往往与时效性和收集成本相矛盾。一般而言，信息的精准程度越高，收集信息所耗费的时间就越长，成本就越高，所以企业必须在考虑成本和时效的基础上确定信息精准性，尽量避免人为因素导致的信息失真。

第二，相关性。客户信息必须与企业的客户关系管理运作实践紧密相关，根据业务需求有意识地收集信息，确保信息的有效性和关联性，同时减轻信息存储、提取与分析等工作的压力。比如金融企业需要了解客户的信用等级，平时应该注意积累与收集客户交易支付状况、就业情况和收入水平等方面的信息；评估客户的满意程度及再次购买意愿，则需要存储客户的投诉记录和回访记录等方面的信息。

第三，时效性。信息的时效性包括静态和动态两个层面。首先，在记录客户信息时，应该记载当时那个时点或时段客户的最新状况或变化，缺乏时效的信息往往给决策带来错误的指引。其次，要注意客户信息的维护与更新，定期对各种信息进行盘查与核对，确保客户信息的动态时效性。

第四，共享性。信息在一定范围内及时共享，才能发挥出更大的功效。比如有关每天各个区域客户的购买数量与金额等信息，总公司的财务部门、销售部门和采购部门都要及时掌握，以便了解整体的财务状况、安排销售计划和调配产品库存等。客户的投诉信息在市场部门和客户服务部门人员之间共享，有助于合理规划营销计划和提高客户服务水平。信息共享的前提是信息记录的标准化，同时相关网络技术、数据库技术和无线通信技术的支撑也是必不可少的。

第五，安全性。客户信息的安全性在竞争日益激烈的环境下尤其重要。客户信息是企业的重要资源甚至是核心机密，一旦外泄，为竞争对手知晓和掌握，对企业的冲击是巨大的，对一些企业而言可能是毁灭性的打击。企业需要注意防范内部人员的背叛或外部人员的刺探与窃取，保证客户信息的安全性。现在大多数企业都采取了信息访问的分级管理或权限设置，不同级别看到的信息内容不同；级别越高，看到的信息越完整。这样既保证信息在一定范围内共享，又有效防止核心资料轻易外流。不过一旦出现高层管理人员背叛，只有通过法律程序来确保信息的安全。

三、确定信息来源

客户信息库中的信息可以从企业内部与外部两个渠道获得。从信息的精准性和收集成本的角度考虑，内部信息往往优于外部信息，所以企业应该首先考虑从内部挖掘各种所需信息，在确保信息的针对性与精准性的同时降低信息收集的成本；只有当内部渠道无法提供企业决策所需信息时，再考虑从企业外部搜寻各种信息。

企业的很多部门都可以提供有关客户的各种信息，比如市场部门可以提供客户细分、客户基本特征、客户获取途径、客户对企业促销活动的反应和客户满意度等方面的信息；销售部门可以提供客户的过往购买情况、联系方式、需求特点、个人偏好和主要竞争对手的情况等信息；财务部门可以提供客户的信用等级、历史支付记录等信息；客户服务部门可以提供客户投诉、客户沟通交流、服务要求、服务历史记录等方面的信息。目前，很多企业都推行了会员卡或会员证制度，每一个客户通过申请会员卡，提供相关个人信息，获得单独的会员号码或代码。企业每次与客户接触或交易时，都要求客户出示其会员卡或会员证，这样客户的相关信息就直接与客户信息库中的个人账户一一对应起来。

从企业外部获得的信息可以弥补内部信息的不足，加强内部信息的有效性。现在从企业外部获取客户信息的渠道非常多，比如分销商、零售商和其他中间商等合作伙伴，统计年鉴、行业报告、信息指南等政府公开出版物，商业期刊和书籍，当然还有专业的咨询公司和调研机构提供的一般报告或专题报告。越来越多的企业建立了比较完善的营销情报系统，通过实时监测与定期扫描，从多个渠道收集与企业发展相关的信息。

客户信息还分为原始数据与二手数据。原始数据是为了解决特定问题而专门收集的数据。二手数据的获取则是从已经存在的数据中挑选所需要的信息，是一个数据再加工的过程。与原始数据相比，二手数据可以在短时间内迅速便捷地收集到，成本相对较低。考虑到信息的时效性与收集成本的因素，我们首先倾向于利用现存的二手资料进行分析，当二手数据无法满足决策需求时，再考虑着手进行原始数据的收集工作。

四、选择数据库技术和支持平台

客户信息可以使用不同的方式存储于客户信息库中，如阶层式、网络式和关系型。阶层式数据库系统以树状结构方式将信息组织起来。由于树状结构的特性，阶层式数据模式特别适合用来描述一对多的数据组成关系，但是难以描述多对多的关系。由于树状结构并不能反映信息之间的网络连接关系，所以在阶层式结构之外，也有人提出以网络式结构将信息组织起来。1970 年出现的关系型数据模式将信息以表格方式组织起来，每一个信息单元都是二维结构。例如客户信息库中每一个客户就是一个独立的信息单元，而且包括多个字段，反映客户的具体信息。今天，传统的阶层式、网络式数据结构已经不能适应客户信息挖掘工作的需要，二维结构的关系型数据模式方便不同数据之间实现一对一、一对多和多对多的对接，成为客户关系管理的标准数据类型。

目前市场上有大量的数据库技术和支撑技术可供选择，除了价格因素外，企业在选择合适的应用平台时还要考虑数据库容量要求和用户数量与地点。客户数量众多，并且每个客户规定的字段也比较多，自然要求数据库容量必须比较庞大，存储客户数据的物理空间必须充足。同时，支持平台必须满足多个用户同时使用数据信息的需要，并且是来自世界不同角落、使用不同语言、有着不同信息需求的用户。随着企业经营国际化、全球化进程的不断加快，企业选择数据库支持平台的时候，必须考虑兼容性。

五、建设和更新信息库

在明确客户信息类型、获取客户信息的渠道和信息存储的技术之后，接下来要做的就是获取所需信息并把它们输入数据库，建立客户信息库。在建立客户信息库的过程中，需要注意防范各种导致数据失真的情况。

首先，要对信息的来源进行认真的校验，确保信息来源的真实性与可靠性，并且准确地将获取的信息没有丝毫偏差地输入信息库。很明显，这是一个需要投入大量人力的工作，比较简单的办法是在系统中设置两次输入或多次输入的规定，当后来输入的信息与第一次输入的信息不一致时，系统直接提示输入者再次核对。除此之外，还可以采用设置固定选项、有效范围和缺省值等方法来消除输入工作的失误。比如客户的性别信息，可以设定男、女两个固定选项，让输入人员从中进行选择；年龄信息设置0～120岁的有效范围，超出这个范围的就成为缺省值，无法进入后面的分析环节。

其次，要仔细解决信息的重复性问题。往往一个客户的信息可以从多个渠道获得，如果每个渠道获得的信息都不全面，或者存在时效性的问题，就可能出现信息的重复性问题，比如同一个客户的通信地址，客户自己填写的是工作单位的地址，客户服务人员收集到的是家庭地址；或者客户使用了多个电子邮箱，而不同服务人员在不同时点得到的邮箱地址不一致。当这些信息汇总到客户信息库中的时候，要注意是否存在信息重叠问题。如果是一个客户的多个侧面信息，需要同时记录；如果是不同时点的信息，应该进行覆盖与更新。

有时，需要将特定项目（产品、顾客、职员）的全部相关信息从多个数据库系统合并到一个数据库系统。合并过程必须解决不同系统间的编码差别问题。例如，一个系统可能为每个客户指派一个身份识别号码（客户ID），而其他系统没有客户ID。合并过程必须能够匹配两个系统中的常用客户数据，这大多可通过比较客户姓名和地址实现。

第3节 客户信息库的运用

在数据仓库和数据挖掘的技术支持下，客户信息库在以下几个方面（模块）与客户管理决策实现紧密的对接。对接示意图见图5-1。

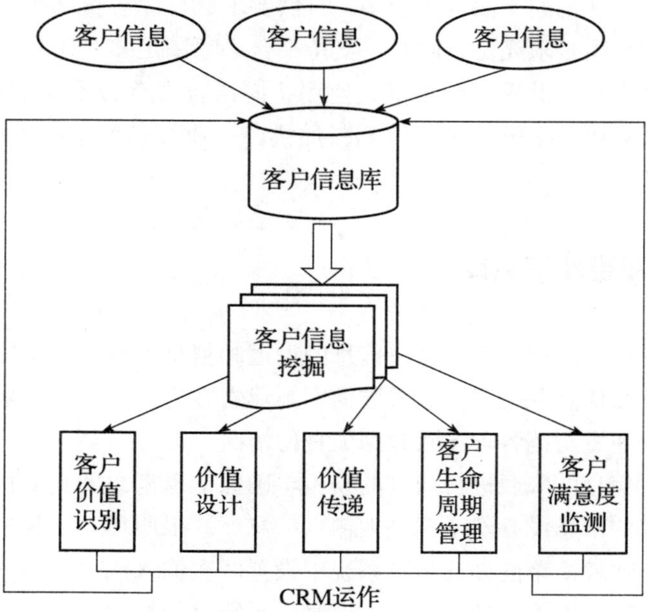

图5-1 客户信息库与CRM运作对接示意图

一、在客户价值识别方面的对接

客户关系管理的一个基本原则就是商业化，即企业为不同价值的客户提供不同的价值。高价值的客户享受高附加值的产品和服务，企业在高价值客户身上的关系投资（relationship investment）也应该加大。而低价值的客户则只能给予低附加值的产品和服务，企业维系客户关系的成本也应该降低。企业只有坚持商业化的原则才能实现企业利润最大化与顾客价值最大化之间的平衡。但是，商业化的一个基本症结在于如何识别客户给企业带来的价值大小。首先需要界定的一个问题是，客户给企业带来的价值是不是仅仅指利润，口碑等非现金价值不计算在其中；其次，评判客户价值的大小是不是仅凭其现期的交易状况来决定，而不顾客户未来交易的潜力。很显然，从战略的眼光来看，对以上两个问题作出肯定回答是不正确的。但是，即便是只计算客户现期贡献的利润也是一件比较困难的事情，因为企业关于销售收入信息的收集大多是按照销售区域来归集的，不能细分到每个客户身上；企业关于成本信息的收集大多是按照产品或服务的种类来归集，也不能细分到每个客户的身上。在这种信息机制基础上，很难计算出一个客户现期贡献利润的大小，更不用说去识别该客户的长期价值。

客户信息库以每一个客户为信息收集的主体，对每一个客户的基本特征、行为特征和交易情况进行详细的记载，因此每一个客户的现期和历史时期的交易总额都可以很容易地统计出来，另外，根据客户的基本特征和行为特征的记载，按照作业成本法（ABC 法），也能比较容易地将企业的成本分摊到每一个客户的身上，从而可以计算出每一个客户现期和历史时期为企业贡献的利润。更为突出的是，企业可以从客户信息库中挖掘出每一个客户的偏好、忠诚程度和行为取向，推测出客户的长期利润总额以及口碑价值大小，从而真正全面地评估出一个客户为企业贡献的价值大小。

由于技术的限制，目前许多 CRM 软件中的客户价值的识别仅仅停留在客户贡献利润和忠诚客户的识别上，随着数据仓库技术和数据挖掘技术的进一步发展，管理思想和方法的进一步完善，客户全面价值的识别最终可以成为一件容易的事情。

二、在价值设计方面的对接

早在市场调研盛行的年代，很多学者就对它提出了异议：市场调研真的能够探测出客户的真实需要吗？一方面，问卷的设计、调研的方法都存在主观性过强的隐患，客户并不能用标准统一的语言表达出自己所需要的东西，何况有时候客户根本就不知道自己真正需要的是什么；另一方面，对调研的结果进行平均化的分析，忽略了客户的个性化需求，由此制定的营销战略和策略不能打动目标市场的所有客户。

在买方市场条件下，市场竞争的主要表现形式从买方之间的竞争转向了卖方之间的竞争和买方与卖方之间的竞争。物质的丰富性促进了消费者市场地位的提高和个性的张扬，大众化、规模化、无差异的行销模式已经无法适应市场竞争的需要，定制化、个性化的产品、服务甚至是体验越来越受到市场的欢迎。

客户信息库为企业发掘客户的个性化需求提供了切实的基础。一方面，信息库中关于客户特征的详细记录是对其进行一对一营销或个性化营销/定制化营销的信息源泉，企业可以从中发掘出每一个客户真正看重的属性，并排列出各个属性的权重，从而制定相应的营销组合策略，在合适的时间将合适的产品、服务或方案，以合适的价格，通过合适的渠道送达合适的地点或交付给合适的人。同时，还可以从中预测出每一个客户未来的行为模型，据此调整企业的营销战略。另一方面，交互式的客户信息库为客户与企业之间的双向互动交流提供了接口，客户可以直接说出自己的需求，甚至参与到营销政策的制定过程中来，在互动、反复的沟通中扩充价值设计的源泉，为客户提供更加全面、完善的价值。

三、在价值传递方面的对接

企业如何将设计好的价值方案传递到客户手中，让客户方便、容易、愉快地消费，这是整个客户关系管理运作活动中最不容易控制的环节。在现在全员营销畅行的年代，企业的每一个员工都可以成为客户服务的接触面，每一个员工都在为价值传递活动而服务。如何使这些活动规范化、有序化甚至是自动化，成为客户关系管理运行体系的一个重大课题，也是企业提高效率的巨大源泉。

客户信息库由于能够实时地提供客户的基本资料和历史交易行为等信息，并在客户每次交易完成后自动补充新的信息，因而为企业营销活动安排的自动化提供了可能，小则能在客户生日时提醒客户经理送上小礼品，而且与上次赠送的小礼品有所不同；大则可以有效地安排客户经理拜访客户的日程，销售人员推销主题、地点和方式的更换，产品组合的搭配，渠道的优化等，从而为客户不断提供个性化的价值，也为忠诚计划的实施奠定了基础。

同时，一线服务人员可以利用客户信息库更好地为客户提供人性化的服务。当一线服务人员在为客户提供服务时，他可以实施信息查询，从信息库中提取该客户的一些背景资料和过往的交易情况，尤其是一些特殊的偏好状况，以便对该客户有更深入细致的了解，从而也为其提供更精准到位的服务奠定了基础。另外，当客户进行投诉时，工作人员也可以从客户信息库中调取其基本信息和过往的投诉经历，营造一种彼此熟悉、亲密的氛围，为有效地缓解客户的不满创造条件。例如，当当网在客户致电客服解决问题时，信息库会详细记录下该问题，并对电话内容进行录音，当客户再次致电时，不需要再次描述问题，客服人员可根据数据库显示的内容直接与客户沟通，并根据系统所记录的客户购买偏好，采取现金券、优惠券或赠送礼品等方式，高效且有针对性地满足客户的需求。

四、在客户生命周期管理方面的对接

客户生命周期管理包括一系列的客户管理活动，如识别和获取有价值客户、保持和开发客户、再次获取流失的有价值客户等。客户信息库可以使客户生命周期管理更加有效，在客户生命周期的各个阶段提高企业关系管理的能力。比如为了保证客户获取活动的有效性，可以借助客户信息库了解客户获取的成本、难度以及客户的贡献利润和战略重要性，有针对性地制定获取策略。在客户保持与开发阶段，可以借助客户信息库对客户的历史交易记录进行分析，估算其未来潜在价值，预测消费偏好变化趋势，开发新产品，增加交叉销售和升级销售的可能性。针对流失的客户，同样可以利用客户信息库对其流失原因进行分析，测算再次获取客户的成本和可能获得的收益，合理制定应对措施。

五、在客户满意度监测方面的对接

客户在交易、消费或消耗活动结束后一般会呈现出三种状态：非常满意、基本满意和不满意。对这三种状态的监测为企业后续管理活动的改进提供了明确的方向。当然，并不是每一个客户都会将自己的消费感受主动、如实地告诉服务提供者，他们更多的是在行动上直接予以反映：成为企业的忠诚者或背叛者。

企业一方面可以通过汇总客户信息库中每一个客户的投诉情况，判定该客户的满意程度；另一方面，可以通过实时监测客户的交易行为，建立客户流失预警系统。客户信息库通过自动监视客户的交易资料，对客户的异常购买行为（购买周期或购买量出现显著变化时）做出警示，使决策者及早做出补救对策。例如，很多银行网点在柜台办理业务的密码键盘上增加了服务评价功能键，客户办理完业务后，可通过密码键盘上的"满意""一般""不满意"三个按键对当次服务进行评价。通过这种方式，可以实时监测客户对网点服务水平的评价，真实评判网点服务供给能力，以此改进提升网点服务水平。如今，这种实时监测措施已经被各大金融机构广泛采用。

客户信息库与客户关系管理运作的对接是持续的、系统的、循环的，它贯穿于 CRM 运作的全过程，为 CRM 运作的整体规划和各个环节的运行提供决策的信息基础，而 CRM 运作的结果又存储于客户信息库中，周而复始地为管理决策提供支持。

思政专栏

网络信息与社会发展

截至 2021 年 12 月，我国网民规模达 10.32 亿，互联网普及率为 73.0%，我国网民使用手机上网比例达 99.7%。随着信息技术和人类生产生活交汇融合，互联网快速普及，全球数据呈现爆发增长、海量集聚的特点，对经济发展、社会治理、国家管理、人民生活都产生了重大影响。党的十八大以来，以习近平同志为核心的党中央坚持从发展中国特色社会主义、实现中华民族伟大复兴中国梦的战略高度，系统部署和全面推进网络安全和信息化工作。习近平总书记在主持中共中央政治局第三十六次集体学习时强调："我们要深刻认识互联网在国家管理和社会治理中的作用，以推行电子政务、建设新型智慧城市等为抓手，以数据集中和共享为途径，建设全国一体化的国家大数据中心，推进技术融合、业务融合、数据融合，实现跨层级、跨地域、跨系统、跨部门、跨业务的协同管理和服务。"

在中央网络安全和信息化领导小组第一次会议上，习近平指出："网络安全和信息化是一体之两翼、驱动之双轮，必须统一谋划、统一部署、统一推进、统一实施。"网络安全和信息化都是关系国家建设全局的事情，二者的关系是安全和发展的关系，以安全保发展，以发展促安全，要统筹协调发展，不可偏废。建设网络强国，做好信息化建设，促进传统媒体和新媒体的融合发展，普及网络基础设施，增强自主创新能力，全面发展信息经济。信息化为中华民族带来了千载难逢的机遇。我们必须敏锐抓住信息化发展的历史机遇，加强网上正面宣传，维护网络安全，推动信息领域核心技术突破，发挥信息化对经济社会发展的引领作用，加强网信领域军民融合，主动参与网络空间国际治理进程，自主创新推进网络强国建设，为决胜全面建成小康社会、夺取新时代中国特色社会主义伟大胜利、实现中华民族伟大复兴的中国梦做出新的贡献。

资料来源：张九海．习近平的网络观．(2017-02-22). https://theory.gmw.cn/2017-02/22/content_23790610.htm；习近平：自主创新推进网络强国建设．(2018-04-21). http://www.cac.gov.cn/2018-04/21/c_1122719824.htm；习近平总书记关于网络安全和信息化工作重要论述综述．(2019-10-19). https://www.ccdi.gov.cn/toutiao/201910/t20191019_202755.html.

案例分析

阿里金融的数据优势

互联网金融凭借方便快捷的支付方式、极高的资金配置效率、低廉的交易成本成为金融业界的新焦点，传统商业银行面临全面、系统性的挑战。

阿里金融诞生于2010年，为阿里巴巴B2B业务、淘宝、天猫三个平台的商家提供订单贷款和信用贷款。当今国内几乎没有其他企业比阿里金融更加了解电商的融资需求，能够更加准确地评估它们的信用水平，因为依托淘宝网数十年沉淀的客户资源、交易数据，阿里金融在电商小微贷款信用审核领域优势明显。而这正是小微金融最大的难点——纯信用的贷款很难有效地控制风险。

正是前期收集的海量数据，使得阿里金融可能对借款人进行量化分析，包括平台认证和注册信息、历史交易记录、客户交互行为、海关进出口等信息，再加上卖家自己提供的销售数据、银行流水、水电费缴纳等情况。这些信息都能够帮助阿里金融建立信用评级体系，并有可能通过优化体系降低坏账率。据阿里金融数据，目前阿里小贷的不良贷款率为0.72%。相比之下，较为成熟的网络贷款平台的坏账在2%左右，而以大企业业务为主的我国银行体系坏账率为0.95%。

阿里金融服务的人群，传统银行体系几乎难以覆盖。阿里巴巴的调研数据显示，约89%的企业客户需要融资，融资需求在50万元以下的企业约占55.3%，200万元以下的约占87.3%。阿里金融发放的贷款，平均每笔7 600元，由于大数据加平台监测，贷款周期不超过半年。这个数量级的贷款几乎是银行的死角。

▶ **讨论题**

1. 阿里金融的独特优势在哪里？
2. 你认为阿里金融的客户信息库应包含哪些内容？
3. 如果你是阿里金融的管理者，你将如何进一步运用自身的客户信息库？

基本概念

客户信息库（customer database）
信息来源（data source）
数据库技术和支持平台（database technology and supported platforms）
信息库更新（database update）

思考题

1. 企业在构建客户信息库的时候应该注意哪些方面？
2. 如何应用客户信息库进行客户价值识别？
3. 如何利用当前高速发展的网络平台提升客户信息库的价值？

拓展练习

请选择一家制造业企业和一家服务业企业，分别列出各自客户信息库里应该包含的客户信息类型，对比一下，看看彼此的异同。

第6章
设计客户价值

本章要点

- 价值及客户价值的内涵。
- 客户需要的内涵及发展趋势。
- 企业如何为客户设计其真正所需的价值组合。

引例

宜家的体验式场景

如何打造良好的购物体验，营造良好的购物感受，让消费者愿意来，并且让消费者愿意口碑传播，吸引更多的人来？让我们来分析一下宜家在消费者体验式营销设计中的一些亮点。宜家会给消费者带来一种感觉：它不仅仅是一个店，它不仅仅是在卖家具，它在为你打造一个美好生活的梦想。宜家的一个重要策略就是销售美好生活的梦想而不仅仅是销售产品。消费者在体验式场景中可以自由畅想自己未来的家。宜家满足了人们对家的想象，情侣可以携手逛宜家，一起坐在沙发上，尽情憧憬。宜家可以让人们心安理得地只逛不买，不会有销售员跟随推销商品。在宜家随处可见有人坐在沙发上甚至躺在床上，消费者亲身体验，才可以了解到不同产品带来的不同感受。宜家的卖场在人们眼中已不单单是一个购买家居用品的场所，它代表了一种生活方式。

开放的家具展厅让宜家能够以立体的方式展示其产品的功能、质量和“有价值的低价格”。顾客光顾宜家自选商场，挑选家具并自己在自选仓库提货。由于大多数货品采用平板包装，顾客可以非常方便地将其运送回家并独立进行组装，顾客节省了部分费用（提货、组装、运输），享受了低价格；宜家则节省了仓储物流成本，保持了产品的低价格优势。“有价值的低价格”，即用较低价格购买较高质量的商品，这是提升购物体验的重要因素。

在宜家购物的过程中，随处可见消费者拿起一些价格合适、设计精美的小商品随手放入宜家购物袋中，比如马克杯、花瓶、香薰蜡烛，甚至是多肉植物，这些小的商品让生活充满仪式感和幸福感。这些价格合适、设计精美的小商品就像购物过程中的一个又一个的小惊喜，不断带给消费者良好的体验、美好的消费记忆。在结束购物时，消费者在宜家出口处再买一支2元的冰激凌、一个3元的热狗，这种感受就更加强化了，为当天的购物体验留下一个有记忆的结束点。甚至有很多消费者到宜家，目的不是购买家居用品，只是为了品尝宜家出口处的冰激凌、肉肠、鱼丸和热狗。宜家对餐饮的重视不无道理，虽然宜家是一个家居品牌，但由于其体验式购物的设计，宜家提供经济实惠的食物，让消费者在购物期间可以吃点东西。宜家创立之初，创始人就曾说过："饿着肚子谈不成好生意"，结果宜家就有了餐饮服务。而现在"去宜家吃顿饭顺便逛逛"的顾客数量，不少于"去宜家逛逛顺便吃个饭"的顾客数量。2元的冰激凌、3元的热狗看似赔本，却为来宜家的顾客带来了极佳的体验。

假设一下，当你不小心打碎了在宜家购买的马克杯，或者是忽然发现家里缺一个花瓶，不得不在休息日专程跑到宜家一趟，穿过几层的商场，在人群中排队等待结账，这样的购物体验应该不是太好。随着互联网一代逐渐成为中国主力消费群体，以及国内便捷的互联网消费环境和消费习惯，在中国市场加强线上购物渠道对于宜家来说尤其重要。宜家筹备已久的中国网上商城已经上线，覆盖国内149个城市。

在明确客户贡献价值与相关信息之后，客户关系管理运作体系中最核心的一步就是如何深层次挖掘出客户的真实需要，开发出令客户满意的价值组合。当然，在价值设计的过程中同样必须遵循商业化的原则，保证客户贡献价值和企业提供价值之间的对等性。本章首先对价值的内涵进行初步的界定，然后对价值创造的源泉——客户需求进行理论上的归纳和分析，最后详细探讨企业如何为客户设计其真正所需的价值组合。

第1节 客户感知价值的内涵

价值是一个含义很宽泛的词汇。不同的学科根据研究的需要，对价值进行了不同层面和程度的阐释与延伸。尽管它们所指的价值并不是本文所要讨论的确切含义，但是这些丰富、科学的一般性或特殊性的讨论，无疑对我们站在管理学角度和营销学角度来理解价值的内涵有着十分重要的指导和借鉴意义。下面我们遵循从一般到特殊、从抽象到具体、层层深入的逻辑顺序，对一些学科关于价值的论述进行简要介绍，并在最后归纳出客户关系管理运作体系中价值的内涵。

一、哲学中的价值一般

20世纪以来，价值问题已经成为现代哲学研究的中心问题之一。但是，哲学家们对价值的哲学内涵并没有形成统一的认识，相反，在探讨争论的过程中逐渐派生出众多的流派和观点。哲学领域关于价值问题的众多论述极大地丰富了价值的哲学内涵。

汉语中的哲学用语价值一词，相当于英语的value，法语的valeue，德语的wert，与古梵文和拉丁文中“掩盖、保护、加固”这种词义有渊源关系，是在该词义派生出来的“尊敬、敬仰、喜爱”的意思基础上形成的。价值的含义是“起掩护和保护作用的，珍贵的，可尊重的，可重视的”。这种词义是一般情况下所用价值一词的基本含义。哲学范畴的价值的一般概念可以表述为：“价值这个概念所肯定的内容，是指客体的存在、作用以及它们的变化对于一定主体需要及其发展的某种适合、接近或一致。”从这个定义出发，可以衍生出价值的几个基本特性。

1. 价值的效用性

价值是一个关系范畴，它表明主客体之间一个特定关系方面的质、方向和作用。价值是主客体之间的一种统一状态，而且这种统一必须是符合主体需要和内在尺度的，是客体为主体服务，是主体性占主导地位的统一。价值最显著的特征就是效用性，即客体对主体有某种效用，能够满足主体的需要。如果没有效用，也就没有价值。人类进行实践，就是为了使客体变成对自己有用的价值物。

2. 价值的客观性

价值的客观性表现在三个方面：一是主体需要的客观性。人的需要，不论是自然的、社会的、物质的，还是精神的、生理的、心理的，都和人的社会存在相联系，都是客观的，不是主观人为可以臆造的。例如饥饿时对食物的需要是人的生理结构的期待状态；寂寞时对归属的需要是人的社会结构的期待状态。二是客体及其属性、功能的客观性。物质客体的客观性是毫无疑问的，精神客体，如科学知识、道德、艺术、宗教的存在和作用也是客观的，它们都有物质承担者，在人类社会中合乎规律地出现和发挥作用。三是客体属性、功能与主体需要之间的关系是客观的。价值的创造是人的实践创造过程，价值的实现就是价值消费过程，价值实现给予主体的满足是客观存在的事实。

3. 价值的个体性

价值的个体性或独特性，根源于主体结构和条件的特殊规定性。一个主体，它自身有什么样的结构和条件，就同客体发生什么样的价值关系。个体是千差万别的，同一客体对不同主体的价值关系可能大相径庭。同一事物，对有的人是真的、善的、美的，对另外的人可能是假的、恶的、丑的。主体的社会地位、素质、能力、性格、爱好不同，各自的价值尺度不同，决定了价值的个体独特性。

4. 价值的多样性

个人或个人的社会共同体，由于自身结构和规定性的每一点、每一方面和每一过程，都产生对客体的需要，都可能形成一定的价值关系，这就造成了主体价值关系的多样性。例如，人有生理上的需要，有精神上的需要，有社会关系的需要，各种需要交织在一起，随着时间和客观环境的变化而不断组合，时而这方面的需要和价值关系突出了，时而那一方面的需要和价值关系突出了。可见，价值的多样性还表现在人们具体的价值体验是可变的、可选择的。另外，人本身的发展性，导致价值关系的多样性具有无限的发展趋势，人的实际价值体验，往往只是反映了他的多方面的价值关系中最切近、最直接的部分，在这种体验的背后，还潜藏着无限多的深层的价值可能性。

5. 价值的时效性

每一种具体的价值都具有主体的时效性，随着主体的变化和发展，一定客体对主体的价值或者在性质和方向上，或者在程度上，会随之改变。由于主体的发展及其需要的变化，同一客体在不同的时间内，与主体的价值关系会发生变化，显示出价值的时效性。不到一定的时间，就不会出现这种价值；过了一定的时间，就会失去或降低其价值。及时性是价值时效性的一种表现。及时雨、急救药、雪中送炭等，其价值在于及时、准时，提前和滞后都会失去价值，这是由主体需要的迫切性决定的。持续性是价值时效性的又一表现，是某种价值与主体存在的时间长短的关系，有的客体为主体带来的价值只能维持几分钟，而有的客体为主体带来的价值却可以影响其一生。

哲学领域里对价值一般性的论述为其他学科的深入具体研究奠定了基础。

思政专栏

政治经济学中的使用价值和价值

相对于哲学范畴的价值一般，政治经济学中的价值属于具体的、特殊的、个别的价值概念，它与价值一般一脉相承又独具特色。

经济学家在更为广泛、流行的意义上使用“价值”。任何期望、需求或需要的东西，都可以说成是有价值的，而且价格和价值通常是彼此通用互换的。马克思在古典政治经济学家的价值理论基础上创造性地发展了商品的两个因素：使用价值和价值，并严格界定了使用价值和价值、交换价值和价值、价格和价值之间的区别与联系。

使用价值是商品的自然属性，是构成社会财富的物质内容。不同的商品由于它们的自然属性不同，具有不同的使用价值，如粮食可以充饥，衣服可以保暖，煤炭可做燃料。同时，同一种商品由于使用方式的多样化，其使用价值的表现形式也可以是多方面的，如牛可以用来耕田，满足人们生产方面的需要，也可以用来做肉食，满足人们生活方面的需要。由此可见，商品的使用价值是满足人们生活需要的基本保证，没有使用价值的商品根本得不到消费者的认可和喜爱。

为什么不同的使用价值能按一定的比例交换呢？这说明各种商品之间存在着使它们相等的共同的东西，这个共同的东西不可能是商品的使用价值，因为使用价值千差万别，属性各异，无法进行量的比较。撇开商品的使用价值，商品就剩下一个属性，即它们都是劳动产品，都是人类劳动的产物，这种凝结在商品中的抽象的、一般的人类劳动就是不同使用价值之间共同的东西，就是商品的价值。“价值”是商品的社会属性，是商品生产者之间交换产品的社会联系的反映。价值是交换价值的内容，交换价值是价值的形式。

马克思指出商品是使用价值与价值的辩证统一物。要成为商品，必须既具有使用价值，而且是社会的使用价值，又具有价值，二者缺一不可，否则就不能成为商品。

政治经济学中关于使用价值与价值的论述，是对价值一般具体而科学的诠释与延伸。它在突出价值效用特性（即使用价值）的同时，深入地揭示了价值更深层次的元素——生产劳动和交换。人类创造性的劳动活动使得自然物转变为商品，成为可以更好地满足人类自身需要的产品；同时，人类的交换活动使得价值在更大范围内、更有效率地得以实现。没有生产劳动和社会性的交换，效用和价值就不能实现或更好地实现。从这一点上我们可以看出价值的社会特性。

二、企业管理学中的比较价值

企业管理学与经济学密不可分，它同样面临着“稀缺”的问题，同样需要认识到商品是使用价值和价值的统一体。但是它的侧重点从社会转向了企业内部，试图揭示企业“黑箱”的具体运作规律。由于企业首先是一个利润实体，效率和效果是企业管理学必须关注的核心问题，所以在谈论价值内涵时，必须涵盖投入与产出比例的内容，自然而然，劳动成本或生产费用的问题就引入了价值讨论的范畴，价值更深层次的元素——人类劳动在这里得到了更深入的探讨。

企业管理学中比较典型的关于价值的讨论源于生产管理领域中价值工程学的兴起。价值工程（value engineering，VE）起源于 20 世纪 40 年代的美国，起初称为价值分析（value analysis，VA）。当时正值第二次世界大战期间，美国的军事工业迅速膨胀，造成原材料市场严重供不应求，在 100 种重要资源中，有 88 种需要进口。原材料的严重短缺迫使企业寻找功能一致或接近而价格低廉的替代材料，但是产品的性能和质量不能降低。于是，由这种对原材料的效用、功能与其价格之间对比关系的思考，引发了以寻求最低总成本（或总费用）来实现一定产品或作业的必要功能为目的的价值工程学。

价值工程学中谈及的价值，是一种比较价值的概念。价值是生产费用与效用的关系。价值首先是用来解决某种物品是否应该生产的问题，即这种物品的效用是否能抵偿生产费用的问题。只有在这个问题解决之后才谈得上运用价值来进行交换的问题。如果两种物品的生产费用相等，那么效用就是确定它们的比较价值的决定性因素。由此可以将比较价值用公式表示为：

$$比较价值=\frac{效用(或功能)}{生产费用(或成本)}$$

或简化为：

$$价值=\frac{功能}{成本}(或记为V=\frac{F}{C})$$

比较价值中成本因素的引进，更符合企业的实际运作情况，也为我们更全面具体地界定价值的内涵提供了非常直接的借鉴与启示。

三、现代营销学中的客户价值

在市场竞争日趋激烈的情况下，买方取得了前所未有的市场优势地位。企业营销活动的重点由产品转向了客户，传统营销学也因此完成了向现代营销学的转变。在市场导向营销哲学指引下的现代营销学，当然不可避免地涵盖了从各个角度、各个层面对客户的研究，如客户需要、客户动机、客户行为、客户购买决策过程、客户满意等，其中比较本原的研究当属客户价值。

前面我们已经提到，一般提及客户价值，它包含两个方面的意思。一是企业能够给客户带来什么价值（即客户感知价值）；二是客户能够给企业带来多少价值（即客户的价值）。前者是客户满意的根本原因，后者则是关系营销商业化的基本前提。企业需要在二者之间寻求最佳的平衡点。

从前面的论述中可以很明显地看到，无论是客户感知价值，还是客户的价值，都直接借鉴了比较价值的思想，将效用、利润、成本、费用、代价等因素考虑在价值之中。

第 4 章“客户价值识别”一节已经对客户的价值做出了相关论述，所以本章不再赘述。如果没有特别申明，本章所指的客户价值就是客户感知价值。

四、各种学科论述的启示

从以上各学科关于价值内涵的介绍中，可以得出的归结到客户关系管理中客户价值的启示包括以下几个方面。

1. 客户价值的价值主体是客户

理解价值内涵最基本的一步，是明确到底谁是价值关系中的主体。长期以来，很多企业都把客户价值的价值主体界定为客户价值的提供者——企业自身，由此形成的客户价值概念显得过于主观。这是在卖方市场下形成的惯性，客户需要的东西由企业主观决定，工程师是决定产品功能和形态的主要人员。诚然，客户价值是通过企业提供的使用价值来实现的，但是商品的二重性告诉我们，它必须为社会中的人或群体所认可才具有价值，如果社会不予认可，即便是生产者自己认为极具价值的产品也只是一厢情愿的事情。客户必须成为最终的评判者，独立判断自己是否获得了增加的价值。价值就像营销术语中的服务和质量，必须由客户来定义。企业在此过程中承担创造价值的角色，而不是感受价值的角色，价值的客体——商品、服务或其他提供物所要适合、接近或一致的主体不是企业自身，而是企业服务的对象、提供物的实际消费者——客户，所以，他们的需要及其发展以及与提供物之间、与提供者之间的互动关系，才是企业思考问题的出发点。明确客户价值的主体是客户而不是企业自身这一点，可以帮助我们较好地纠正“营销近视”的通病，把企业的战略眼光从企业内部转移到企业外部，切实从客户的角度出发来设计客户价值，从而真正持续地获得市场竞争的优势地位。

2. 客户价值的效用性

效用性同样也是客户价值最显著的特征。提供物首先要具有效用，能满足被提供者的需要才能给其带来价值，而且效用的正负与大小不是由提供者自身来评判的，起决定和主导作用的是客户价值的主体——客户。凡是对价值主体产生积极、肯定效果的是正价值；凡是对价值主体产生消极、否定效果的是负价值。企业应该努力为客户提供尽可能多的正价值，减少甚至消除负价值。同时注意处理好客户价值的长期效用与短期效用、客户价值与社会效益和环境效益之间的关系。

3. 客户价值的客观性

客户价值的客观性同样表现在三个方面。一是客户的需要是客观存在的，不是主观人为可以臆造的。企业不能想当然地构造出客户的需要、欲望和动机，不能主观地排列出它们的属性及其权重，而应该通过科学的调查研究、通过与客户的长期接触和互动，来探测出客户的真实所想和真实所需。二是满足客户需要的提供物及其属性、功能是客观存在的。企业既不能不顾自然物质的客观属性盲目憧憬提供物的未来功效，变水为油、点石成金的想法是不现实的；也不能夸大宣传或捏造提供物的属性和功效，欺骗消费者和社会。三是提供物的属性、功能与客户需要之间的关系是客观的。由于提供物的价值实现给予客户的满足是客观存在的，提供物良好的口碑、知名度和美誉度都是客户客观赋予的，从长期来看，企业无法捏造这些事实，而且它对企业经济效益的好坏具有决定性的影响。

4. 客户价值的个体性

在买方市场条件下，客户价值的个体性越发突出。市场越来越细分，有些柔性化和敏捷型组织已经达到“人分市场”的境界，根据每个客户的需要来定制化提供价值。企业可以在估算成本效益的基础上，适时地推行差异化营销和一对一营销，为客户设计出独特的产品、服务或一揽子方案，满足客户越来越个性化的需要。

5. 客户价值的多样性

客户需要的复杂性和物质产品的丰富性，导致客户需要满足方式的多样性，这样就容易使企业陷入选择的迷途。所以，企业在为客户设计价值时，首先必须明确客户需求的各个属性，确定客户当前赋予各个属性的权重，然后据此来设计提供物的属性和功效。以汽车为例，有些客户将外观和品牌视为最重要的因素，而有些客户则认为安全与经济更重要。其次，由于客观环境和自身环境的变化，客户具体的价值体验是可变的、可选择的，所以企业也不能故步自封，做井底之蛙，要不断跟踪客户需求及其属性的变化，及时调整提供物的效用构成。最后，客户价值的多样性也为企业不断挖掘增值的途径提供了广阔的舞台，企业应该充分发挥自己的积极主动性，挖掘客户潜在的重要需求属性，成为市场浪潮中的引导者和先锋官。

6. 客户价值的时效性

及时性和持续性是客户价值时效性的集中表现。企业应该根据客户需要的迫切性，及时、准时地为客户创造所需的价值，杜绝提前和滞后。同时企业也必须坚持持续经营的理念，持续不断地为客户提供价值，培养和发展企业的品牌、商誉等无形资产，提高企业对客户的影响力，发展良好的客户关系，增强企业抗风险的能力。

7. 客户价值的相对性

客户价值的相对性表现为客户价值是一种可比较的（可以将一种选择与另一种选择进行排序）、个人化的（在不同的客户之间有差别）、条件性的（随着条件的不同而改变）主体与客体之间的互动经历。客户价值比较的范围可以扩大到群体与群体之间或人与人之间，也可以缩小至人自身的经验之间。但无论如何，比较的内容除了功效之外，不可避免地必须涵盖成本的内容。每一个客户在获取效用的同时必须付出一定的成本（货币的、时间的、精神的或是体力的），因为价值的实现必须通过市场交换，而市场交换一个基本的原则与公理便是等价交换。由于成本的必然性与客观存在，客户理所当然地要将成本因素纳入价值比较的范畴，客户无论是与他人比较，还是与自己过去的经验比较，基础都是功效与成本的相对值，或称为净价值、让渡价值，所以企业应该努力提高客户的净价值或让渡价值，而不是单方面地提高功效或效用。这种客户价值的相对性也说明了价值提供途径的多样性，理论上，存在着四种提高客户净价值或让渡价值的可能性：效用提高，而成本不变；成本降低，而效用不变；效用提高，成本也增加，但前者上升的幅度高于后者；效用降低，成本也降低，但前者降低的幅度低于后者。

第2节 客户价值创造的源泉

从价值一般的定义中可以看到，客户价值来源于提供物给予客户需要的某种满足。所以，如何为客户创造更多、更好的价值，一个基本的起点就是认真分析研究客户的需要。本节在对当前和未来客户新的需要取向与变化进行系列归纳和展望的基础上，探索出客户价值实现的各种原动力。

一、客户的基本需要

需要是指人生理和心理上的匮乏状态，即感到缺少些什么，从而想获得它们的状态。客户作为一个消费主体，其需要是多种多样的，这里我们力图从不同角度对其进行大致分类。

一般地，可以根据人的基本属性将需要分为两种：(1) 基本的生理需要，这被称为初级需要（primary needs）；(2) 社会和心理需要，这被称为次级需要（secondary needs）。生理需要包括食物、水、性、睡眠、空气和比较适宜的温度。这些需要产生于基本的生存要求，它们对于人类种族的延续是至关重要的。所以，它们实际上是普遍存在的。但是，不同人的强度有所区别。例如，婴儿的睡眠需要强于成年人的睡眠需要。社会和心理需要是指人类在社会生活中形成的，为维护社会的存在和发展而产生的需要，如求知、求美、友谊、荣誉、社交等需要，社会和心理需要受到社会实践的影响。如果习惯上一天吃三顿饭，即使两顿已经足够了，人也会因为没有吃满三顿而感到饥饿。如果喝咖啡的时间是在早晨，那么它就会成为满足食欲的习惯，也会成为一种社会需要。

我们也可以根据需要的实际内容，将需要分为物质需要和精神需要两种。物质需要是指与衣、食、住、行等有关的物品的需要。对物质的追求既可能源于客户生理上的匮乏感，也可能源于其社会心理上的匮乏感。精神需要主要是指认知、审美、交往、道德、创造等方面的需要，它主要是由心理上的匮乏感而不是生理上的匮乏感所引起的。随着生产力的发展，精神需要在需要结构中的比重将不断提高。

另外，很多学者也对需要分类进行了专门详细的探讨，为我们更深入地理解客户需要提供了有力的帮助。

美国心理学家马斯洛（Maslow）在1943年出版的《人类动机理论》一书中提出了需要层次论。这种理论的构成根据三个基本假设：(1) 人要生存，他的需要能够影响他的行为。只有未满足的需要能够影响行为，满足了的需要不能充当激励工具。(2) 人的需要按重要性和层次性排成一定的次序，从基本的（如食物和住房）到复杂的（如自我实现）。(3) 当人的某一级的需要得到最低限度满足后，才会追求高一级的需要，如此逐级上升，成为继续努力的内在动力。马斯洛提出需要的五个层次如下：(1) 生理需要（physiological need），是个人生存的基本需要，包括人对食物、水、空气、睡眠和性等的需要。(2) 安全需要（safety need），表现为人们需要安全、稳定，需要受到保护，免除恐惧和焦虑。它对应于人的求生本能，包括心理上与物质上的安全保障，如不被盗窃和威胁、预防危险事故、职业有保障、有社会保险和退休金等。(3) 爱和归属的需要（love and belongingness need），人是社会的一员，需要友谊和群体的归属感，人际交往需要彼此同情、互助和赞许。(4) 尊重需要 (self esteem need), 包括要求受到别人的尊重和自己具有内在的自尊心。(5) 自我实现需要 (self actualization need), 指通过自己的努力, 实现自己对生活的期望, 从而对生活和工作感到很有意义。

马斯洛的需要层次论基本秉承了本能说的理论, 他认为需要是人类内在的、天生的、下意识存在的, 而且是按先后顺序发展的, 满足了的需要不再是激励因素等。

出于对本能说的质疑, 许多学者从不同的角度批判了马斯洛的观点, 提出自己的需要层次学说。奥尔德弗 (C. P. Alderfer) 于 1969 年在《人类需要新理论的经验测试》一文中修正了马斯洛的论点, 他认为人的需要不是分为五种而是三种: (1) 生存的需要 (existence), 包括心理与安全的需要; (2) 相互关系和谐的需要 (relatedness), 包括有意义的社会人际关系; (3) 成长的需要 (growth), 包括人类潜能的发展、自尊和自我实现。奥尔德弗的需要论, 简称为 ERG 需要理论, 与马斯洛需要层次论的主要区别在于: 奥尔德弗经过大量调查证明, 这些需要不完全是天生的。需要层次论建立在满足—上升的基础上, ERG 理论不仅体现满足—上升的理论, 而且也提到了挫折—倒退这一方面。挫折—倒退说明, 较高的需要得不到满足时, 人们就会把欲望放在较低的需要上。ERG 理论认为需要次序并不一定如此严格, 而是可以越级的, 有时还可以有一个以上的需要。

美国哈佛大学教授戴维·麦克利兰 (David C. McClelland) 进一步论证了环境或社会学习对需要的重要影响, 与马斯洛不同的是, 麦克利兰特别强调需要从文化中的习得性, 据此, 他提出了三种需要理论, 认为个体在工作情境中有三种重要的动机或需要: (1) 成就需要 (need for achievement): 争取成功, 希望做得最好的需要。(2) 权力需要 (need for power): 影响或控制他人且不受他人控制的需要。(3) 亲和需要 (need for affiliation): 建立友好亲密的人际关系的需要。这些需要都是个体在幼年时期, 在人的社会化过程中习得的。

从以上这些关于需要理论的阐述中, 我们可以大致归结出顾客需要的两个基本特性:

(1) 顾客需要不仅具有生理性, 更具有心理性和社会性。它有时是顾客本能、内在的匮乏所引起的, 有时是外在的刺激所导致的, 但大多时候是二者的共同作用, 而且顾客对环境和刺激物的学习深刻影响着顾客的需要。

(2) 顾客需要不仅具有复杂性, 更具有可变性。不同的顾客, 由于其民族、信仰、生活方式、文化水平、经济条件、生活环境、兴趣爱好以及个人情感、意志、控制力等诸方面的差异, 其需要的内容和表现形式都会出现较大的差别。而且不同的时期、不同的环境和条件下, 同一顾客的需要也会出现伸缩、波动和变化。

揣摩顾客的心理和动机是企业成功设计价值的基本前提和保障。一般来说, 顾客具体的消费心理或购买动机可以归纳为两大类: 理智动机和感情动机。

理智动机包括:

(1) 适用。适用即求实心理, 是理智动机的基本点, 即立足于商品的最基本效用。在适用动机的驱使下，顾客偏重产品的技术性能，对其外观、价格、品牌等的考虑则在其次。

（2）经济。经济即求廉心理，在其他条件大体相同的情况下，价格往往成为左右顾客取舍某种商品的关键因素。折扣券、大拍卖之所以能牵动人心，就是出于求廉心理。

（3）可靠。顾客总是希望商品在规定的时间内能正常发挥其使用价值，可靠实质上是“经济”的延伸。名牌商品在激烈的市场竞争中具有优势，就是因为具有上乘的质量。所以，具有远见的企业总是在保证质量的前提下打开产品销路。

（4）安全。随着科学知识的普及，经济条件的改善，顾客对自我保护和环境保护的意识增强，对产品安全性的考虑越来越多地成为顾客选购某一商品的动机。

（5）美感。求美动机是指顾客以追求商品的欣赏价值和艺术价值为重要倾向的购买动机。爱美之心人皆有之，美感性能也是产品的使用价值之一。在这种动机的支配下，顾客特别重视商品的颜色、造型、外观、包装等，讲求赏心悦目，注重商品的美化作用和美化效果。

（6）方便。省力省事无疑是人们的一种自然需求。顾客在购买和使用商品的过程中，希望能够省时、便利，可以快速方便地购买到商品，讨厌过长的购买时间和过低的销售效率，对购买的商品要求携带方便，便于使用和维修。

感情动机不能简单地理解为不理智的动机。它主要是由社会的和心理的因素产生的购买意愿和冲动。感情动机很难有一个客观的标准，但大体上来自下述心理。

（1）好奇心理。好奇是一种普通的社会现象，没有有无之分，只有程度之别。一些人专门追求新奇，赶时髦，总是充当先锋消费者，特别注重商品的款式、颜色、流行性、独特性与新颖性，相对而言，产品的耐用性、价格等成为次要的考虑因素。

（2）异化心理。异化心理多见于青年人，他们不愿与世俗同流，喜欢标新立异，总希望与别人不一样。

（3）炫耀心理。这多见于功成名就的高收入阶层，也见于其他收入阶层中的少数人，在他们看来，购物不光是适用、适中，还要表现个人的财力和欣赏水平。他们是消费者中的尖端消费群，购买倾向于高档化、名贵化、复古化。

（4）攀比心理。攀比，社会学家称之为比照集团行为。有这种行为的人，照搬他希望跻身其中的那个社会集团的习惯和生活方式。

（5）从众心理。作为社会的人，总是生活在一定的社会圈子中，有一种希望与他应归属的圈子同步的趋向，不愿突出，也不想落伍。受这种心理支配的消费者构成后随消费者群。

（6）尊重心理。如果服务质量差，哪怕产品本身质量再好，顾客往往也会弃之不用，因为谁也不愿花钱买气受。因此，企业及其商品推销人员、销售人员、维修人员真诚地尊重顾客的经济权力，有时尽管商品价格高一点，或者质量有不尽如人意之处，顾客感到盛情难却，也乐于购买，甚至产生再光顾的动机。

二、顾客需要的新发展

以上主要介绍了顾客需要一些基本的、具体的表现形式，其实，随着经济社会的发展，顾客需要的具体内容也会出现新的变化。在全球经济日益一体化、买方市场逐渐形成和完善、知识经济和网络经济不断渗透到社会每一个角落等情况下，顾客需要也出现了新的表现形式，它们从顾客需要的基本表现形式中衍生出来，但同时又带有明显的时代特色，逐渐成为21世纪消费者的主流选择，这样一些新的需要值得企业予以足够的关注和重视。

1. 方案需要（solution need）

由于消费者需求的特殊性增加，不同消费者在消费结构、时空、品质诸多方面的差异自然会衍生出特殊的、合适的目标市场，这些市场规模会缩小，但其购买力并不会相对减弱。目标市场特殊性的强化预示着消费者行为的复杂化和消费者的成熟。

买方市场和互联网的出现，促进目标市场由特殊性向个性化、自主化发展。首先，科学技术的迅猛发展，极大地提高了人们的生活水平和消费意识，人们越来越关注企业的行为，越来越渴望获取有关消费的各种信息和知识，不再是过去那种"有什么就买什么、不赶紧买就买不着"的被动式消费，而是积极主动地向企业询问有关产品的各种情况，在众多的备选产品中寻找最合适的对象，大胆地向企业表达想法、观点和态度，只是信息不对称的问题一直困扰着人们。互联网的出现与普及极大地缓解了这种状况，信息搜寻成本的大大降低，更进一步刺激了顾客学习各种消费知识和技术的兴趣与欲望。特别是在电子商务飞快发展的今天，比价及比价网出现。它们为消费者在网上找到价格最便宜、最合理的商品提供了极大的便利，很多知名购物网站都提供比价服务。只需通过购物比价，顾客将不再需要长时间的调查，或是向众多亲朋好友咨询，只要手指一点，几分钟就成为业内专家。其次，在顾客学习的过程中，顾客的个性也不断地表现出来。由于他们在信息结构中已经从弱势地位中脱离出来，在信息量、信息深度等方面不逊于卖方，或者至少足够他们应付卖方的各种引诱、夸大和捏造伎俩，做出相对理性的购买决策。他们喜欢与提供者进行互动式的交流与沟通，喜欢将自己的想法融入卖方提供给自己的商品中。

在学习、沟通、较量的过程中，顾客的消费内容逐渐变得繁多、复杂，这也进一步增加了顾客学习消费知识的动力。随着供求双方的合作和竞争向更纵深的层次发展，顾客提出了更加个性化和自主化的需要——方案需要。单纯的产品或服务已经满足不了顾客的需求，他们需要的是有形产品、服务和信息（知识）的组合体，是企业提供给顾客用以解决问题、创造更高价值的一揽子方案。这种方案不同于捆绑式销售，尽管它同样可以满足顾客一系列的需要或者一段时期的需要，但它是顾客与供应商平等交流、共同协商的结果，建立在供求双方充分了解、熟悉的基础之上，是顾客关于消费的信息和知识不断增多和顾客需求不断个性化、自主化的结果。在与供应商非常密切的关系状态下，顾客希望与供应商进行充分的互动式沟通，全方位地展现自己的需求，共同制定出量身定做的、能体现自己所有重要需求特征的整体价值方案，满足其简单、适用的初衷，更符合其个性和特色。同时，顾客还希望供应商能全程跟踪其方案的使用过程，根据需要的变化及时对方案的内容进行升级，不断补充新的信息和知识。一些软件制造商可以说已经开始向方案营销转变，它们和客户一起设计、开发仅供客户使用的专门软件并反复调试，直到客户满意为止。在随后的使用过程中，当客户发现问题或有了新的需求时，它们及时对软件进行修补和升级。它们最大的盈利基础不是装载软件的光盘，而是将软件、服务和知识组合（尤其是知识的出售）的独特方案。

方案需要是将顾客与企业紧密捆绑在一起的客观基础，是企业实施以长期交易为目的的关系营销的重要源泉。

2. 体验需要（experience need）

经济发展与社会形态的变迁息息相关。随着科技、信息产业日新月异的发展，人们的需求与欲望，消费者的消费形态也受到了影响。回顾经济演进的过程，我们已经走过了农业经济、工业经济的时代，正在向服务经济、体验经济的时代转变。在服务经济和体验经济大行其道的情况下，人们的体验需要日益强烈。体验通常是由于对事件的直接观察或是参与造成的，不论事件是真实的，还是虚拟的。体验会涉及顾客的感官、情感、情绪等感性因素，也会包括知识、智力、思考等理性因素。体验的基本事实会清楚地反射于语言中，例如描述体验的动词：喜欢、赞赏、讨厌、憎恨等，形容词：可爱的、诱人的、刺激的等。心理语言学家的研究表明，类似这些与体验相关的词汇在人类的各种语言中都是存在的。体验通常不是自发的而是诱发的，当然诱发并不意味着顾客是被动的。最后一点，体验是非常复杂的，没有两种体验是完全相同的，因为任何一种体验都是某个人心智状态与筹划事件之间互相作用的结果。人们只能通过一些标准将体验分成不同的形式。派恩和吉尔摩将体验划分为娱乐体验、教育体验、审美体验和逃避现实体验等四个方面，史密特则将体验分为感官体验、情感体验、思考体验、行动体验和关联体验等五种形式。

人们的体验需要产生和发展的主要原因在于：

（1）技术的高速发展，无形中为人们增加了无数体验。现在人们接触到的许多体验，如互动游戏、网上聊天、虚拟现实等，都是借助互联网和现代信息技术才得以产生的。互联网还是传递其他多种体验的平台，它充分满足了人们自由化、个性化的消费需求。在未来几年内，各个领域的先进技术还将不断相互融合和提升，为人们带来更多的方便和新鲜感。

（2）由于竞争越来越激烈，驱使着企业不断追求独特的卖点，体验由于具有显著的不可模仿的特性而成为一些企业获取竞争优势的重要源泉，它们的积极探索和成功运作极大地丰富了人们的体验感受。例如，在索尼公司推出随身听之前，消费者并没有想到可以如此方便地听音乐；在苹果公司制造出智能手机之前，消费者不曾期望自己能够用上如此神奇的机器；在第一个迪士尼主题公园诞生之前，美国不会出现像现在这样大人孩子同游公园的热闹景象。

（3）伴随着物质文明的进步，人们的生活水准和消费需求也在不断升级。在农业社会，人们追求的是温饱的基本满足，在工业化社会，生活水准由物质产品的数量来衡量，而在后工业社会，人们更加关心生活的质量，关心自己在心理上和精神上获得的满足程度，而体验可以说正是代表这种满足的经济提供物。

体验需要的出现预示着终端促销、情景营销和服务营销越来越重要，消费环境与场景成为吸引顾客新的亮点。

3. 虚拟需要 (virtual need)

随着互联网的渗透与覆盖速度呈指数加快，虚拟社会的构筑已是势在必行。在由互联网构筑的虚拟社会中，人的潜意识得到极大的张扬，往往表现出与现实生活中不一样或截然不同的特征和需要。关注他们的需要是企业网络营销成功的关键，而探测他们的需要必须从交换而非交易的角度出发。强调交换与交易的区别绝不是做文字游戏，二者的交替恰恰预示着营销观念的一种飞跃。传统意义上，交换与交易都属于同一范畴的概念，都只与商品或劳动产品发生关系，如政治经济学中社会再生产过程四个环节（生产、分配、交换、消费）中的“交换”，日常生活中常说到的钱物交换、实物交换、现货交易、期货交易等都特指“商品或劳动产品的互换”。在《辞海》和《现代汉语词典》中，涉及交换与交易经济内涵的词条也表达了同样的倾向：交换是“人们相互交换活动或劳动产品的过程……劳动产品一旦在不同所有者之间作为交换的对象，就转化为商品”；交易“本指物物交换，后为买卖的通称”；“交换：以商品换商品；买卖商品”；“交易：买卖商品”。这种将二者混为一谈的理念一直持续到 20 世纪 60 年代。此时，西方许多营销学者和社会学家注意到一些企业开始关注社会问题，如捐款、参加公益活动、积极发展与公众和政府的关系；同时发现一些非营利组织和政府机构也开始登广告、做宣传。他们在研究这些组织的行为动因之后，发现现实生活中客观存在着非实物性的交换，人们彼此交换的内容不再局限于传统意义上的劳动产品，而包括一些情感、精神上的非物质的东西。如企业捐款、参加公益活动是为了换取在公众心目中的良好形象；非营利组织和政府机构的营销活动则是为了获取企业和公众的资助与支持。于是，随着社会营销观念的兴起，交换就变成了“通过提供某种东西作为回报，从某人那里取得所要的东西的行为”，而“交易是由双方之间的价值交换所构成的”，“交易是交换活动的基本单元”。“商品和劳动产品”转变为“东西”，扩大了交换的内涵，并将之与交易完全区别开来，企业营销的视角就变得豁然开朗。企业营销活动的核心定位于交换，就预示着企业不能只关注交易的实现，还必须从长远利益考虑关注顾客和相关利益者交易之外的需要、欲望、兴趣等，通过满足这些需要为交易创造更好的条件。于是，营销观念出现了历史性大飞跃：交易营销演变为关系营销。

一般来讲，虚拟社会成员在虚拟空间中至少存在着四种基本需要：兴趣、关系、幻想和交易。

兴趣是虚拟社会组建的原动力。最初许多虚拟空间的形成并非出于盈利的目的，而是一些有着共同兴趣和专业知识的人出于情感和精神上的考虑聚集而成。例如早期的电子论坛、信息公告牌、××专区等。此时，兴趣成为维系一个虚拟社会的纽带，也是虚拟社会发展的主要动力。但由于专业知识的限制，此时的虚拟空间也多分隔为一个个规模不大的虚拟社会，亚文化的界限比较分明。

人作为社会的人，需要彼此间建立一定的个人关系，分享彼此成长的经历。互联网的出现加强了人们对关系的需要，人们可以不受时间和地域的限制，相互联络、探讨、学习，以及分享各自不同的生活经历。人们既可以通过电子信箱与任何地点、任何年龄段、任何文化背景、不同性别的虚拟社会成员进行远期式联系、交流，也可以通过聊天室、交谈区与他们进行即期式交谈。关系需要的出现使得虚拟空间大大拓展。

虚拟社会的出现，极大地扩展了人们的想象空间。在虚拟社会中，由于彼此用文字、图像、声音进行交流，而无须面对面地直视与交谈，所以个人可以按照自己的梦想虚构自己的人格魅力，可以自由地扮演各种角色，可以同时兼有多个性格或身份，个性得到张扬。个人由此得到了精神上的愉悦和一些人生哲理的体验。虚拟社会带来的神秘和幻想吸引着越来越多的人进入。

对交易的需要是在虚拟社会发育到一定程度后才出现的。在早期的联机世界里，存在着一种强大的反商业文化，成员几乎完全没有利润和交易的动机。但当虚拟社会聚集了一定数量的成员后，人们发现它的快捷、交互式等特点能极大地降低交易成本，消费者、生产者和社会都可以从中获取更大的剩余。消费者拥有了更多的选择权和主动权，生产者则从中发掘了更多的战略资源。于是虚拟社会越来越朝着商业化的方向发展，人类最初始的经济动机——交易的需要又被重新唤起，并成为整个虚拟社会的纽带和基础。也正是由于交易需要的出现，极大地丰富了兴趣、关系、幻想等需要的内涵，它们更具有持续性和生命力，从而整个虚拟社会更加牢固和庞大；也正是由于交易需要的出现，虚拟社会才真正成为一个“社会”：自由地进出，包容，现实，有目的性。

但交易需要的出现并未扼杀或限制兴趣、关系、幻想等需要的发展与延伸。它们也许或多或少地会带有一些商业文化的氛围，但在随着交易活动向纵深发展且日趋纷繁复杂的空间里，这些需要在虚拟社会成员的心目中日渐炽热，深刻地影响着他们的各种行为方式，这也是消费需求日趋个性化的一个重要原因。所以，只关注交易，而忽视兴趣、关系、幻想等这些情感上的交换，企业的网络营销必然是一种“近视营销”，无法在虚拟社会里成功地开发和保持顾客，获得战略性竞争优势。

4. 绿色需要 (green need)

高科技在带来经济高增长的同时，也给生态环境造成了极重的负担：资源枯竭、能源短缺、环境污染，人类赖以生存的自然环境和社会环境都受到了极大的威胁。其中，环境污染、生态失衡是人类生存空间的最直接的问题。面对人类生存环境的不断恶化，在各种环保组织、环保主义者和各国政府的推动下，公众的环保意识逐步提高，一个最直接的行动就是崇尚绿色消费。所谓绿色消费，是指消费者意识到环境恶化已经影响其生活质量及生活方式，要求企业生产、销售对环境影响最小的绿色产品，以减少危害环境的消费。今天，越来越多的消费者把环境保护融入自己的消费行为模式中，主观上存在着保护环境、维护人类社会可持续发展的需要。

顾客的绿色需要大致体现在产品设计、生产及其市场营销的无污染化、无害化、清洁化等方面，包括清洁生产、清洁包装、清洁销售、清洁运输、清洁消费、清洁回收和再加工等。例如在产品方面，选择产品和技术时考虑尽量减少对环境的污染，产品生产是否安全、环保，设计包装时考虑降低消耗、减少污染与浪费，产品形体与售后服务是否节约和保护环境；在定价方面，是否反映环境成本；在分销方面，物流是否节约、减少污染，分销过程中是否存在“二次污染”，结算是否电子化；在促销方面，是否采用绿色媒体，是否发布绿色广告，是否进行绿色公关与绿色推销；在市场调研方面，调研中是否存在浪费与污染，是否进行无纸化调研，是否对环境问题进行调研等。越来越重要的绿色需要迫使企业必须实行绿色营销，在经营管理中贯彻自身利益、消费者利益和环境利益相结合的原则。

第3节 客户价值创造的途径

在全面了解和准确把握顾客需要的基础上，企业可以根据市场竞争的情况和自身的能力状况来设计、制造与顾客需要适合、接近或一致的价值方案或价值组合。

一、价值设计的战略选择

一般地讲，在为顾客设计价值方案或价值组合时，企业有两个基本的战略选择方向：市场竞争导向和顾客需求导向。

1. 市场竞争导向

市场竞争导向是指企业在设计客户价值时，主要以市场上某个或某些竞争对手的价值方案为参照对象，在照搬、模仿或修改的基础上，发展出提供给客户的价值方案和价值组合。

实行市场竞争导向的企业首先需要弄清的问题是竞争者在哪里。一种流行的观念是，企业应该从市场的观点而不是行业的观点来辨认企业的竞争者，即不仅仅将生产同种产品的企业视为竞争者，而且将与本企业满足相同顾客需要或服务于同一顾客群的企业也列入竞争者的范畴。因为后者对本企业市场份额造成的威胁是显而易见的。联合利华和其他清洁剂制造商对超声波洗衣机的研究惶恐不安。如果研究成功了，这种机器洗衣服无需清洁剂，将对清洁剂行业构成巨大的威胁。在服务领域，这种竞争相同需求的情况更为明显，以至于根本不属于同一行业的企业，彼此之间不得不相互学习和竞争。如果有一个行业提供了某种服务，顾客接着就会希望其他行业也能这么做，例如那些经常坐飞机的顾客会把他们对服务的期望带到四面八方；如果顾客在进餐时不必排队等候，他们就会希望在旅馆及市场链的其他环节也能得到相同的服务。

实行市场竞争导向的企业需要弄清楚的第二个问题是哪些竞争者值得学习和参照。在人们的传统观念中，声名显赫的大型企业和大型企业集团才是大家学习和模仿的榜样。其实，在今天，企业规模已经不再是产生市场竞争优势的必要条件和重要源泉。小企业需要向大企业学习，而大企业也有必要向小企业取经。所以，被参照的对象不仅是市场上处于绝对优势地位的市场领导者，也有可能是在规模上相对弱小的市场补缺者或市场新进者，他们在市场竞争中表现出来的创新性和灵活性是大企业无法比拟的。比如在智能手机市场上，华为、OPPO、vivo、小米等国产品牌经常被拿来和苹果进行比较，虽然苹果的高端形象已经不言自明，但苹果手机在硬件市场已经显现出挫败的迹象，很多市场分析人员认为，苹果反而应该向这些国产品牌借鉴做手机的思路。

实行市场竞争导向的企业需要弄清楚的第三个问题是竞争者的哪些做法值得学习和模仿以及如何有效地模仿与学习。一种常见的方法就是竞争标杆法（benchmarking），或称优胜基准法。企业可以将顾客需要中一些重要的属性确定出来，并按照重要性进行排序或加权，然后对企业和选定的竞争者在不同属性上的性能表现进行评估，通过比较确定自己需要模仿、学习和改进的部分与环节。海底捞火锅店火爆之初，很多企业纷纷慕名前来学习模仿，一时间海底捞成为中国服务业的学习标杆，但是很快一些企业发现海底捞的做法不一定适合自己，单纯学习服务方式并不是成功的关键，每个企业都有自己的经营模式，每个企业也都有自己的特点，而海底捞所采用的人性管理才是推动其创新服务的关键。

2. 顾客需求导向

企业在设计价值组合与方案时，还有一个与市场竞争导向截然不同的战略选择方向：顾客需求导向。在这种战略导向的指引下，企业为顾客提供的价值组合与方案紧跟顾客的需求变化而变化，通过观察顾客需要的演变，在企业资源和目标允许的情况下，决定为何种顾客或顾客群提供何种价值组合与方案。顾客需求导向不是要求企业一味地去满足顾客提出的各种要求，一味地去迎合顾客，而是应该发挥企业的主观能动性和考虑企业的自身状况。这是由于顾客并不总能正确地表达出自己的真正所需，即使能准确表达自己的需要，也想象不出具体实现需要的载体应该具备何种特征和功能，消费和生产是两种截然不同的领域。有时顾客的需求也可能是不现实的，是超出目前科学技术水平或道德范畴的。所以企业必须主动承担挖掘、引导甚至改变顾客需求取向的责任，创造出符合生产力发展水平和社会规范的提供物，合适、合理地满足顾客的价值期望。而且，企业不总是能满足顾客的各种需要，也不能无限制地满足顾客的各种需要，必须在企业资源和能力允许的范围内去开发出最优的价值组合和方案。以麦当劳为例，人们离不开遍布世界的一万多家麦当劳餐厅，因为他们喜爱麦当劳的汉堡包。虽然其他一些餐馆也能制作出味道更好的汉堡包，但消费者钟爱的并不是汉堡包本身，而是一种系统，一种遍及世界的高标准的被麦当劳称为 QSCV 的系统，即质量、服务、整洁和价值。麦当劳的所有经营者，包括供应商、特许经销代理商、职员和其他合作者都能有效地为顾客提供高品位的价值，这使麦当劳成为唯一一家达到如此高效率的快餐店。

实际上，市场竞争导向和顾客需求导向是两种理想的、极端的战略方向，今天更多的企业选择的是二者的综合（见图 6-1），它们在设计顾客价值组合方案时，既注意顾客也注意竞争者，它们追求的是一种市场导向，根据市场环境的变化而调整。

以竞争者为中心 \ 以顾客为中心	否	是
否	产品导向	顾客导向
是	竞争者导向	市场导向

图 6-1　价值设计的四种战略导向

产品导向是既不注意顾客又不注意竞争者，这是在卖方市场形态下生产观念的一种典型表现。在商品供不应求的条件下，消费者持币待购，各类商品只要生产出来就能卖得出去，企业可根据自身条件确定生产何种产品，无须分析消费需求。其他花色品种的同类产品只要不侵入自己的领地，就不会对本企业构成威胁。由于产品单一，易形成规模效益，生产成本和促销成本低，省去了产品更新和开发所需的投资，利润相对较高。在供不应求条件下实行产品导向往往优于其他导向。顾客导向与竞争者导向分别把重点放到了顾客和竞争者身上，买方市场和过剩经济的形成，导致权力发生转移，即在作为整体的消费者与企业的交易谈判中，企业的谈判地位下降，由企业主权转变为消费者（顾客）主权。决定生产经营何种产品的权力已不再属于生产者，而是属于消费者。在生产者与消费者的关系上，消费者是起支配作用的一方，生产者应根据消费者的意愿及偏好来安排生产，衡量企业效率以及存在价值的决定权转移到顾客手中。企业应尽量迎合挑剔的顾客，以尽可能多地从顾客那里获得“货币选票”。而当前在竞争日趋激烈的环境下，企业成功的关键已不再是能否满足消费者的需求，而在于能否比竞争对手更好地满足消费者。竞争者导向的公司以竞争者的行动为根据，而非实施自己一贯的顾客导向策略，结果由于过度依赖竞争者，公司并没有根据计划好的路线行动来走向目的地，而且往往不知道将止于何处。比如美国达美航空公司向其“频繁乘机者”俱乐部成员发放一种“三倍里程”的奖券。表面上看，可以吸引消费者注意，但在实际操作中，由于其具有高度可模仿性，其竞争对手如美国航空公司、联合航空公司等都加入竞争，发放同样的奖券，结果导致所有企业都没能从中获得好处，反而提高了全行业的经营成本。而市场导向则兼顾二者，既注意顾客需求的变化，也密切关注竞争者的行为动态，在顾客和竞争者之间取得良好的平衡。企业首先从顾客需求出发，通过市场调查、顾客行为分析等发现顾客的显性需求，运用资源生产出满足顾客显性需求的产品及服务投放市场，通过反馈及进一步的市场研究，对顾客显性需求及其可能的变化做出分析。与此同时，分析竞争产品及服务所体现的顾客价值，可以发现显性顾客需求中尚未被满足的区域，从而为企业在现有基础上通过产品服务创新去填补市场空缺；同时通过与竞争者产品或服务的比较发现本企业产品及服务在为顾客提供价值时所缺少的因素，通过改进或创新产品、服务为企业渐进提升顾客价值。市场导向是一种务实、可行的战略选择。

二、价值设计的原则

在选定市场导向的战略方向之后，企业设计价值组合方案时，还需把握商业化、差异化、互动性、灵活性的原则。

1. 根据客户终身价值的大小合理分配企业资源

商业化是我们一直在倡导的处理客户关系的一个基本原则。毕竟企业的资源是有限的、稀缺的，是存在机会成本的，这些都迫使企业必须寻找最佳的资源配置方式。所以，在市场竞争的压力下，企业不应该一味地追求客户价值最大化（或消费者剩余最大化），而是应该寻求股东利益最大化和客户利益最大化之间的平衡，寻求一种双赢的局面。寻求这种平衡的一个基本前提就是根据客户终身价值的大小合理分配企业资源。这一点是许多企业所忽视的，也是它们实施客户关系管理事倍功半的根结所在。在很多行业，尤其是服务行业，不同客户的同一业务所耗费的资源是非常相近的，不论业务量的大小。比如银行业中，客户储蓄 100 元耗费的银行人力资源、物质资源和财力资源与储蓄 10 万元相当。不区分客户的价值而平均分配企业的资源，只会使企业的盈利状况模糊，盈利水平下降，忠实客户和重要客户大量流失。另外，企业合理分配资源的依据应该是客户的终身价值，而不仅仅是当前的利润贡献水平。一些耐用品行业和服务行业的企业已经将目光集中在在校大学生身上，比如房地产、汽车、金融、保险、环保电器企业等，利用各种机会大力支持大学生的各项活动，加大企业、品牌甚至是产品概念的宣传力度，而不注重业务交易量和销售额，吸引它们的是这些在校大学生毕业以后稳定的收入、良好的信誉、持久的忠诚和持续的交易等。那些只顾眼前利益的企业根本无法与这些“提前下手”的企业相比，因为后者先期的关系投资已经在大学生的心目中先入为主，甚至根深蒂固，成为它们长期的竞争优势和利润基石。

2. 根据客户生命周期的变化合理调整价值组合

需要具有变化性，人的需要在不同的生命周期阶段呈现出显著的差异。这种差异是随着人的成长而必然存在的。比如当一个人处于年轻的单身阶段时，几乎没有经济负担，属于娱乐导向型，喜欢新奇、刺激，是新观念的带头人；结婚了，开始变得理性、现实，属于生活导向型，耐用品的购买明显增多；等到年老了，健康、安全、关注和情感的需要则特别显著。所以，切实实施客户关系管理的企业应该密切注意客户在不同时期需要的变化，据此合理调整价值组合方案，而不能刻舟求剑、坐井观天，忽视客户需要的显著变化。

在客户整个生命周期中，影响客户需求发生显著变化的因素除了其自身条件和所处的客观环境外，还有一个重要因素就是企业与客户之间的互动关系。按照一般的逻辑来讲，企业与客户之间的关系会经历以下四个阶段：孕育期、形成期、稳定期和退化期。孕育期，企业与客户还处于彼此熟悉、了解、考察的阶段，进行着试探性交易；形成期，彼此的关系快速发展，逐渐取得信任和一致，交易逐渐扩大并且顺畅；稳定期，彼此的关系进入成熟阶段，相互忠诚、信赖，交易几乎成为一种惯例和程式；退化期，关系水平发生逆转，承诺出现裂痕，交易开始谨慎和萎缩。不同的关系阶段，客户的需求、客户对企业的期望水平、客户对企业价值组合或方案的接受程度都会明显不同。正如人与人的一般交往一样，母子之间、夫妻之间、恋人之间、陌生人之间，彼此诉求的内容是明显不同的。企业一方面要注意不同关系时期客户需求与期望的差异，适时适宜地提供客户愿意接受和可以接受的价值组合方案，另一方面也要积极跟进，有效地推动客户关系朝企业发展的目标靠拢，通过不断提供高质量的产品、有价值的信息、优质的服务或者个性化的解决方案，促进客户与企业之间的关系健康、成熟、稳固地发展下去。

3. 互动、双向，充分发挥员工和客户的积极性与聪明才智

客户和员工的知识是企业的一笔巨大财富。企业在设计客户价值组合方案时，应该注意积极挖掘这笔财富，充分发挥员工和客户的积极性与聪明才智。

客户个性化的需求明显增强，他们喜欢向企业提出关于价值设计的想法、观点和意见，乐于参与到价值设计的过程中来，甚至希望在企业的帮助下自行设计价值组合方案，他们是DIY一族，将这种积极参与的经历作为一种更高的需求和享受。企业应该通过各种途径收集客户的各种奇思妙想、意见甚至抱怨，将它们作为企业设计价值组合方案的思想源泉（现实中也确实存在许多客户为企业提供重要的新产品构思的案例），同时可以积极鼓励一些客户参与到企业的价值组合与方案的设计中来，甚至在条件许可的情况下积极营造客户自己动手设计其价值方案的环境，满足客户自我实现的需要。

在今天越来越扁平化的组织结构中，员工的知识也是不可忽略的。他们在授权的情况下，积累了丰富的与客户打交道的经验，更清楚客户的真实所需，对客户需求的发展变化也有准确的把握，他们（尤其是一线服务人员）是企业中最有资格代表客户的人员。所以，在设计客户价值组合方案时，应该遵循从下到上的原则，在广泛征求员工（尤其是一线员工）意见和想法的基础上来开发、设计，必要的时候应该鼓励团队合作，邀请一线员工加入设计开发工作。

4. 创造价值并不总意味着增加些什么

在为客户进行价值组合设计时，还有一个基本的原则是：不仅要学会做加法，更要学会做减法。

很多企业都信奉多多益善的原则，总以为价值组合里包含的东西越多，客户就越喜欢。其实，要创造出客户观念中的价值，既可以通过增加某项被认同的价值，也可以通过减少或缩小某些被认为具有副作用的方面来实现。创造价值并不总是意味着必须要增加一些东西。因为顾客对价值的感知不仅仅是利益的获取，而且是利益与成本对比的结果，减少客户为获取利益而付出的成本，同样可以增加客户的价值。在今天崇尚简约化风格的社会里，方便、省时、省力成为客户重要的价值判断标准。一个典型的例子便是本章引例提到的宜家家居，宜家的设计理念融合了简洁和实用，摒弃了复杂和浮夸，体现了对生活细节的关怀，而且价廉物美。为了节约物流成本，所有的家具采用平板包装，顾客必须自己动手来组装。对于热衷 DIY 的人，宜家的产品不仅便于搬运，而且乐趣无穷，同时省去了人工服务的成本。

三、价值组合工具

从关于顾客需要的讨论中我们可以看出这样一个事实：价值可以从很多角度被创造出来。

价值创造的途径与来源可以包括：(1) 产品价格的价值。这是价值最为基本的来源，通过低价同质或优质的产品为客户创造价值。(2) 便利的价值。通过在客户需要的时间营业、保持位置的便利、提供多种获取服务等方法，客户可以很容易地获取他们需要的产品或者服务。(3) 以选择为基础的价值。在客户的选择中给他们增加选项或者提供更多获取这些选项的方法就是为他们创造了价值。(4) 以员工为基础的价值。通过员工高质量的服务水平、技巧与方法为客户增值，包括缩短反应时间和等待时间、提高服务的速度、谦逊礼貌地服务等。(5) 信息价值。为客户提供更多的信息可以增加他们的价值。客户得到这些信息后，可以根据知识做出选择，更舒心地进行决策，减少因不懂或不熟悉所带来的焦虑与不安。(6) 关联的价值。客户有时候会从与某个特定的服务提供商的关联中获得快乐和一定程度的舒适感，这种关联带来了正面的贡献和价值。比如当企业在社会上拥有良好形象时，客户会骄傲地宣称他们是这家企业的客户，并因此获得一定的满足。(7) 功能的价值。产品和服务的功能会增加客户获得的价值。(8) 关系的价值。增强企业的亲和力和客户对企业的归属感，使客户感到与企业进行交易感觉非常好。(9) 特别客户的价值。为单个客户量身定制服务，让客户有被了解和重视的感觉。(10) 惊喜的价值。寻求机会用意外行动或计划打动客户，给客户带来惊喜、深刻的印象。(11) 社区价值。企业对地方经济和所在社区作出贡献，通过利他和慈善行为为客户带来价值。(12) 记忆价值。通过共情客户多年来一直保存在记忆中的一些情景和经历来为客户创造价值。(13) 经历价值。经历价值与记忆价值密切相关，通过将服务经历转变为一种有纪念价值的经历来为客户创造价值。

归纳而言，企业在为客户设计价值组合方案时可以利用的工具主要包括：核心产品、服务支持与流程、人员互动三个要素，如图6-2所示。

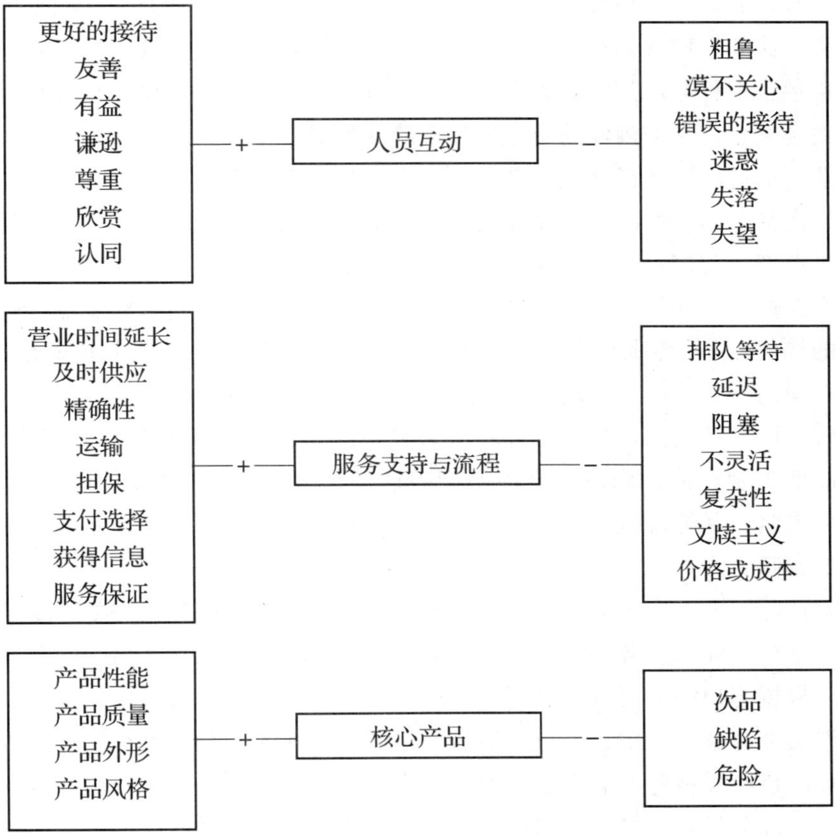

图6-2 客户价值设计的基本框架

1. 核心产品

核心产品是企业为客户提供价值最基本的工具与保障。核心产品与产品的核心利益既有联系又有区别。产品的核心利益是指产品给顾客带来的最基本的服务和利益，如面包能充饥、衣服能御寒、水能解渴等。它与期望利益、附加利益和潜在利益一起构成产品利益的全部内涵。期望利益是指购买者购买产品时通常希望和默认的一组属性和条件。例如食客希望面包新鲜、卫生，旅客希望房间安静、有基本的家具和设施等。附加利益是指企业通过创新而增加的服务和利益，它能把企业的提供物与竞争者的提供物区别开来。例如在面包上增加漂亮图案，在客房里安装电视、摆上鲜花等。潜在利益是指产品最终可能会实现的全部附加利益和新转换的利益，它表明增添附加利益的潜力，也指出了附加利益演变的方向，如全套家庭服务式旅馆就代表了对传统旅馆产品的新转换。核心利益是企业营销活动的立足点，产品开发也应在此基础上进行。期望利益是产品所能给予消费者最起码的满足，如果产品连顾客的期望利益都无法满足，将很难在市场上立足，更不用说提升与发展了。附加利益是企业竞争的关键，是企业差异化营销的基础，是市场提升最有力的工具。潜在利益是企业提升的边界，它也为产品发展提供了方向。

核心产品是指企业为了在竞争性的市场上立足必须提供给客户的一些利益的集合。一般来说它是产品核心利益的集合，但它也包含由其他利益转变而成的核心利益的组合，比如以前我们可能还视售后服务为一种附加利益，今天它已经变成一种核心利益包含在核心产品或服务之中了。所以，从这个角度来讲，核心产品是一个动态的集合概念，它的内涵随着竞争环境的变化而变化。

企业可通过以下途径在核心产品领域为客户创造价值。

（1）产品革新。产品革新是指在产品性能、质量、外形和风格等方面的创新。按照产品革新的程度，可以将新产品分为：采用新原理、新结构、新技术、新材料制成的全新产品；在原有产品的基础上，部分采用新技术、新材料制成的性能有显著提高的换代产品；在原有产品的基础上，为改善其性能、提高其质量而派生的改进产品；模仿他人革新产品的性能、质量、外形或风格的仿制产品。由于成本、技术和风险等因素的制约，多数企业在大多数情况下推出的新产品都属于换代产品、改进产品或仿制产品，当然，全新的产品往往给客户带来的价值更大，如智能手机、平板电脑、新能源汽车等产品的出现，彻底改变了人们的生活模式，赢得了广大客户的青睐。

（2）产品组合。由于方案需求的普及，多数客户出于便利的需要，希望企业能够提供一系列产品和服务的组合方案。越来越多的企业将核心产品和服务分解为不同元素，根据客户的需要进行不同类型的组合，并制定不同的价格。例如旅行社将整个旅游服务分解为航班、景点、地陪、住宿、餐饮等部分，每个部分都提供多种选项，如航班有经济舱、商务舱、中途不转机、一次转机和两次转机等选项；地陪有自由行、部分景点安排导游和全程导游跟随等选项，客户可以自行从中选择合适的组合，并按照组合的等级支付费用。

今天企业所面临的一个棘手问题就是产品的同质化趋势越来越明显，模仿的速度越来越快，模仿的程度越来越深，模仿的范围也突破了行业和地区的界限，导致新产品的生命周期越来越短。这种情况带来了两个严重的后果：首先，要使客户相信企业的产品优于竞争对手变得异常困难，客户从核心产品中很难看到任何吸引他的价值，因为它与其他企业提供的产品基本一致。其次，如果不做任何事情来区分核心产品，最常见的后果就是愈演愈烈的价格战，因为此时客户只能选择价格作为区分不同企业的标准。恶性的价格战不仅会使企业与竞争者两败俱伤，甚至影响整个行业的健康发展，也会降低服务水平，不利于建立客户忠诚和良好的客户关系。

尽管如此，核心产品仍然是企业为客户设计与提供价值最基本、最起码的工具，它是整个客户价值体系的基石，是企业进入市场的基本条件，今天，有着卓越质量的优秀核心产品依然是企业成功的基本前提。

2. 服务支持与流程

如果核心利益不能为企业带来关键的竞争优势，不能让客户感觉到有区别和有吸引力的价值，那么企业就应该把注意力集中在附加利益和潜在利益的创造上。其中包括了外围的和支持性的服务，这些服务有助于核心产品的提供，比如运输系统、储存系统、支付系统、定价政策、信息沟通、投诉受理、担保、维修和技术支持、求助热线等。传统营销组合中的三个非产品因素（定价、分销和促销）都包括在其中。需要注意的是，支持性服务必须与核心产品整合起来，协调一致地为客户提供价值组合，彼此不能孤立地运作，否则会严重降低企业营销活动的效率。在提供支持性服务的时候，企业需要认真综合思考客户需求变化、成本变化与竞争对手的反应等因素。支持性服务的提供必然增加企业的运营成本，也会引起竞争对手的模仿与攻击，所以必须密切注意客户需求的变动趋势，有选择地为客户提供附加服务。

在企业提供支持性服务的过程中，需要遵循的重要的基本原则就是：承诺必须信守和履行。承诺是关系概念中一个至关重要的因素。关系营销要通过相互交换和履行承诺来实现，彼此的信赖相当重要。对一个服务提供者来说，建立关系意味着给予承诺；维持关系意味着履行承诺；加强关系意味着在先前承诺履行的基础上给予新的承诺。未兑现的高水平的承诺对客户关系造成的危害远比实现了的低水平的承诺大，承诺引起顾客的期望，而只有承诺的信守和履行才能得到客户的信赖。企业在设计价值组合与方案时，一定要切合自身的实际情况给出承诺，并且承诺一经给出，就必须高标准地遵守和履行。

另外，由于服务支持内容的庞杂和活动范围的广泛，质量和速度必然成为影响客户价值的一个重要因素。服务质量差距模型（见图6-3）揭示了现实运作中导致服务提供失败的四种差距。

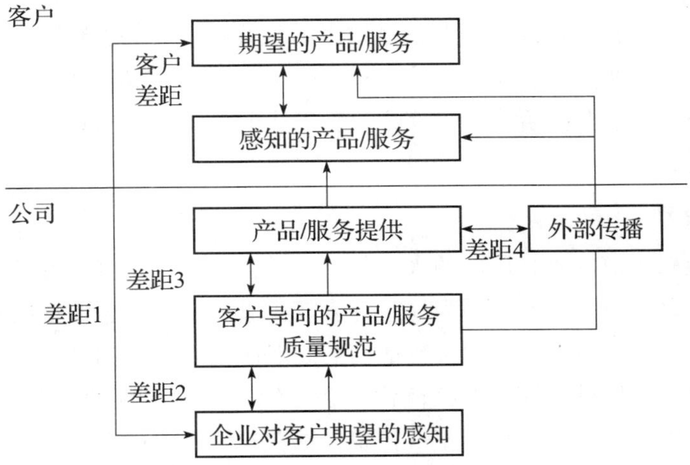

图6-3　服务质量差距模型

差距模型的核心重点是客户差距，即客户期望和感知之间的差别，而导致客户差距的关键因素则是以下四个方面：

差距1：客户期望与企业对客户期望感知之间的差距：企业管理人员不能正确认知客户的需要，医院管理人员可能认为病人会根据伙食质量来评价医院的服务，而病人可能更关心护士能否对病人的召唤做出快速反应。

差距2：企业认知与服务质量规范之间的差距：企业可以正确认识到客户的需求，但没有建立特定的标准。医院管理者告诉护士服务要快捷，但对快捷没有数量标准。

差距3：服务质量规范和服务提供之间的差距：工作人员可能缺乏训练、劳累过度、没有能力或不愿意满足该标准，或者标准本身是相互抵触的，如既要求耐心倾听客户反映，又要服务快捷。

差距4：服务提供与外部传播之间的差距：客户的期望会受到服务提供者和广告的传播材料所做的允诺的影响。如果一个医院宣传册展示的房间明亮整洁，但病人到达后发现房间昏暗破旧，那么问题就在于外部宣传材料扭曲了客户的期望。

服务的执行是通过人来实现的，不可控因素很多，所以制定科学、标准化的流程是必要的。一方面，企业内部的运作流程必须是清晰、简捷、高效、严格的，这样有利于提高企业的运作效率和反应速度，有助于企业高质量地履行承诺；另一方面，与客户接触的流程必须清晰明了、简洁可靠，有时，减少一个环节或程序会给客户带来极大的便利价值。

服务质量保证与服务补救也是弥补服务质量差距的重要手段。服务质量保证是对客户的一种服务承诺，可能是无条件的满意承诺或是服务属性承诺，如一些百货公司许诺如果客户购买服装后感觉不满意，可以在15天内无条件退货和换货；联邦快递公司承诺包裹将在确定的时间内送达；英国航空公司的广告词是，保证舒适，否则你将得到2.5万英里的航程；麦当劳宣称，热的食物，快速、友好的服务，双重检查，准确无误……我们干好自己的事，否则下次我们请客。服务承诺降低了客户的风险感并建立了对服务组织的信任，也为组织设立了清晰的标准，使员工的士气和忠诚度得到加强。企业一旦做出承诺就应该努力实现。当服务出现失误时，企业可以通过采取补救措施，主动弥补失误产生的差距，如快速反应和应对，耐心倾听客户的抱怨与投诉，允许客户自行解决问题，公平对待客户，从补救过程中吸取教训等。

3. 人员互动

为客户带来价值的更高层次的来源与工具是企业员工与客户的互动。互动交往和沟通可以满足客户一些更高的需求。许多客户决定是否与企业继续往来和交易的主要依据就是企业的员工是如何接待他们的。即使核心产品的各个方面都很好，甚至是出类拔萃的，但员工拙劣的接待仍然会导致客户流向别的企业。原因很明显，客户更喜欢友善、热情、善解人意、礼貌且富有同情心的员工，与员工的互动影响了客户对与互动有关的心理成本的估算。如果客户受到了尊重、同情和真正的关怀，他们感受到的心理成本将会较低，而收益较高，对互动中总的价值也会有比较好的评价。持续良好的互动经历可能成为客户永久的美好回忆。

在这个层次上为客户设计价值，必须与企业员工的激励机制设计有机地结合起来，企业必须认识到，为客户创造价值的关键在于能够为员工创造价值，只有员工满意了，客户才能满意。同样，减少或者消除员工粗鲁、冷漠、不热心、令人不快、不友好地对待客户的情形，也可以为客户增加价值。

一个不可忽视的事实是，通过面对面或者打电话的方式进行人际互动的情形越来越少了，越来越多的企业开始通过技术手段（如自动取款机、语音应答系统、电子邮件和互联网等）与客户互动，这种互动虽然可以保证企业与客户之间进行充分、广泛或简洁、便利的交流，但毫无疑问，人性化的亲密关系在逐渐淡化。

在网络环境下，我们可以通过设立各种区域来实现客户与企业员工的互动：（1）交流区——企业与客户之间的交流。培养客户的兴趣、爱好，吸引他们访问企业营造的虚拟社区，并真实地传达自己的信息。（2）交谈区——客户间的交流。为客户提供自我表现和寻求联络的空间，将有着共同兴趣、爱好的人聚集在企业所营造的虚拟社区之中。在鼓励客户间交流的同时，满足客户对关系的需要，并可从中发掘客户需要的变动趋势和企业的发展战略。（3）虚构区——客户自我交流。企业在自己的网络文化区中可以设置一个虚构区或游戏区，允许客户自行设计、虚构所需产品的特性、风格，自行营造虚构的消费环境，这样既满足了客户幻想的需要，增强了企业网络文化的凝聚力，又为企业的产品设计和营销战略设计提供灵感和信息。（4）反馈区——交互重复交流。提供反馈信息公告牌，让客户为企业做宣传，同时了解客户使用后的满意程度及意见与建议，作为战略与策略调整的依据。（5）链接区——竞争交流。有针对性地设立链接区，提供相关新竞争者的快捷链接，这样既缩短客户比较、选择的时间，降低其成本，给予客户更大的自主空间，能促成持续交易的实现，又为企业树立不畏竞争的形象，增强其人格化魅力。

互动的目的是希望增强客户对企业情感上的依赖，减少客户的迷惑感、失落感和失望感，各种非交易性质的互动活动是非常必要的。

思政专栏

社会主义核心价值观与人民生活需要

党的十九大报告指出："新时代中国特色社会主义思想，明确坚持和发展中国特色社会主义，总任务是实现社会主义现代化和中华民族伟大复兴，在全面建成小康社会的基础上，分两步走在本世纪中叶建成富强民主文明和谐美丽的社会主义现代化强国。"坚持和发展中国特色社会主义，建设社会主义现代化强国，实现国家富强、民族振兴、人民幸福的中华民族伟大复兴的中国梦，是习近平新时代中国特色社会主义思想的总体价值目标。党的十九大报告指出，随着社会主要矛盾的变化，人民美好生活需要日益广泛，不仅对物质文化生活提出了更高要求，而且在民主、法治、公平、正义、安全、环境等方面的要求日益增长。美好生活需要，就是价值追求。

人民需求的丰富多样性与社会历史性，决定着价值的多维性及其随着经济社会与人的发展而发展的变动性、上升性、延展性。如今，中国特色社会主义进入新时代，我国社会主要矛盾已经转化为人民日益增长的美好生活需要和不平衡不充分的发展之间的矛盾。适应我国社会主要矛盾的新变化，就要在继续推动发展的基础上，着力解决好发展不平衡不充分的问题，努力追求和实现新时代中国特色社会主义的多维价值。在价值取向上，要强化社会主义核心价值观引领，加强爱国主义、集体主义、社会主义教育，发展公共文化事业，完善公共文化服务体系，不断满足人民群众多样化、多层次、多方面的精神文化需求，更好推动社会全面进步和人的全面发展。

资料来源：杨信礼．习近平新时代中国特色社会主义思想的价值取向．(2018-08-13). http://theory.people.com.cn/n1/2018/0813/c40531-30224504.html；习近平论社会主义核心价值体系．(2021-12-25). http://www.wenming.cn/sxll/lszb/202112/t20211225_6274474.shtml；张文显．社会主义核心价值观与法治建设．(2019-07-23). http://www.npc.gov.cn/npc/c35574/201907/5bda5cd42fd14bbebf48658a3c09f640.shtml.

案例分析

招商银行掌上生活 APP

很多消费者在手机内存有限的情况下，经过多次权衡，在各种 APP 反复下载、删除的循环中，还是会选择保留招商银行掌上生活 APP。为什么呢？相信很多消费者对于招商银行掌上生活 APP 每周三指定餐厅吃饭五折优惠的活动并不陌生，这个满足了消费者的饮食刚需并且在支付渠道提供大力度优惠的策略圈粉无数，为招商银行带来了不少新客户，为掌上生活 APP 带来了不少忠诚用户。因为在饭后买单时全款和打五折付款这两者之间的对比太强烈、太实在了，为此，有不少没有办招商银行信用卡的消费者会办卡；有招商银行信用卡的消费者会下载注册掌上生活 APP；已经注册的消费者会频繁使用该 APP，对这个 APP 产生黏性。

掌上生活 APP 下载用户有 4 000 万，下载到注册的转化率相当高，每日活跃用户数多，卸载率相对低。因为这个 APP 既满足了消费者关注信用卡 APP 最基本的业务功能需求，比如信用卡账单查询、还款、分期、信贷等；还有吃喝玩乐刚需的入口，比如购买电影票、吃饭优惠买单、商城购物、机票酒店等；同时还有金融、支付衍生的附加服务，比如理财服务、购买保险、生活缴费等。APP 通过信用卡基础业务功能＋吃喝玩乐的刚需入口＋金融衍生附加服务，锁定忠诚用户。

招商银行掌上生活会员积分体系中随处可见“9”。比如 9 元兑换电影票；9 积分＋39 元兑换鲜花给最爱的人；从最早的 9 积分兑换星巴克咖啡到现在的 9 积分抽星巴克饮品；9 积分试睡东方文华酒店；699 积分兑换爱奇艺月卡等。随处可见的“9”构成了招行会员体系尤其是积分兑换体系的亮点。

招商银行掌上生活积分兑换礼品的类型，除去家居、餐具、厨具、数码、运动、商旅等兑换率比较高的受消费者喜欢的实物礼品外，还有很多年轻人喜欢的虚拟礼品，比如爱奇艺视频、搜狐视频、优酷视频会员卡，咪咕阅读月卡等。虚实结合满足不同消费者的需求，同时也适时节约营销费用。

招商银行举办“荐者有份”活动，在规定时间内推荐亲友办卡可享受以下好礼：推荐1人及以上，10元抢购品牌双肩包或者10元兑换额定积分；推荐3人及以上，10元抢购品牌拉杆箱或者10元兑换额定积分；推荐6人及以上，10元抢购品牌音响、手机或者10元兑换额定积分。积分结合实物礼品的梯度推荐奖励的形式，有效激发消费者推荐的积极性，尤其是有吸引力的实用品牌礼品，相信被礼品吸引的消费者还是很多的。

▶ **讨论题**

1. 为什么不是周一到周日就餐都可以打折？为什么不是消费者可以自主选择周一到周日任意一天享受每周一次打五折的福利呢？为什么是每周三就餐五折呢？

2. 除了以上的介绍，你还能想到哪些客户价值创新的形式？

基本概念

客户感知价值（customer perceived value）

客户需要（customer need）

客户价值设计（customer value design）

客户价值组合（customer value portfolio）

思考题

1. 客户贡献价值与客户感知价值有何联系和区别？

2. 面对客户需要的新发展，企业应该如何有针对性地设计客户价值？

3. 网络服务型企业应该如何应用客户价值设计的基本框架进行客户价值组合设计？

拓展练习

假设你打算在学校附近开一家餐厅，你的目标顾客会选择怎样的群体？为了更好地服务这些群体，你可以找5～10个典型代表访谈一下他们的需求，在此基础上看看怎样设计客户价值能够让你的餐厅脱颖而出。

第7章

传递客户价值

本章要点

- 价值战略网的内涵及构建。
- 客户接触的种类及模式。
- 客户接触界面的构建。

引例

三诺生物的智慧医疗

三诺生物是全球第六大血糖仪企业、国内上市公司。作为一家以研发、生产、销售血糖仪为主的传统企业，一家已经成立15年的成熟企业，三诺是如何实现从传统营销模式中自我突破的呢？如何实现从传统营销关注渠道、关注促销到关注消费者、关注消费者沟通互动的转变的呢？

三诺生物通过“硬件＋数据＋服务”的思路布局，致力于成为中国领先的糖尿病管理专家。如何围绕消费者做服务，如何与消费者互动，有两个方面很关键：第一，产品是基石，需要提供有品质保证的硬件；第二，如何通过硬件在消费者使用的过程中产生海量的数据。血糖仪由仪器和试纸两个部分组成，每测一次血糖都需要添加一张新的试纸，所以每一张试纸就代表着一条血糖监测数据。血糖监测对于糖尿病病人来讲是一个经常需要的常规动作，也就是说他们会使用大量的试纸，对应就会生成大量的血糖监测数据，这些数据即对应了消费者的健康情况。和消费者做交互后，采集的这些数据可以构成消费者的健康档案和健康报告，基于此就可以为消费者提供更多的健康管理服务。如何保证能够准确采集这些数据非常重要，三诺分别探索了硬件和软件上的创新。在硬件设备创新中，三诺推出了一款可以通过连接网络自动回传监测数据的血糖仪设备。在软件创新中，三诺推出了微信服务平台“诺友团”，在这里糖尿病病人不仅可以上传血糖监测数据，生成健康管理档案，还可以学习、了解糖尿病知识，比如认识糖尿病、饮食知识、监测知识、并发症知识等。

三诺希望做血糖仪的普及和推动者，让消费者了解糖尿病的知识，进行糖尿病知识的教育，帮助消费者预防和管理糖尿病，从而提高消费者生活质量。在同消费者沟通方面，三诺启动了患者筛查计划，和超过万家终端药店合作进行糖尿病的筛查，深入到乡镇、深入到基层去筛查，帮助病人早预防、早发现、早就医、早治疗。三诺线下是通过药店和消费者产生交互的，这样对于合作的药店的人员就有了专业要求。三诺推出了教育专员推广计划，打造了三诺教育平台，合作的药店可以通过账号登录，按照患者筛查计划根据门店的实际情况进行试纸申领，通过教育平台可以帮助购买血糖仪的消费者上传血糖仪保修卡，同时还可以学习糖尿病相关知识。

三诺推出了便携式工具箱“三诺分钟诊所”，可以对“四高”（高尿酸、高血压、高血脂、高血糖）人群进行统一管理，多项指标检测仅需要 5 分钟，为合作的终端药店从发现用户到留存用户提供了更好、更快捷、更具性价比的工具，从而打造了一个全新的慢性病终端管理模式。“三诺分钟诊所”不仅解决了终端药店获客、留客的问题，也通过为终端药店赋能，很好地解决了三诺自身获客、留客的问题。经过几轮并购，三诺丰富了产品线，未来也可以通过这样的方式，增加交叉销售的机会。

未来三诺生物希望实现完善的糖尿病指标检测体系，构建糖尿病病人的健康大数据，并实现数据实时传输到云端，医生或者健康机构在远端即可掌握糖尿病病人的健康状况，通过远端干预，帮助糖尿病病人全面达标，实现真正意义上的智慧医疗，帮助糖尿病病人更智慧地维护健康，提高生活质量。

在当前的营销环境下，企业获取竞争优势的一个越来越重要的来源是企业为客户提供价值的方式。即便是非常理想、完美的价值组合方案设计，只有交付和传递给客户并让他们切实享受，才能真正实现它的价值，才能为企业和客户带来真实的利益。价值的交付体系以及交付过程中的所有关键时刻是客户关系管理体系中执行环节的重点，对它的忽略会使在此之前耗费的大量投入与精力付诸东流、功亏一篑。在价值交付和传递的过程中值得我们注意的是两条相互连接、彼此依托、一明一暗的主线。明线是客户接触过程，它直接影响客户的感受，是价值传递的最前沿阵地；隐藏于其后的暗线是维持整个交付传递系统正常运转的价值战略网络，它为客户接触提供后台支撑和最坚实的保障，保证价值组合方案有条不紊、高效地传递交付给客户。

第 1 节　价值战略网的构建

今天的竞争已经不再仅仅局限于单个企业之间，更多的是由企业集群组成的战略关系网络之间的竞争。企业在审视、构造自己价值链的同时，要努力寻求各种层面、各种形式的合作，编织利益共同体和稳固的关系网，扩大获利的机会，增强抗风险的能力。可以预见，随着市场竞争的加剧，市场对企业灵活性要求的增加，越来越多的企业会构建、编织以价值传递或让渡为核心的战略关系网络（也称价值战略网或价值网）。

一、价值链与价值网

价值链的概念是美国哈佛大学商学院教授迈克尔·波特（Michael Porter）在其经典著作《竞争优势》中提出来的。他认为，企业是一个通过经营流程这个链条创造价值、增加价值的实体，在这个链条上集合了设计、生产、销售、交货和对产品起辅助作用的各种活动。波特进一步将这些活动按照在某一特定行业中创造价值和产生成本的过程，分解为在战略上相互关联的9项活动，这9项价值创造活动又分为5项基础活动和4项辅助活动。

基础活动是指企业购进原材料、进行加工生产、将成品运出企业、到市场上销售、开展售后服务等依次进行的活动，即运入物流、生产操作、运出物流、市场销售与服务。具体地讲，运入物流是指与接收、储存和分配相关联的各种活动，如原材料搬运、仓储、库存控制、车辆调度和向供应商退货等。生产操作是指与将投入转化为最终产品形式相关的各种活动，如机械加工、包装、组装、设备维护、检测、印刷和各种设施管理。运出物流是指与集中、储存和将产品发送给买方有关的各种活动，如产成品库存管理、原材料搬运、送货车辆调度、订单处理和生产进度安排。市场销售是指与提供一种买方购买产品的方式和引导它们进行购买有关的各种活动，如广告、促销、销售队伍、报价、渠道选择、渠道关系和定价。服务是指与提供服务以增加或保持产品价值有关的各种活动，如安装、维修、培训、零部件供应和产品调整。

辅助活动是指通过提供采购、技术开发、人力资源管理以及各种企业范围的职能来支持基础活动的各种活动。其中，采购是指购买用于企业价值链各种投入的活动。技术开发是改善产品和工艺的各种努力。人力资源管理是指涉及所有类型人员的招聘、雇用、培训、开发和报酬的各种活动。企业基础设施由大量活动组成，包括总体管理、计划、财务、会计、法律、政府事务和质量管理。

采购、技术开发和人力资源管理都与各种具体的基础活动相联系并支持整个价值链。企业的基础设施与其他辅助活动不同，它通过整个价值链而不是单个活动起辅助作用。

通过对价值链的分析，企业可以检查出每项价值创造活动的成本和经营情况，及时准确地寻找出改进措施。同时，企业还可以通过分析竞争者的价值链来探测其经营成本和经营状况，从中找寻优胜基准和竞争优势。

不过，把企业业务流程分割为多个环节的价值链分析，并不是强调价值链只是一系列独立活动的集合。企业的成功不仅取决于单个部门、单一环节做得如何，还取决于各部门、各环节之间如何协调。

在企业里，部门利益最大化、本位主义的现象比较普遍，一些好的战略和推广计划往往因为部门间的相互推诿和不合作而搁置、流产、走样或过时。

组织行为学家和营销学家为改变这种状况，提出了许多理论观念和行动框架，如构建扁平化、学习型组织，实施项目团队管理、内部营销、全员营销等。在这里，从价值链的角度来看，我们可以通过加强核心业务的平滑管理来提高各部门、各环节的合作程度。这些核心业务包括：

(1) 新产品实现过程，包括识别、研究、发展和成功推出新产品的所有活动。

(2) 存货管理过程，涉及原材料、中间产品、产成品的存货管理的所有活动。

(3) 订单—付款过程，指从接受订单、按时送货到收取货款的全部活动。

(4) 顾客服务过程，包括帮助顾客较快在企业里找到要对接的部门，获得快速且满意的服务、答复和解决问题的办法。

以上这些活动由于涉及跨职能部门的投入和合作，而且对企业的经营发展起着至关重要的作用，所以对它们进行合理的流程规划和资源分配，可以极大地降低企业的内耗，提高企业的市场反应能力和竞争能力。

波特的价值链概念为我们提供了一个分析的起点，是企业规划流程、强化内部管理、寻找自身竞争优势的有力工具。但是事实上，每一个企业的价值链之间并不是孤立、割裂的，而是必然存在着或紧或松的某种联系。为了成功，企业必须超越自身的价值链，进入其供应商、分销商和最终顾客价值链中寻找竞争优势，组建一个稳固的价值系统，以网络而不是单个的企业对抗竞争对手。价值网实际上是企业价值链向企业外部各个方向的主动延伸。这种主动延伸的动力归根结底来源于企业的利益和发展目标（见图7-1）。

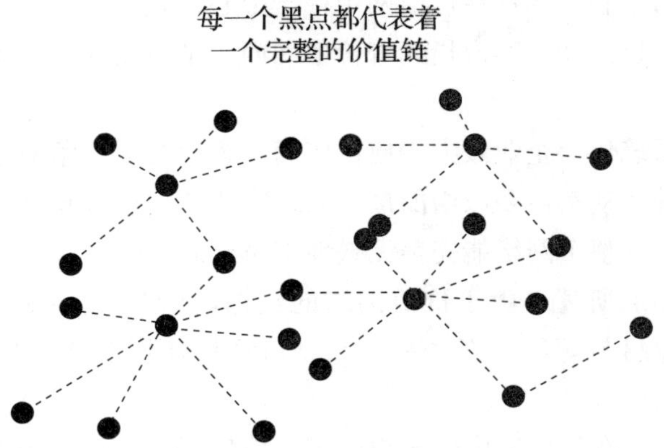

图7-1　价值网模型

客观上，通过合并、战略联盟、动态联盟、松散型合作等方式联结起来的价值链确实能够发挥一定的协同效应。这可能是由规模经济带来的扩大、加强效应，也可能是由范围经济带来的扩散、互补效应。

企业价值网中链接的对象主要包括客户、各类供应商、各类分销商和一些有重要影响的组织或中介（如金融机构），有时也包括竞争者。

供应商价值链与企业价值链之间的各种联系为企业增强其竞争优势提供了机会。例如企业的采购和内部物流活动与供应商的订单处理系统紧密结合，可以缩短企业对顾客要求的反应时间，同时缩减企业的库存成本；企业的技术开发和生产人员与供应商的应用工程人员协同工作，可以加速新产品概念的商品化、市场化。

与客户和销售渠道的各种联系与供应商的联系类似。销售渠道具有企业产品流通的价值链，企业和销售渠道价值链之间也有大量的接触点，如销售队伍、订单处理和外部物流。顾客也有价值链，这一点往往被企业忽视。一般来讲，顾客可以分为集团购买者和个体消费者。工业、商业和公用事业买方的价值链，从直观上是比较容易理解的，因为它们与企业的价值链类似；但是家庭买方、个体消费者的价值链却不是那么容易识别，然而它又是非常重要的。分解个体消费者的价值链，可以在消费者购买行为过程的框架下进行。

值得注意的是，我们所指的价值网不是某种供应链术语的翻版。传统的供应链是一种“推式”战略，首先制造产品，然后由分销渠道将产品推向市场，希望会有人来买这些产品。与此相反，价值网是由顾客开始，允许顾客自行设计产品或价值组合，然后为满足顾客实际需要而组织生产。它不只是关注供应，而是关注为顾客、企业、供应商、分销商和其他利益相关者共同创造价值；它不是按照顺序连接起来的固定链条，而是一种包含客户/供应商合作、信息交流活动的强有力的高绩效网络。它的特征包括：

（1）战略性。价值网是一种战略性的关系网络，强调长远、互利的协作，谋求共存、增值与发展。

（2）以客户为中心。客户在价值网中处于中心位置。客户的需求引发价值网中的采购、生产与交货活动，客户指挥着价值网而不是被动地接受价值网供应给他的产品。

（3）合作与系统化。企业致力于使供应商、客户甚至竞争对手构成一个唯一的增值网络，每一种活动都被委派给能最有效地完成它的合作伙伴。通过合作、广泛的交流与信息管理，整个网络能完美无缺地交付产品。

（4）敏捷。如前所述，由于价值网络的支撑，企业可以很灵活地应对需求变化、技术革新、原材料短缺、新产品上市、市场快速增长或供应商网络再造等情况，并及时地做出反应。

（5）高效共振。在价值网中，客户的需求信息不是一级一级地向上传递，而是在所有相关者间产生一种共振、联动效应。当客户提出需要时，整个价值网络就开始高效、快速地反应，订单—交货的循环十分迅速，企业能够可靠、准时、完整地将订货送到客户手中。当然，在今天，高效的反应速度离不开通畅、高效的信息流，而通畅、高效的信息流离不开信息技术和网络技术的支撑。

二、组建价值网的动因

那么，是什么驱使越来越多的企业在传递价值时要采取价值网的形式呢？究其原因，大致可以归结为三个方面。

1. 客户需求的变化

今天的顾客比以往任何时候都强调价格、速度和质量。他们的要求越来越苛刻，总希望以最低的价格获得快捷的服务和个性化的产品，但实际上，价格（或成本）、速度和质量是彼此矛盾的概念。生活节奏的加快极大地增强了人们对速度的渴望，人们希望等待获取产品和享受服务的时间越短越好，隔夜甚至立等可取（或可享受）变得更加普遍。然而，在强调速度的同时，客户并没有降低他们一贯的对质量和价格的要求，而是要求更高。一方面，他们需要专门为他们的需求而定制的、丰富多彩的综合价值组合或方案，而且希望以完美、快捷的方式传递；另一方面，他们支付的价格和其他成本不能太高。企业必须在标准化生产（可以极大地降低生产成本和价格）和定制化生产（用来满足客户个性化的需求）的矛盾中寻求平衡。企业需要寻找新的创造价值和传递价值的模式来兼顾客户对速度、质量和价格的要求。

2. 竞争环境的变化

当前全球竞争呈现的新特点可归纳为四个方面：竞争的领域日益扩大，从劳动密集型行业的竞争向高技术及资金密集型行业的竞争转化，从有形产品扩展到无形产品领域；竞争的内容日益扩大，从原来争夺市场的竞争发展到包括争夺市场、资金、技术、人才及战略伙伴在内的全面竞争，竞争策略从单纯的价格策略扩展为整合营销策略；竞争的主体发生了变化，跨国公司成为全球的竞争主角；竞争的形式发生了新的变化，从过去的“你死我活”的竞争形式演进为既竞争又联合的形式。

新产品，甚至整个市场，从出现、成熟到消失的时间越来越短，产品多样化已经达到了纷繁缭乱的程度。同时，模仿竞争迅速出现并正在影响着企业的盈利能力，原材料、资金、技术、人员、渠道、客户等，一切都变得那么稀缺宝贵，变化和不确定性主宰了整个经营环境，竞争者不得不从对抗走向合作，共同在充满风险的市场寻求生存和发展的空间。以企业间合作的传统形式——兼并为例，在全球五次较大规模的兼并浪潮中，企业兼并的规模一次比一次大，而且范围不断扩大，从最初的钢铁、铁路、冶金、纺织、汽车、石油等制造行业扩展到通信、信息、航空、金融和娱乐等服务行业。除了兼并以外，越来越多的企业开始寻求战略联盟、动态联盟（或敏捷竞争）等形式的合作，以培养新的或更大的竞争优势。

3. 技术环境的变化

企业需要通过各种形式和层次的合作来满足客户日益苛刻的需求，互联网络、宽带技术、远程通信技术、电子技术等的出现与发展，客观上为企业间组建战略性的、以客户为中心的、合作与系统化的、敏捷的、高效共振的价值网提供了保障，业务流程在信息技术和电子技术的支撑下进行着高效快速的重构、链接与重组。

三、组建价值网的基本步骤

一般来讲，企业组建价值网，至少需要经历以下几个步骤：确定远景目标；寻找合作伙伴；寻找结合点，确定链接方式；价值网试运行；价值网维护。

1. 确定远景目标

企业组建价值网的远景目标必须明确。远景目标是企业未来运作的方向，也是维系整个价值网的纽带和发展动力。一个好的远景目标将强化企业内部人员和价值网络组成成员的责任感、方向感和对自身价值及作用的认识。当然，远景目标的确立必须依赖于对客户、竞争者、企业内部运作和市场环境等的详细分析，而且不是一成不变的。远景目标中应该包含的元素有企业的战略定位和市场定位、战略规划与发展前景等。

2. 寻找合作伙伴

组建价值网的第二步就是根据企业远景目标去寻找兴趣相投、能最佳实现企业目标的合作伙伴。适当的合作伙伴至少应该具备以下三个条件：有助于企业战略远景目标的实现、可兼容、可信任。首先，合作伙伴应该拥有企业组建价值网所需要的某种资源、能力或优势，这种资源、能力或优势是企业所不具备的，或者企业表现得相对较弱，或者企业获取和发展的成本过高。其次，在操作层面上，企业与合作伙伴之间必须具有兼容的可能性。竞争者之间、实力差距较大的企业之间、实力都很弱的企业之间的兼容性很差，而强强联合则很容易成功。这种兼容需要在企业规模与实力、利益、战略、文化、道德等多个方面进行考察，不具备兼容性的企业间根本无法组建成功的价值网。最后，合作双方必须相互信任，应该选择具有良好声誉的企业作为合作伙伴，减少价值网的不确定性和风险，促进价值网稳固、健康发展。

3. 寻找结合点，确定链接方式

在确定了合作伙伴的大致范围后，可以开始分析各方的价值链，从而最终决定合作对象、结合点和链接方式。一般地讲，组建价值网的结合方向有三个：水平式、垂直式和环式（见图7-2）。水平式是同属一类产业、生产同一类产品或处于同一加工阶段、面对同一市场的企业之间的链接。垂直式是存在纵向联系，分别处于生产和流通过程的不同阶段的企业之间的链接。环式是属于不同产业但生产用途相同且具有竞争性的产品的企业之间的链接。

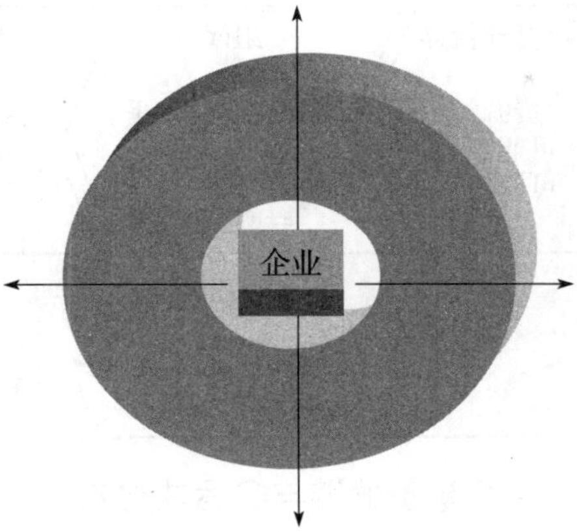

图7-2 价值网的结合方向

在链接方式上，企业既可以采取以产权为纽带的合并，也可以通过涉及股权和资源转移的战略联盟来实现，还可以采用不涉及股权和资源转移的虚拟式的敏捷企业方式。

4. 价值网试运行

在价值网初步搭建起来之后，企业可以开始进行试验性的运行，在试验中测试价值网的性能和存在的问题。在测试方面可以重点考虑的几个指标是顺畅性、灵活性和可靠性。顺畅性主要检验价值网中的信息流通、实体流通、资金流通、资源流通等是否顺畅。灵活性主要考察价值网对客户需求的共振反应能力，能否快捷高效地为客户创造价值并交付价值，能否满足客户的个性化需求，能否对需求和环境的变化及时做出反应。可靠性在于考察合作双方长期合作的诚意。这些都可以通过几次实际的客户价值传递实务来实现。

5. 价值网维护

维护价值网的健康发展，最主要的问题是如何正确处理成员各方的利益冲突。冲突是一种不相容、不一致和不协调的交互过程，它广泛存在于社会主体的内部或主体之间。价值网的成员往往由于目标不一致、信息和认识上的差异、缺乏有效的沟通、文化上的差异、评价和补偿机制不合理等因素存在不同程度的冲突。面对冲突，企业首先应该树立积极的冲突观。尽管冲突有负面作用，但是冲突也是促进网络发展、变革、重组的根本动力。冲突一般具有三个建设性的功能：（1）凝聚功能。通过冲突、矛盾和斗争有助于消除分歧、统一认识、协调行动，并增强成员的归属感。（2）认知功能。通过对冲突的观察能够发现更多深层次的问题，为组织（网络）的良性运转提供预警。（3）激活功能。有建设性的创意、信念和现有的观念、方法以及习惯的冲突对于保持组织活力、不断创新有着积极的意义。企业可以在充分沟通的基础上，采取协商、调解、仲裁或寻求外部意见的方式，合理处理冲突和矛盾，维护、发展、变革或重组价值网络。

图7-3总结了价值网构建的流程。

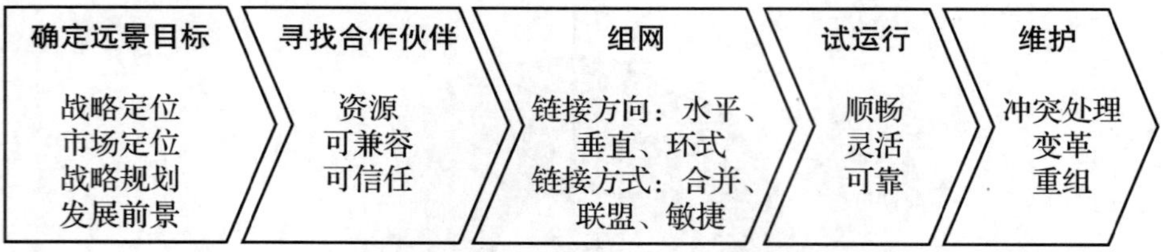

图7-3　价值网构建流程

思政专栏

全球价值链与命运共同体

人类是一个整体，地球是一个家园。世界经济分工由工业化早期基于要素禀赋进行资源配置的产业间分工，逐步转变为以垂直专业化、片段化生产、中间品贸易为主要特征的产品内分工，或称价值链分工。随着信息化的深入发展，人类社会联系更加紧密，经济全球化趋势日益明显。在经济全球化时代，各国的发展环环相扣，一荣俱荣，一损俱损。各国相互联系、相互依存的程度加深，越来越成为你中有我、我中有你的命运共同体。任何人、任何国家都无法独善其身。推动构建人类命运共同体，不是以一种制度代替另一种制度，不是以一种文明代替另一种文明，而是不同社会制度、不同意识形态、不同历史文化、不同发展水平的国家在国际事务中利益共生、权利共享、责任共担，形成共建美好世界的最大公约数。

习近平主席在二十国集团领导人峰会第一阶段会议上指出，人类发展进步大潮滚滚向前，世界经济时有波折起伏，但各国走向开放、走向融合的大趋势没有改变。产业链、价值链、供应链不断延伸和拓展，带动了生产要素全球流动，助力数十亿人口脱贫致富。各国相互协作、优势互补是生产力发展的客观要求，也代表着生产关系演变的前进方向。在这一进程中，各国逐渐形成利益共同体、责任共同体、命运共同体。无论前途是晴是雨，携手合作、互利共赢是唯一正确选择。这既是经济规律使然，也符合人类社会发展的历史逻辑。我们要以人类命运共同体理念为指导，大力推进贸易和投资自由化、便利化，进行国际分工体系和全球价值链优化重塑，坚定不移推动经济全球化朝着开放、包容、普惠、平衡、共赢的方向发展。

资料来源：习近平谈构建人类命运共同体.（2022-02-16）. http://www.dangjian.cn/shouye/dangjianyaowen/202202/t20220216_6296035.shtml；李岫．站在历史正确的一边 推动构建人类命运共同体.（2020-10-14）. https://www.12371.cn/2021/12/08/ARTI1638918421534281.shtml；王香平．构建人类命运共同体的深层逻辑.（2021-05-17）. https://www.dswxyjy.org.cn/n1/2021/0517/c428053-32105410.html.

第2节　客户接触界面的构建

价值网的构建为企业快速应对客户的需求与变化奠定了坚实的基础。但是，客户往往直接接触的并不是隐藏在供应链条中的价值网，能给他们直接感受的是营业员、接线员、客户经理、语言、文字、环境等编织而成的接触界面。客户价值的创造和交付能否成功，往往取决于客户与企业直接相互作用的这一段时间，取决于企业“临门一脚”的功夫。

一、客户接触方式的种类

随着技术的发展和竞争的加剧，企业与客户接触的方式越来越多，从最初的面对面的接触、信笺到现在的专业网站、电子邮件等，极大地扩展和方便了企业与客户的接触和联系，但同时也给客户接触界面的管理与整合带来了一定的难度。企业如何在众多的接触方式中选择最优的组合，成为企业获得客户满意、获取竞争优势的一个重要源泉。

一般来讲，企业与客户的接触方式有两种类型：人员接触和非人员接触。人员接触还可以分为直接人员接触和间接人员接触两种。

1. 直接人员接触

直接人员接触是指客户与企业的工作人员进行面对面的接触和交流。直接人员接触有两种形式，一是工作现场接触，二是外出接触。工作现场接触一般是客户直接来到企业的工作场所与企业的专职接待人员或相关负责人员进行接触和交流，这些接待人员或相关负责人员包括柜台服务员、大堂经理、咨询人员和其他专职服务人员等。比如客户到商场去购物、到餐厅吃饭、到银行储蓄、到机场坐飞机等，都属于工作现场接触。工作现场接触是最原始的接触方式，也一直是企业与客户接触的主要形式之一。随着市场环境的变化，坐等顾客上门的接触方式已经不能满足企业间竞争的需要，方便客户、主动上门为客户提供服务的接触方式成为一种流行。许多行业已经以这种外出的接触方式为传递价值的主要形式。例如一些保险公司、销售公司的业务销售人员，他们将与客户接触的现场从企业的工作场所挪到客户方便的地方——客户的家里、客户的工作场所、客户娱乐的地方等。客户经理也是这种外出接触的主要表现形式，越来越多的企业实行客户经理制，为大客户配备了专门的接触人员（一般称为客户经理），主动上门为客户提供各种业务服务。不过，尽管外出接触的方式越来越普及，但迄今为止，工作现场接触仍然是主要的直接人员接触方式，这可能跟人们的习惯有关，许多人仍然喜欢到企业的工作场所与企业的工作人员进行直接接触，他们有时也把这种直接接触作为消费内容中不可缺少的部分。

在直接人员接触中，一线人员的表现至关重要。他们的外在形象和前后一致的言行，对客户价值的良好实现具有重要的决定意义。

2. 间接人员接触

间接人员接触主要由口头交流组成，虽然客户与企业的员工打交道，但不是面对面地交往。电话接触是间接接触的典型代表。一些信息服务类的企业通过电话的方式将它们的产品（信息、服务和知识）传递给客户。而一些传统企业也开始通过电话接线员回答客户的各种问题、接受客户的投诉、办理相关业务。银行开通的电话银行业务可以让客户通过电话发出转账、汇兑等指令来完成相关业务，证券公司的客户可以通过电话向经纪人发出买进和卖出的指令，移动通信公司的客户可以通过免费专线电话完成开机、停机、开通国际直拨、查询话费等活动。这些活动的开展和完成都不需要客户亲自来到企业的工作场所，为客户节省了大量的时间成本和精力成本，极大地满足了客户对方便的需求。

3. 非人员接触

随着技术的发展和人力成本的提高，非人员接触逐渐成为企业传递客户价值的一种重要方式。非人员接触不涉及人员交往，或者人员交往间接发生。在整个接触过程中，没有口头声音的出现，更没有人与人面对面的接触，完全是通过文字、符号、技术（机器）等来实现。邮件是非人员接触中比较古老的一种方式，在今天，仍然有一些企业通过目录交易的方式来实现销售目的，它们将产品目录和产品介绍书邮寄给客户，在确认客户的购买意图后，又通过邮寄的方式将产品送抵客户指定的地方。信用卡、自动取款机和自动售货机等也属于非人员接触，互联网络的出现与普及更是为非人员接触提供了极大的便利。在非人员接触中，由于客户的全部接触都发生在管理者的权限之外，显然每一个细节都应该精心设计，以确保操作无误、快捷方便。

以上几种接触方式各有利弊，企业可以根据客户的需要和自身的情况来合理组织与搭配。

从质量控制的角度来看，工作现场接触相对而言是最可控的，间接人员接触其次，外出接触的可控性较差，非人员接触最差。

从成本的角度来看，直接人员接触的成本可能最高，间接人员接触的成本较低，非人员接触在人力资本日益昂贵的今天显得最便宜。

从获取信息的角度来看，直接人员接触由于是面对面地与客户进行交流，所以可以全面准确掌握客户的各种需求、反应和心理，可以较深入地与客户进行交流。间接人员接触由于缺乏面对面的交流，不能了解客户的表情，只能根据客户的声音来揣摩客户的心理，信息的虚假、错误成分要多一些。非人员接触有时根本无法获得客户心理特征方面的信息，只能根据客户的行为特征来辨别客户的需求偏好和习惯，信息反馈的速度和准确性比较差。

从顾客价值感知程度的角度来看，各种接触方式之间不存在可比性，不存在谁优谁劣的比较，因为不同的接触方式满足的需求不同。工作现场接触更多的是满足顾客对体验和安全等的需求，外出接触满足顾客对方便和尊重等的需求，间接人员接触满足顾客对便利和快速等的需求，非人员接触则满足顾客对简捷、时尚、求新等的需求。

表 7－1 扼要地对几种接触方式进行了比较。

表 7－1　不同接触方式之间的比较

比较项目	工作现场接触	外出接触	间接人员接触	非人员接触
可控性	4	2	3	1
成本	4	3	2	1
获取有效信息	3	4	2	1
价值感知	体验、安全	方便、尊重	便利、快速	简捷、时尚、新颖

说明：比较是按照从大到小、从高到低、从多到少的顺序排列的，4 表示最大、最高、最多。

二、客户接触模式

客户接触模式是企业对不同客户接触方式的组合。选择不同的客户接触模式，就会在接触界面、组织形式上出现较大的差异。在现实企业运作的过程中，常见的接触模式有三种。

1. 直接接触模式

直接接触模式是以企业与客户进行直接人员接触为主，它是许多传统企业采用的一种模式，尤其是传统的工业企业和服务企业，如钢铁制造企业、重型机械制造企业、百货商店、餐饮店、运输企业等。在这种模式下，企业一般通过销售人员、服务人员或代表（或客户经理）来实现与客户的接触，实现客户价值的交付。这种接触模式的企业组织结构往往是层级式或金字塔式，以部门职能来界定企业的接触界面。图 7－4 以一个虚拟的移动通信企业来简单描述直接接触模式的企业组织结构。在直接接触模式下，只有移动通信公司营业厅的营业员和客户经理成为企业与客户接触并传递客户价值的唯一渠道。

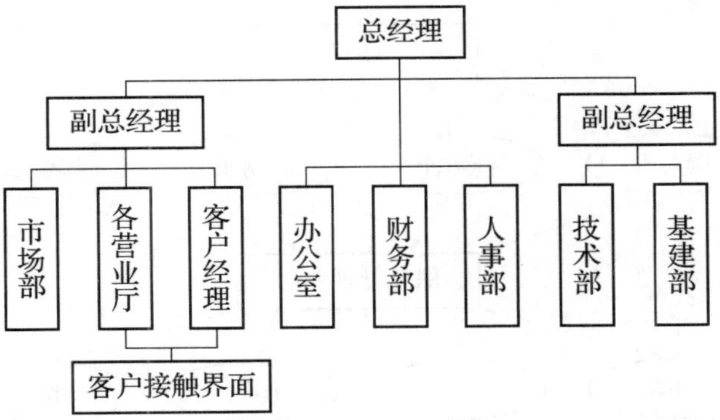

图 7－4　直接接触模式的企业组织结构简图

2. 间接接触模式

间接接触模式是以企业与客户进行间接人员接触或非人员接触为主，它往往是一些新兴的服务行业乐于采用的一种接触模式。比如邮寄公司、网上商店、网络银行、网上证券公司等，这些企业仅仅依托电话、传真、网络和其他机器或仪器与客户进行交流和接触，并通过第三方或直接通过仪器将价值传递给客户。一些传统的企业也开始效仿间接接触模式的做法，纷纷开通免费电话和呼叫中心，建立自己的网站、企业公众号，并与客户信息库连接起来，对客户的相关需求进行快速的反应。在间接接触模式下，企业的组织结构既可以是直线型的，也可以是扁平化的。同样以虚拟的移动通信企业为例（见图7-5），企业为适应市场环境的变化，纷纷建立了自己的呼叫中心、短信营业厅和APP或公众号，通过电话、手机短信或信息等发送指令来完成诸如开机、停机、开通国际直拨等业务。

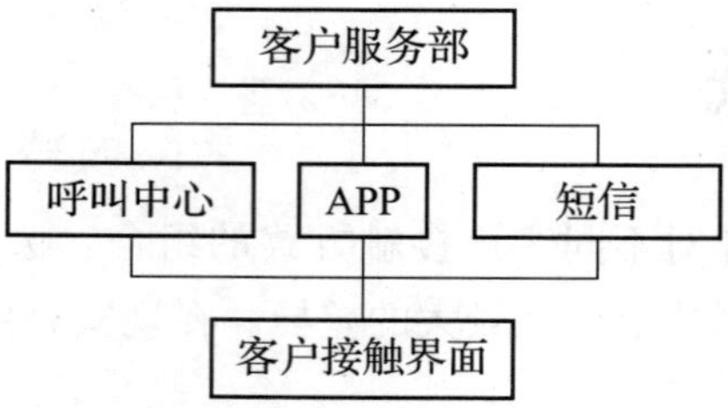

图7-5　间接接触模式的企业组织结构简图

3. 全面接触模式

全面接触模式是受到全员营销思想的影响而形成的，它将企业所有的工作人员都视为企业的客户接触界面，它是任务导向型，而不是部门导向型的。它所努力营造的是：给予客户最大的方便。当客户有需要时，无须找到专职的接触人员（营业员、客户经理、接线员等）或专门的接触渠道，只要与企业中的任何一个人取得联系，就可以获得他所需要的产品、服务或其他提供物。很明显，这种接触模式下的企业必然是一种扁平化的组织结构，动态的团队式合作是常见的工作方式（见图7-6）。

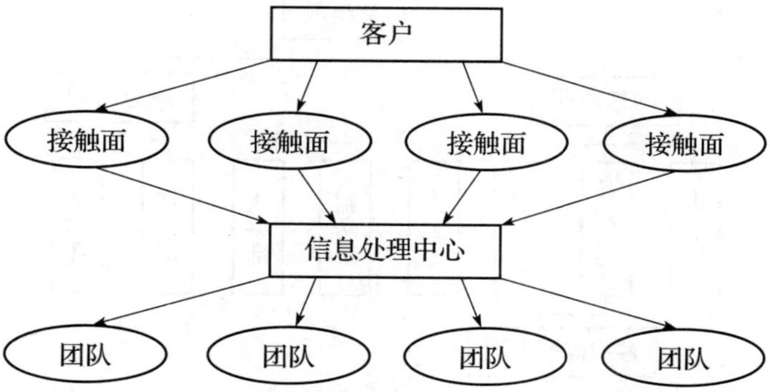

图7-6　全面接触模式的企业组织结构简图

三、客户接触界面构建的步骤

企业在构建客户接触界面时，一般经过以下几个步骤：

1. 确定接触方式与模式

企业在选择客户接触的方式与模式时，应该考虑三个方面的因素：客户的需要、客户的价值和自身组织结构的特点。如前所述，工作现场接触更多的是满足顾客对体验和安全等的需求，外出接触满足顾客对方便和尊重等的需求，间接人员接触满足顾客对便利和快速等的需求，非人员接触则满足顾客对简捷、时尚、求新等的需求。客户的需要是企业选择接触模式的首要因素。当然，企业也必须同时考虑各种接触方式的成本以及客户对企业的利润贡献。高成本、细致周到的客户接触方式适用于高价值的客户，如外出接触中的客户经理等；而低成本、粗略的客户接触方式适用于低价值的客户，如非人员接触中的自动取款机、自动售货机等。这样才能实现客户关系管理的商业化目的。不同的接触模式需要不同的组织结构。并不是所有长期看来对组织有利的事物都会获得组织所有成员（或权威成员）的认可，组织结构的变迁是最容易受到组织成员抵制的一项工程。企业在选择客户接触模式时，还必须考虑企业现有的组织结构特点，估计客户接触模式与现存组织结构的兼容性，估计改革的成本与必要性。

2. 组织技术支持

不同的接触方式和模式需要不同的技术支持，直接人员接触需要营造工作环境、招收工作人员等，非人员接触则需要购置、安装相关仪器、机器和设施，对于间接人员接触，以上则可能都需要准备。

3. 确定接触部门和支持部门

根据接触方式和模式的规定，企业可以很容易地确定出企业的哪些部门和人员将成为客户的接触界面。在前面的移动通信企业的例子中，直接接触模式中的营业场所和客户经理是企业的主要接触界面，间接接触模式中的呼叫中心和短信营业厅是企业的主要接触界面，全面接触模式中处处都是企业接触客户的界面。在确定接触部门的同时，企业必须将相关的支持部门勾勒出来，确定接触界面和它们的关系和链接点，确保接触界面与价值网的整合。

4. 定岗定职

职责不清、互相推诿，是客户接触中最大的忌讳，一般会严重影响企业传递价值的效率和客户满意的程度。岗位是连接接触界面的节点，而职责规定和行为规范是确保岗位保质保量发挥作用的根本保证。

5. 绘制接触界面流程图

在明确了接触界面、后台支持以及相互的关系、岗位与职责等问题后，企业应该运用相关的图形技术将接触界面流程清晰地绘制出来，便于接触人员和客户按图索骥。

图7－7简要总结了以上提到的几个步骤。

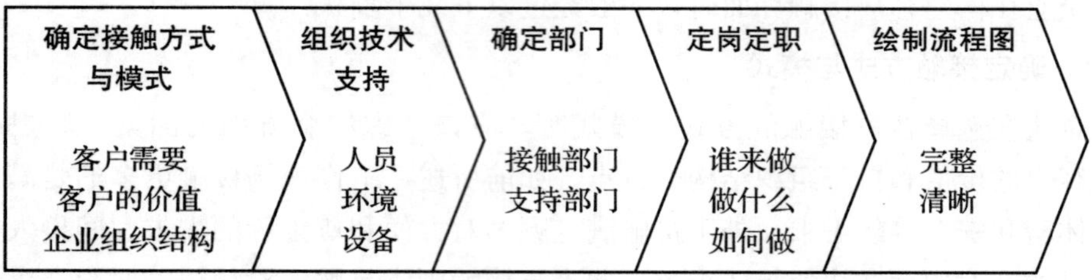

图7－7 客户接触界面构建流程

案例分析

生鲜电商的服务创新

2020年以来，生鲜电商企业因具有刚需、高频、客户黏性强的特性而备受投资市场青睐，生鲜电商行业加速跑马圈地，但盈利模式待解，尚处于培养市场和教育消费习惯的阶段。受疫情影响，越来越多的人在网上买菜，生鲜电商龙头企业加速扩张，一些企业脱颖而出，叮咚买菜、每日优鲜就是其中的代表。

叮咚买菜（以下简称“叮咚”）是一款自营生鲜平台及提供配送服务的生活服务类APP。开设社区前置仓，为前置仓周边1～3公里的居民提供“线上下单＋最快29分钟送菜到家”的食材解决方案。叮咚提供蔬菜、水果、肉禽蛋、水产海鲜、米面粮油、休闲食品等，下单后最快可29分钟送达。当你准备做饭时，突然发现酱油没有了，葱姜蒜调料也没有了，又不想花时间为此换掉家居服专门出门购买，这时候叮咚是一个不错的选择。在你洗菜备菜的时候，酱油和调料送到。消费者购买活鱼、生蚝等，下单时可以选择杀好、去内脏，极大程度上方便了消费者。购买活虾时，叮咚会在配送袋子里放水、放冰块，尽可能保证配送到消费者的手中还是活蹦乱跳的虾。叮咚将易碎的商品用红色袋子配送，比如消费者购买了鸡蛋或者瓶装酒水。叮咚配送员拿到手里时会很清楚地知道哪个袋子里是易碎的商品，配送时需要格外留意，同时消费者接到手时也会更加注意。

每日优鲜同样是生鲜电商平台，覆盖了水果蔬菜、海鲜肉禽、牛奶零食等，每日优鲜在主要城市建立起“城市分选中心＋社区前置仓”的冷链物流体系，为用户提供生鲜产品“1小时送货上门”的配送服务。依托既有供应链和物流体系，每日优鲜还孵化了无人货架项目“便利购”，主打办公室场景，提供常温货柜和冷藏货柜，经营水果、零食、饮料等。便利购与每日优鲜在供应链、物流、用户等多维度都是打通的。依托于每日优鲜的前置仓，便利购可以提供水果等生鲜产品，这也是便利购的一个特色。办公室的早餐刚需场景、下午茶休闲场景一直存在，来不及吃早饭是很多打工人的痛点，下午工作间隙有一个短暂的休闲时光也是很多打工人的向往。办公室无人零售正被赋予新的意义。在工作场所，尤其是年轻人居多的公司配备无人货柜，扫描货柜对应的二维码，下单移动支付，即可拿走心仪的零食，这一切可以在工位旁边实现，不用再像过去，下楼去便利店解决，或者组织大家一起购买下午茶外卖。这种便捷的模式广受欢迎。

▶ 讨论题

1. 决定生鲜电商服务系统能否高效运转的最关键因素是什么？
2. 生鲜电商公司如何加强和上下游公司之间的关系？
3. 在这个系统中，谁应该占据主动权？

基本概念

价值链（value chain）

价值网（value network）

接触界面（interface）

人员接触（personal contact）

非人员接触（impersonal contact）

思考题

1. 价值链与价值网的联系与区别何在？
2. 构建价值网的关键因素是什么？
3. 如何确定合适的客户接触模式？

拓展练习

请查阅一家你关注的上市公司的网站和年报，找出其主要合作伙伴，包括上游的供应商、下游的渠道商与客户，还有其他中介服务机构，用价值网的形式把彼此的关系呈现出来。

第8章

客户周期管理

本章要点

- 客户获取的定义。
- 客户获取的战略流程。
- 客户获取绩效的评价指标体系。
- 客户保持的策略与客户开发的流程。
- 客户保持绩效的评估指标体系。
- 流失客户的管理步骤。

引例

开市客的会员制

开市客（Costco）是一家连锁会员制仓储超市，在全世界范围内经营超过700家卖场，拥有会员卡的人数累计超过1亿。超市内售卖的商品力求为低价格高品质的品牌商品。商品以大包装规格为主，在降低供应链运营成本的同时，可以用更低的价格回馈消费者。超市内会售卖有特色的进口商品，以增加商品的变化性来吸引消费者。在商品选择上，开市客采取了精选SKU（最小存货单位）策略，有不到4 000个SKU（仅为同类连锁会员制超市SKU的1/10左右），商品涉及范围为会员日常生活所需，属于前置仓模式，在提高单个SKU流转速度和议价能力的同时，可以减轻库存压力。开市客规定所有商品的毛利率不超过14%，低于一般超市的毛利率（15%～25%）。开市客过去只偏向售卖盒装或箱装的商品，只需拆开包装就能上架，现在售卖的种类更加丰富，如蔬果、肉类、乳制品、海鲜、烘焙食物、花卉、服饰、书籍、家用电器、酒类等等，以满足会员日常生活所需。许多分店还设置汽车维修站、照片冲洗店和加油站等，用以满足会员一站式生活所需。

不同于传统商超，开市客采取了会员制的方式，用户需要提前支付会员费成为会员，只有会员或有会员陪同的家人、朋友，才可以进店购物。开市客的会员分为面向个人消费的个人会员和面向企业采购的企业会员，年费都为60美元。开市客的服务对象主要是家庭收入达到中等收入水平的消费者和中小型的企业客户。会员卡可以在全球任何一家开市客卖场中使用。在会员卡有效期限内的任何时候，消费者如果不满意，可以取消会员卡，开市客会全额退还会员费。开市客也不再采取传统零售商赚差价的模式，而是以会员年费作为核心收入来源之一。开市客会员每年都需要交纳会员费，会员费能帮助开市客减少许多营运成本，使得商品的价格整体来说都较其他竞争者偏低，因此可以创造更多的价值回馈给会员，以尽可能的低价格提供给会员高品质的品牌商品，然后通过低价格高品质的商品再去吸引更多的用户付费成为会员。付费会员的忠诚度较高，流失率相对低。开市客的用户黏性比较强，会员卡续卡率常年维持在约 90%。会员制模式让开市客可以把资源集中服务于小部分人群，从而降低了用户服务成本。付费会员体系一定要精心设计相关的会员专享权益，比如专享价格、专享折扣、专享商品、专享服务等等，从而保证付费会员的到店购买频次和单次购买金额。一旦付费购买了会员，很多消费者会有一种心态，就是花了的钱一定要赚回来，不然就亏了。因此，消费者会更频繁到店，每次到店会购买更多的商品。消费者越是多次到店购买更多的商品，越感觉省得多，从而深度绑定会员，提升会员忠诚度。开市客也会尽可能地提供给会员更多的免费服务，例如免费轮胎安装服务、免费视力检查/镜架调整服务等等。

分析客户的贡献价值，并为客户设计和传递价值，是一个长期持续的过程。在这个过程中，客户与企业的关系是逐步发展起来的，由陌生、熟悉、亲密到无法分离。企业应该充分认识不同阶段的差异，有针对性地制定关系策略，稳步推进客户关系朝高层次迈进；同时注意不同阶段之间的紧密衔接和客户关系管理政策的一致性，互相呼应，平稳过渡。一般而言，客户周期管理包括客户获取、客户保持与开发以及客户流失等方面的内容。

第 1 节　客户获取管理

关系营销理论的兴起将企业关注的焦点从吸引新客户转移到保持已有客户上，但它并没有抹杀获取新客户的重要性。许多关系营销理论的先驱和权威都将顾客获取与顾客保持视为企业营销活动中不可偏颇、紧密相连、浑然一体的两个环节。所以问题的关键不在于孰轻孰重，而是如何将顾客获取与顾客保持有机地联系起来，为企业构造连贯、系统的顾客政策。客户获取管理是客户周期管理的第一个阶段，企业在客户关系的初始阶段贯彻客户关系管理理念的精髓，将会为实现客户资产最大化奠定良好基础。

一、客户获取的定义

怎样界定企业已经成功地获取了一位新顾客呢？对这个看似简单的问题的回答揭示了不同的营销哲学理念。现实中存在两种截然不同的界定视角：交易观和过程观。前者认为当顾客发生第一次购买行为时，该顾客即被视为已经获得。这种观念似乎已经成为一种共识。过程观则提出了不同的标准，它认为只有当顾客发生第一次再购买行为时，该顾客才能被视为已经获得。很明显，过程观是按照一个完整的消费者购买决策流程来界定顾客获取，是从关系发展的角度来开展顾客获取活动。在过程观念的指引下，企业衡量顾客获取部门的业绩是以顾客再一次购买的情况为标准，这就迫使其必须在与顾客接触的初始阶段就要从关系营销的角度出发，必然将顾客获取与保持联系起来，考虑顾客获取活动对顾客保持效果的影响。从理论上来讲，过程观也使得顾客获取与顾客保持两个阶段非常紧密地衔接起来，顾客发生第一次再购买活动之后，就进入了顾客保持阶段，即顾客保持开始于顾客获取结束之时。表8－1分析了两种界定视角的区别。

表8－1　交易观与过程观的区别

视角	成功获取的时点	关注的焦点	与顾客保持的衔接	对待顾客的态度
交易观	发生第一次购买	购买阶段	出现断层	短期、一锤子买卖
过程观	发生第一次再购买	购买决策过程	紧密相连	发展长期关系

由于顾客获取活动发生在企业与顾客主动接触的初始阶段，自然在影响顾客初始印象、体验与预期等方面意义重大，也直接影响到企业与顾客关系的发展以及顾客保持成功的概率。即使是保持率非常高的公司也必须不断获取新的顾客，顾客获取越多，顾客资源库越大，顾客保持的基础则越充实；顾客获取质量越高，获取活动越有针对性，关系与销售增进的可能性则越强。

二、客户获取战略规划

从战略规划的层面考虑顾客获取的流程，可以优化获取效率和效果，明确责任与成绩，找出差距与问题，为培养长期忠诚顾客奠定良好基础。科学可行的获取战略流程必须具备以下特征：（1）闭合性。这是战略流程的一般特性，流程必须是首尾相连的闭环，保证战略可以持续不断地执行，而且本次流程的运行结果将成为下次决策制定的前提和基础。（2）内敛性。必须突出顾客获取环节的特性，与顾客保持环节有所区别；而且各个环节之间紧密联系，不会在实际运作中出现断层和真空地带。（3）外延性。必须与顾客保持以及企业整体的客户关系管理体系整合在一起，共同实现顾客资产最大化的目标。

基于以上考虑，顾客获取的战略流程可以分为以下四个步骤：根据相关的信息确定潜在的获取目标范围，并评估这些目标的价值潜力；根据企业资源和能力选择最优的获取战略；从建立长期关系的角度出发设计获取组合策略；执行方案并对获取效果进行评估（见图8－1）。

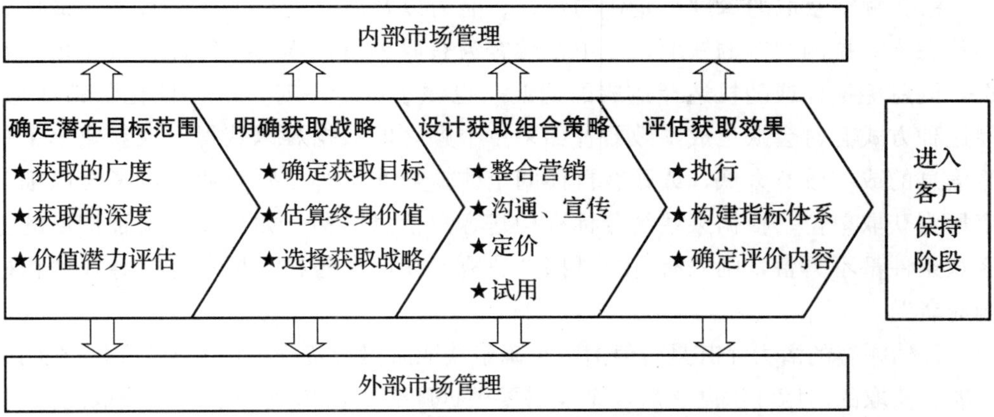

图8-1　关系营销框架下的顾客获取战略流程

1. 确定潜在目标范围

潜在目标顾客的广度与企业的战略发展方向紧密相关。根据产品与市场两个维度，我们可以将企业的战略发展方向划分为市场渗透、产品开发、市场开发与多元化四种（见表8-2）。很明显，市场渗透与产品开发都是在现有市场上拓展业务，所以潜在目标顾客局限于与现有顾客具有相似特征的群体或个人，企业可以充分利用客户数据库进行有针对性的发放传单、广告宣传、派发样品和其他跟进活动。不过二者的侧重点或着力点应有所不同。市场渗透由于是在现有产品上做文章，所以需要充分发挥现有顾客的忠诚效应和正面口碑效应，将现有顾客的消费体验作为吸引新客户的有力诱因。而产品开发，由于有了产品性能或特征方面的革新，所以与原有产品的显著差异可以成为吸引新客户的最佳诱因。市场开发与多元化，由于要进入新的市场区域，原有客户数据库不一定具有借鉴意义，而搜集潜在顾客的人口统计特征、行为特征、购买习惯和财务状况等方面的信息存在一定的难度，所以获取活动的针对性和效率相应降低。如果企业面对庞大的潜在顾客群体，则可以在顾客细分的基础上，在每个顾客群体中选取适量的样本对象进行获取测试，根据样本反映的结果来确定整个群体的获取力度。市场开发战略除了可以运用现有顾客的体验作为获取新顾客的诱因外，还可以重点强调企业为新的市场区域所做出的适应性或定制化调整，以显示企业对新市场区域的足够重视。多元化战略吸引新顾客的有力工具来源于企业自身或其品牌（当使用品牌延伸策略时）的魅力。

表8-2　获取广度与战略发展方向

战略发展方向	获取广度	获取的最佳诱因
市场渗透	现有市场	现有顾客的消费体验、态度和情感
产品开发		新产品的独特特征、效用与感受
市场开发	新的市场区域	定制化或适应性
多元化		企业或品牌的魅力特性

潜在顾客获取的深度与企业的资源、能力以及所处的市场环境有关。最理想的状态是“拉网式”的获取，以单个顾客为获取单位，逐一进行评估、比较、甄选，既避免抽样或随机选择造成的遗漏，也便于进行一对一的个性化营销活动。但这种方式有时会缺乏成本效益。如果单个顾客的数据难以获得，或获取单个顾客信息的成本效益太低，或顾客群体间个体差异非常小，则企业可以考虑以细分市场为获取单位，根据某些细分标准构建客户信息结构。如果以上两种情形的主客观条件都不具备，则只有进行试探性获取，在广大潜在目标顾客中寻找“积极响应者”。

评估顾客的潜力尤其是价值潜力是确定获取阶段投资规模的主要依据。在明确了顾客获取的广度和深度之后，企业需要根据顾客的潜力进一步缩小获取的范围。这里顾客的潜力主要包括支付能力和购买倾向，我们可以通过层层分析一些与收入和支出相关的指标来预测顾客的价值潜力。如表8-3所示，这些指标包括收入、可支配收入、可任意支配收入、需要类别支出比例、产品类别支出比例、企业支出比例和品牌支出比例。收入是最原始的依据，一般而言，收入越高，支付能力越强；不过要考虑税收和强制性或义务性费用扣缴的因素，因为这个部分个人无法支配，不能用于消费。余下的可支配收入中，有一部分必须根据业已存在的契约如期支付出去，如住房与汽车贷款的偿还、保险费的交纳、教育基金的储蓄等，剩余的可任意支配的部分才是一般消费型企业争夺的焦点。但是，并不是说潜在顾客的可任意支配收入越高，其获取潜力越大，其购买某一品牌的倾向越强，中间可能会经历不同需要、不同产品类别、不同企业和不同品牌之间的竞争，最后分配的结果才是企业某一品牌的顾客价值潜力。不过企业也不能局限于当前的收入状况和支出比例，可以考虑是否存在通过调整竞争策略来扩大顾客价值潜力的可能，从长远的角度考察顾客价值的潜力。

表8-3 顾客价值潜力评估与提升

价值潜力评价指标	竞争的类型	提升潜力的途径
收入	—	扶持企业客户发展
可支配收入	—	—
可任意支配收入	契约之间的竞争	签订固定契约，开发时间产品
需要类别支出比例	需要类别之间的竞争	突出特定需要的重要性
产品类别支出比例	产品类别之间的竞争	突出行业的特色
企业支出比例	企业之间的竞争	提升企业的竞争力
品牌支出比例	品牌之间的竞争	扩大品牌的知名度、美誉度

2. 明确获取战略

量化顾客获取目标，是每一个企业市场部门必做的事情，因为它直接关系到企业的市场占有率、市场地位甚至战略性竞争优势。这些数字、比率和指标也是导致企业营销部门急功近利的主要原因。应该根据企业发展的规划以及市场发展的趋势来合理确定新增顾客的规模，并且将顾客获取数量与顾客保持状况结合起来，详细评估顾客获取的质量水平。

顾客获取战略选择的基础是顾客终身价值的大小与构成。顾客终身价值综合考虑了顾客未来的利润贡献、资金的时间价值、预期的投资报酬率、关系期限以及投资风险等因素。一个基本的前提是：只要顾客的终身价值为正值，该客户就值得获取。一般而言，潜在顾客的终身价值（或者其保持收益）越大，获取的投入也应该越大；在顾客终身价值一致时，贡献利润主要集中在关系时限前期的顾客，其获取力度应该高于贡献利润集中在关系时限后期的顾客，因为前者的获取投资回收的风险较小。

未来收益高，而且在关系交往的前期就可以收回大部分获取投资，这种类型的顾客要全力获取。而未来收益高但获取投资回收期长的顾客，企业需要适当削减顾客获取投资，转入顾客保持工作中，增强顾客的忠诚感，避免因顾客流失而导致投资无法收回的损失。此时在顾客获取阶段的投资越大，未来的风险则越高。对于未来收益低但投资回收期短的顾客，企业基本可以采取灵活、放任的态度，不需要进行大规模的获取活动，根据市场和企业竞争的需要适当出击，获取投资不宜太高。对于保持收益低且投资回收期长的顾客，需要在分析的基础上进行重组，如果有可能通过竞争策略调整提高顾客的终身价值，则可以采取细水长流的获取战略，否则放弃获取（见图 8－2）。

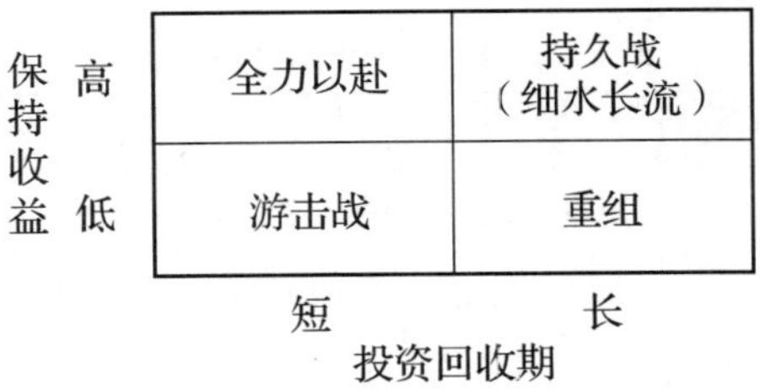

图 8－2　基于顾客终身价值的获取战略选择

3. 设计获取组合策略

在具体设计顾客获取策略时，除了需要在整合营销传播的框架内进行规划，还有一条必须时刻牢记的原则：获取策略必须考虑对顾客保持的影响。

夸大的宣传对顾客获取有利，但对顾客保持有害。沟通、宣传活动对顾客的预期、体验以及随后的满意度产生直接的影响。有些企业追求短期利益，在顾客获取阶段乐于夸大产品的性能和功效，添加根本不存在的特征，或进行概念炒作，大肆宣传无关紧要的产品新意，尽管吸引了许多新顾客，但无疑为今后的顾客保持工作带来极大的隐患，顾客的抱怨、投诉、不满、流失，都在产品使用之后随之而来，企业需要花费更多的资源去处理这些状况，以维持顾客持续交易，有时还会承担损害商誉的风险。

顾客获取阶段的定价不一定要与顾客保持阶段维持在同一水平。企业既可以在产品导入市场的初期采取低价渗透的策略，待到获得一定的市场地位和市场认可后再适当提升价位；也可以一开始就确定高价格的撇脂策略，等到赚取足够的利润之后再降低价位、清空库存。决策的关键是两种策略使用的最佳时机。如果顾客关注企业未来在保持方面的投入，看重未来的增值服务，有可能成为忠诚型客户，获取阶段的定价可以适当调低，以低价吸引潜在顾客购买和使用，随着服务项目的增加和服务质量的提升而调高价格。如果预计顾客在未来对价格会越来越敏感，或者产品更新换代的速度较快，产品生命周期较短，可以考虑在获取阶段采取高价策略，在保持阶段逐渐调低价位。

产品试用也是获取顾客的一个有效途径。不仅食品、饮料、服务这些日常消费品可以通过免费试吃、试饮、试用来吸引潜在顾客尝试，为购买奠定基础，而且住房、汽车等耐用品也可以通过参观、试住、试驾来获取初次体验。试用同样会对顾客的预期、体验以及满意度产生直接的影响，企业需要注意试用体验与实际使用体验的一致性，如果试用环境与实际使用环境存在较大的差异，必要时应该提醒和告知消费者，帮助其调整预期到合理的水平。

4. 评估获取效果

如表8-4所示，完整的获取绩效评价指标体系应该包括获取的数量、获取率、获取成本、全部新客户投资额、获取成本在获取资产中的比重、全部新客户投资在销售收入与利润中的比重、获取资产①在顾客终身价值中的比重等。

表8-4 获取绩效评价指标体系

获取绩效评价指标	评价内容
获取的数量	衡量获取活动的效果以及是否达到企业预定的获取目标
获取率	衡量确定潜在目标范围的科学性、合理性以及获取组合策略的效率与效果
获取成本	与顾客的保持收益相比较，确定今后的获取活动规模
全部新客户投资额	与设备投资、产品研发投资等相比较，确定企业投资结构是否合理、均衡
获取成本在获取资产中的比重	衡量获取投资的回收周期，比重大，则回收风险大
全部新客户投资在销售收入与利润中的比重	衡量企业是否有能力（或需要）扩大对新顾客获取的投资额
获取资产在顾客终身价值中的比重	综合评价获取活动的绩效以及未来顾客保持活动的投资额度

① 获取资产的计算一般包括以下几个环节：(1) 确定接触的潜在顾客数量；(2) 确定因接触或推销所发生的营销与服务方面的费用；(3) 确定最后真正成为实际顾客的数量；(4) 计算新顾客第一次购买所产生的销售收入与利润；(5) 计算 (4)-(2)，可能为负值；(6) 计算平均每个客户的获取资产，即 (5)/(3)。

三、客户获取的途径

在执行客户获取战略的过程中，企业可以使用多种途径和方法来接近、获取有价值的客户。接近客户包括两个层次的含义：一是指企业客户服务人员和客户之间在空间距离上的接近；二是指企业客户服务人员和客户之间消除感情上的隔阂，逐步趋于同一目标。接近客户的方法多种多样，要注意掌握各种方法并综合运用。常用的方法包括：商品接近法，利用商品的某些特征来引发客户的兴趣，从而接近客户；介绍接近法，通过自我介绍或他人介绍来接近客户，介绍的内容包括姓名、工作单位、拜访的目的等情况；社交接近法，通过与客户开展社交往来、形成和谐的人际关系来接近客户；馈赠接近法，通过赠送礼物，博得客户的欢心，取得他们的好感，从而拉近与客户的关系；赞美接近法，利用一般客户的虚荣心，以称赞的语言博得客户的好感，接近客户；反复接近法，在一两次接近不能达成交易的情况下，多次进行推销访问来接近客户；服务接近法，通过为客户提供有效并符合需要的某项服务（如维修服务、信息服务、免费试用服务、咨询服务等）来博得客户的好感，赢得客户的信任进而接近客户；利益接近法，利用商品或服务能为客户带来的实际利益引起客户的兴趣并接近客户；好奇接近法，通过引发客户的好奇心来接近客户；求教接近法，通过请客户帮忙来解答疑难问题，从而接近客户；问题接近法，通过直接向客户提问的方式来接近客户；调查接近法，利用市场调查的机会接近客户。

在客户接近和获取活动中，可以借助的途径也是多种多样的。在产业市场或组织市场（B2B）中，常用的途径包括公共关系、公司网站、电话营销、电子邮件、人员推广。

（1）公共关系。成功的公关活动能够增加企业和产品在媒体上和相关群体内的曝光率，提高企业产品的知名度与美誉度。比如医药企业开展以学术交流为主题的公关活动，通过主办、协办或赞助一些专业医学学会与大型医疗机构的学术年会、专题讨论和日常学术交流活动，与医院的主治医师和主任医师（关键核心客户）建立良好、稳固的关系，赋予药品和企业较高的学术含金量，这些对药品的销售起到了十分重要的推进作用。另外，有些企业喜欢赞助公益事业、慈善活动或体育赛事，或在行业性期刊和论坛上有目的地发表一些新闻报道，通过媒体的宣传与转载，低成本地扩大宣传覆盖范围，成为吸引新客户的重要源泉。

（2）公司网站。现在越来越多的人喜欢在网络上收集信息，上网成为很多人的一种生活习惯。由于搜索引擎技术的发展，只要输入关键词，客户就能够很容易地在网络上找到他们所需要的产品信息和企业信息。如果企业希望扩大公司网站对新客户的吸引力，应尽量提高公司在搜索引擎网站上的排名；或者在知名门户网站、专业论坛上建立链接，方便潜在客户点击公司网站。当然公司网站的内容也十分重要，清晰美观的网页布局、友好互动的界面、真实全面的信息，都是吸引和获取客户的关键因素。

（3）电话营销。企业可以通过呼入和呼出电话来获取客户。有的时候，客户会通过企业提供的免费电话或咨询电话，主动与企业取得联系，所以企业应该考虑如何让潜在客户能够方便地获取电话号码，如通过户外广告牌、公司网站、宣传单、企业名片等广泛且有针对性的方式。一旦客户电话呼入，应该立即与企业的客户信息库对接，将客户相关信息详细记录下来。企业也可以通过销售人员和客户经理主动与潜在客户电话联系，从而获取客户。在打电话之前，要考虑好与客户联系的目标、内容和理由，最好将想法提纲挈领地写下来。如图8-3所示，一份电话提纲至少应该包括通话的目的、观点或理由，可能出现的异议以及结果。尽量避免吐词不清、缺乏准备、论据松散、手头无资料、语言啰嗦晦涩、自我介绍不自信、缺乏对异议的迅速反应、缺乏目标等致命错误。

电话准备提纲

客户______________ 基本特征______________

电话号码______________

目的______________

可能出现的异议______________

结果______________

图8-3 电话准备提纲

（4）电子邮件。越来越多的企业开始使用电子邮件来获取新客户。使用电子邮件的好处在于：一是覆盖范围广，现在几乎每个人都有一个或几个电子邮箱，查看邮件成为很多人的日常习惯；二是成本低廉，在很短的时间内可以同时发送成千上万封邮件，且基本没有什么邮费或邮资；三是给予客户一定的自主权，在方便和感兴趣的时候阅读邮件，而且内容可以保留一段时间，有些企业在邮件里就直接附加客户代表、联系方式和企业网站链接等信息，方便客户做进一步的联系和收集信息。

（5）人员推广。与消费品市场相比，组织市场中的产品更加复杂，客户更加理性专业，客户数量少而集中，所以采取人员推销的方式更加有利于为客户详细讲解产品的特性与功能，面对面的交流也容易引起客户的兴趣。除了上门推广之外，越来越多的企业倾向于在各种行业展销会、博览会和学术论坛上派出推销人员或客户代表，集中有效地获取新客户。比如一年两次的中国进出口商品交易会（也称“广交会”）吸引来自全球各地的大量客商，一些企业可以在这些交易会上完成全年50%～80%的销售额。

消费市场（B2C）更多使用广告、短信、销售促进等途径来获取客户。

（1）广告。通过大众媒体传播的广告具有覆盖范围广、可信度高等特点。为了提高广告对客户的吸引力和有效性，企业需要在沟通目标、广告预算、内容设计、媒体选择和效果测试等方面进行合理规划，比如内容设计方面，可以考虑侧重价格、质量、性能等理性诉求，也可以运用幽默、夸张等感性诉求增强广告内容的吸引力。媒体选择也是十分重要的环节，现在可供选择的媒体非常多，除了电视、杂志、报纸、电台等传统媒体之外，网络、户外建筑物、传单、小册子、包装袋、T恤、帽子、电话黄页、传真、电影等都可以成为传播广告信息的载体。

(2) 短信。短信是手机之间或个人电脑通过互联网与手机之间互相发送短信息的服务。由于短信沟通具有速度快、分众性、定向性、精确性、蔓延性、灵活性、互动性和低成本等优点，短信平台已经被业内人士喻为是继报纸、广播、电视及互联网之后的“第五媒体”，越来越多的企业选择通过短信平台将信息群发或分发给特定的员工、顾客、潜在顾客和其他相关利益者，与他们互动交流。

(3) 销售促进。各种促销活动也是吸引新客户的重要手段，比如折价券、优惠券、赠品、抽奖、免费样品、减价优惠、以旧换新、包退包换等，一些企业通过在销售现场（或称为销售终端）和媒体上开展各种促销活动，或者与相关企业进行联合促销，增强产品的吸引力和客户的购买欲望。

除此之外，处于消费市场中的企业也运用邮件、电子邮件、公司网站、社交媒体、公关活动和电话等途径来获取新客户。

当然，并不是所有的行业或领域在顾客获取之后就必然要进入顾客保持阶段。它们可能根本就不存在顾客保持的可能性，或者在一定时段内暂时不需要考虑顾客保持的问题。对于这些行业和领域而言，顾客获取的效率和效果则显得更加重要。

第一种情形是低保持率的行业，如婚嫁服务、丧礼服务，几乎大多数人只会一生消费一次，根本不存在顾客保持的可能。

第二种情形是低购买频率的行业，如一些单位价值较高的高档耐用品，如住房、汽车等，尽管存在一生消费几次的可能性，但大多数人的购买间歇是比较漫长的，可能是10年、15年甚至更长，顾客保持发挥的直接效应十分微弱。

第三种情形是高保持率，且高转换成本的行业，如银行、保险服务等。虽然这些行业内的顾客需要经常消费和光顾，但由于预先的契约关系，而且违约的成本较高，顾客转换蒙受的损失重大，所以潜在顾客一旦成为真实顾客，流失的概率就非常小，而且关系时间越长，流失的可能性越小。这样，客观上也导致获取新顾客的难度增大。

第四种情形发生在新兴市场、不发达市场中。此时尽可能多地获取新顾客成为企业营销部门的第一要务，必须周密地考虑顾客获取的行动计划，在新兴市场和不发达市场上获取最大的市场份额。

以上这些特殊的情形对我们上面探讨的顾客获取战略流程有所修改，与顾客保持（或称客户保持）阶段的衔接可以取消或延缓，但这并不表明可以取消顾客获取阶段的战略视野，采取交易观类型的短期思维。在这些特殊情形中，顾客获取阶段的行为还是会直接影响企业未来的经济效益。在低保持率的行业中，尽管大多数人一生只会消费一次，但是这仅有的消费体验将成为其周围潜在消费者的重要参考，直接影响他们的购买倾向与品牌偏好，顾客的口碑效应不可忽视。在低购买频率的行业中，除了这种口碑效应，顾客还是存在重复购买的可能性，有时候可能存在附加产品和服务的购买行为，获取阶段的长远考虑有助于提升顾客的品牌忠诚度。高保持率、高转换成本的行业，还是存在顾客流失的可能性，有时顾客确实无法忍受企业低劣的产品质量或服务态度，或者经受不住竞争对手的诱惑，也会发生品牌转换，这些顾客一旦流失，再获取的难度无疑更大。至于面对新兴市场和不发达市场，当市场开发趋于饱和甚至过度时，顾客保持工作就开始提上议事日程，此时获取阶段沉淀的印象、态度与情感将成为顾客保持的基石。

第2节　客户保持管理

在成功获取新客户之后，企业需要根据客户终身价值的大小和构成，确定与客户建立何种类型的关系，提供相应的产品和服务，实现客户保持或忠诚。客户保持是客户成功获取之后的延续，如果不能留住有价值的客户，前期获取客户所发生的费用与支出就无法弥补；客户保持也是客户开发与客户忠诚的基石，如果客户背叛或流失，企业就无法实施升级销售和交叉销售等客户开发活动，客户忠诚的培养也不能延续和持续。

一、客户保持的界定

如同客户获取一样，客户保持也是看似简单但不容易界定的概念。如何确定一个客户已经被保持了呢？当然，从一般情况来说，如果客户在一定时期内持续地购买企业的产品和服务，就可以视为这个客户被成功保持。但这个概念里有两个值得深究的问题：一是一定时期到底应该是多久。以一个会计年度（12个月）作为一定时期的界定显然是不合理的，因为很多产品的平均购买周期（购买周期是指客户两次购买行为之间相隔的时间）都超过了12个月，有的长达数年，所以企业应该在了解客户购买周期的基础上来确定“一定时期”的期限，比如汽车经销商发现客户平均每4年更换一辆汽车，那么考察客户在6年或8年时间内的购买情况，更能反映客户保持的真实状况。原则上，一定时期应该大于客户的购买周期。二是是否一定要持续购买。如果顾客的购买周期比较长，在短期内无法监测到客户持续购买行为是否发生，比如笔记本电脑的平均购买周期是5年，那么只有在5年以后才能知道客户是否重复购买了企业的产品，如果以持续购买作为客户保持的标准，那么至少5年间无法确定客户的关系状态，这样对计算客户的保持率以及客户关系政策都会产生一定的影响，所以针对购买周期长的产品，我们可以用持续购买意愿来替代实际的持续购买行为，如果客户表明有意愿在下次购买同类产品时依然选择该企业的产品，那么这个客户就应该视为成功保持。

与客户保持相对应的概念就是客户流失。客户流失分为有声流失和无声流失。所谓有声流失是指当客户决定不再购买和使用企业的产品与服务的时候，该客户会通过某种沟通渠道明确告知企业，以停止产品与服务的供应。无声流失的客户则不会将其流失的意愿主动告知企业的相关人员，而悄然流向其他的产品服务提供商。在多数情况下，客户流失都会采取无声的形式，企业越来越难以及时识别有多少客户被保持下来。

在前面论及关系和终身价值的内涵时，我们已经看到客户保持的效益十分显著。对企业而言，首先，只有长期留住客户，才可能获得客户的终身价值；失去一个客户，不仅仅失去其当前的利润贡献，更是其一生的贡献价值。其次，长期留住客户，使得企业可以在更长时间内分摊获取该客户的成本，有更多的机会与客户接触，培养个人感情和品牌忠诚。而客户的忠诚感一旦形成，他们会购买更多的产品和新产品、附加产品和相关产品；价格敏感度会降低，缓解企业价格竞争的压力；有可能正面地推荐企业和产品，帮助企业获取更多的新客户；有效帮助企业抵御竞争对手的进攻，保证市场份额稳步增长；降低交易成本，提高员工满意度。所以有效地保持客户，提高客户保持率，对企业的盈利能力影响重大。

但在客户保持活动中，企业需要避免两个误区：努力实现 100%的客户保持率；客户保持率最大化等同于利润最大化。企业没有必要实现 100%的客户保持率，客户流失是不可避免的，适度的客户流失有时更加有利于企业的良性发展，因为客户的价值不是固定不变的，客户的需求也会随着各种因素的变化而变化，当客户的确不再对企业的产品和服务有客观需求，或蜕变为低价值客户，或挽留成本严重超过利润贡献，主动放弃该客户会提高企业的整体盈利水平，方便企业集中资源更好地服务于有价值的客户。所以在提高客户保持率的同时，要监测其对企业利润的影响，不要因为盲目地保持客户而损害企业的长期盈利能力。

二、客户保持的策略

在客户成功获取之后，我们可以通过客户组合分析来确定客户保持的目标群体。很明显，终身价值高、战略重要性高、管理难度低的客户是重点保持的对象；而其他的客户群体可以采取有选择的保留策略，根据其价值变化的趋势来调整保持的力度。一般来讲，可以把企业的客户保持策略分为正面保持和负面保持两种，正面保持策略包括满足和超出客户预期、提供额外价值、创造联系、形成信赖等，负面保持策略主要是通过提高退出成本和惩罚背叛行为来达到留住客户的目的。我们鼓励企业多使用正面的保持策略，慎用负面保持策略。提高退出成本和惩罚背叛行为等策略，会让客户有一种被动、不乐意甚至上当受骗的感觉，有时这种感觉越强，背叛的意愿越大，在再次购买时会重新考虑新的供应商；同时，即便客户迫于合同条款的限制暂时无法退出，他们也会把这种不满传递给周围的人，无疑将大大增加企业获取新客户的难度。下面我们对正面保持策略一一进行介绍。

1. 满足和超出客户预期

满足客户的期望是保持客户的基本要求。如果客户的需求与期望没有得到正确的识别与满足，很难想象客户还会愿意继续与企业保持交易关系。当客户对企业提供的价值感受与其期望相吻合的时候，客户就会产生满意的感觉，而持续的满意有助于产生客户忠诚。当客户对企业提供的价值感受超出其期望的时候，客户就会有兴奋、愉悦甚至惊喜的感觉，尽管这种感觉很难持续，但它往往对客户忠诚产生非常重要的正面影响。

客户满意、兴奋、愉悦和惊喜的状态产生于其对企业提供物的感知与期望之间的比较。所以，理论上我们可以从两个方面来影响客户的最终感受：管理客户的认知与管理客户的预期。就一次具体的购买行为或消费行为而言，客户的预期往往先于客户的实际感知。客户可以从多个方面获得相关信息，从而在实际购买和消费行为发生之前形成一定的预期。客户获取信息形成预期的渠道可以是客户过去的购买经验，朋友和伙伴的各种言论，也可以是企业和竞争者的信息与许诺等。如果企业通过夸大宣传和承诺，将客户的期望抬得过高，无疑会给企业的经营带来巨大压力，由于超出企业的能力范围而无法兑现承诺，客户很可能会更加失望；而如果企业将期望定得太低，则无法对客户产生足够的吸引力。与此同时，由于竞争的加剧与信息传播速度的加快，客户期望出现普遍化延伸的趋势，不仅竞争对手的行为会影响客户对企业提供物的期望，在其他行业的体验也会延伸到客户对企业所在行业的服务预期。所以在管理客户认知与期望的时候，企业一定要尊崇两个基本原则：做到才能说到；说到一定做到。首先，要了解企业的能力与客户的需求，实事求是地给出承诺。比如很多银行为了解决客户长时间排队等候的问题，都给出了“等候时间最长不超过30分钟”的服务承诺，然而由于受到服务人员、网点、规模等资源的限制，这种承诺无法兑现，从而激起客户更大的抱怨。其次，企业一旦做出承诺，就一定要确保承诺得到履行，通过合理设计流程、加强对执行环节的监控等手段为客户提供符合或超出承诺的服务。比如一些企业承诺对客户的要求进行快速反应和处理，为了让客户真实感受到企业的反应速度快，企业要求每一个员工必须在电话铃声响三次之前接听电话，并且不得互相推诿，否则将在业绩考核中得到负面的评价。

满足和超出客户期望并不是要求企业在各个方面都做得最好，关键是识别目标客户认为重要的属性并给予满足。客户可能对产品和服务的多个属性都有一定的期望，比如产品质量、服务反应速度、价格、服务人员素质等，这些属性对客户而言不可能是同等重要的，只要在客户认为非常重要的属性上表现优异，就可以抓住客户的心，长期地保持该客户。戴尔公司发现客户在网上购买电脑，特别在意订单处理速度与准确性、价格优惠幅度、产品服务质量和网站界面友好程度等属性，戴尔公司根据自身的能力，集中精力在订单处理、产品质量和售后服务等三个方面提高绩效，深得目标客户的喜爱。

识别客户对多种属性的偏好，可以采取多种方法。直接询问法是通过问卷调查的形式，运用分值分配法或语意差别量表法，直接探测出客户对各种属性的偏好程度。比如商学院 MBA 项目可以直接询问潜在学员，他们在选择学校时更看重学校的声望、未来学校生活体验、学术实力、教学能力还是毕业生就业情况等，可以设定 100 分的分值，让每一个被调查者将 100 分分配到五个属性上；也可以用 1～5 的分值，让被调查者对各个属性逐一进行评估，“5”表示最重要，“1”表示最不重要，中间的“2，3，4”体现程度的差异。当客户不知道或不愿意直接告诉真实想法时，就可以采用投射法和联合分析法来间接探测客户对各个属性的偏好。投射法有看图说话、故事接龙、词语联想和第三人称技术等。联合分析的方法则是将所有属性的所有水平罗列出来，将它们排列组合成具体的产品，让客户按照他们对各个具体产品的喜爱程度进行排序，据此分析测量出各个属性的权重。

2. 提供额外价值

为客户提供额外价值是保持客户的重要手段。对企业而言，为客户提供额外的价值多多少少会增加一些成本，然而只要提供额外价值所获得的收益能够弥补额外的成本支出，企业就应该尽量寻求为客户提供额外价值的途径。目前企业通常采用忠诚计划、客户俱乐部/会所和销售促进等方式为客户提供额外价值。

（1）忠诚计划（loyalty schemes）是对客户忠诚行为的一种奖励制度安排，最初以酬宾赠物券和配给券的形式出现，例如，零售商向客户支付与其购买量成比例的酬宾赠物券，客户日后可用酬宾赠物券购买商品，此种赠物券可视为一种具有一定价值的“代币”。企业使用形形色色的赠物券作为代币来奖赏顾客的购买行为。今天，客户忠诚计划往往与会员制紧密结合在一起，在客户关系管理系统的支撑下，与客户信息库进行无缝对接，根据会员客户的行为信息和背景信息来确定奖励的内容和程度。

在制订忠诚计划时，企业需要重点考虑以下几个问题：

● 让利多少？也就是说对客户忠诚行为的奖励程度要多大？让利越多，也就意味着企业承担的额外成本越高。用“积分”换奖励是现在多数企业采用的一种方式。招商银行的信用卡客户消费每满人民币 20 元可获得 1 分，积分按消费逐笔折算累加，当积分达到一定额度，即可免费换取各种商品，如 350 分可以换取徽章，1 000 分可以换取保温杯，20 000 分则可以换取珍珠项链。

● 如何奖励？范围多大？奖励的方式与范围同样至关重要。企业可以直接奖励忠诚客户现金、物品，或给予折扣、价格优惠和附加利益；也可以采取积分、赠券、印花等形式，等客户达到一定的分数或收齐规定的印花后再兑现各种奖励；还可以与其他企业合作提供奖励。奖励覆盖的范围可以是全体会员客户，也可以是部分会员客户，多数企业会对不同级别的客户给予不同的奖励，如希尔顿酒店按照每年平均入住酒店的次数从低到高依次将客户分为蓝卡、银卡、金卡和钻石卡四个层级，客户每消费 1 美元即可获得 10 个积分，当积分达到 5 000 分时，可以获得周末客房的半价优惠，而达到25 000分则免费获得周末客房；客户每次入住还可以免费获得指定航班的500英里航程。在积分方面，银卡客户可以额外获得15%的积分奖励，金卡、钻石卡客户的奖励额度分别是25%，50%。

● 客户反应会如何？忠诚计划的目的是刺激客户的持续购买和消费行为。如果客户反应非常积极，企业应该做好充分的应对准备，计算好因此需要付出的人力、物力和财力，切忌措手不及，引致客户的不满。现在，由于忠诚计划的普及，奖励方式与手段的趋同，忠诚计划对客户的刺激作用越来越不显著。企业应该认真研究客户的行为信息和背景信息，合理设计奖励的幅度、方式和范围。

● 客户能否方便获得？这里涉及两个层面的问题，一是客户能否方便获得积分、赠券或印花。多数企业运用公司网站或呼叫中心语音查询系统来帮助客户及时查询积分情况，同时通过大众媒体和宣传单来发放赠券与印花，保证客户可以方便获得。二是客户兑换奖励是否便利。企业可以在售卖点（服务）现场专门设立兑换点来为客户提供奖励，也可以采取会员卡的形式，将奖励信息存储在会员卡中，方便客户跨区域、跨企业进行抵扣消费。

（2）客户俱乐部（customer clubs）是企业保留客户的一种组织形式，俱乐部或会所的客户可以享受企业提供的一系列额外利益或特权。建立客户俱乐部的初始成本一般比较高昂，所以大多数企业都希望俱乐部在发挥保持客户作用的同时，可以实现盈亏平衡甚至获得利润。所以，大多数客户俱乐部都实行会员制，如果客户想加入，必须进行注册，提供个人详细信息，有的俱乐部还收取一定的注册费和会费。一方面，企业可以从客户提供的详细信息中更加深入了解客户的需求、偏好与行为模式，开发、设计和传递更加合适的客户价值；另一方面，运用俱乐部的形式开展一些群体活动，提高客户的品牌认知感、归属感，还可以进行交叉销售和向上销售等客户开发的工作，获得额外的收益。客户通过参加俱乐部，可以获得一系列的特权，比如购买会员专属的产品或服务、即时获得最新产品的信息并试用、价格折扣和促销优惠、服务通讯和特别提醒等。

多数企业都建立了自己的客户俱乐部，比较著名的如斯沃琪俱乐部、滚石发烧友俱乐部、帮宝适亲子会所、哈雷俱乐部、大众汽车俱乐部等。

（3）销售促进（sales promotions）是一种直接刺激客户再次购买的手段。与忠诚计划和客户俱乐部相比，它往往具有短期的效用。销售促进也可以用于客户获取，但在客户保持阶段使用的销售促进更加侧重于鼓励客户重复购买。在这个阶段经常使用的促销手段包括：

● 附赠优惠券。客户如果购买产品，就可以获得一定数量的优惠券，在下次购买的时候出示优惠券则可以享受价格折扣或数量折扣等优惠。优惠券可以印刷在产品包装上，也可以置于产品包装内。

● 现金返还。在客户购买产品之后，企业给予客户一定的现金折让。多数企业在采用现金返还策略时，有意将它和价格折扣区别开来，并不是在客户购买产品的当时就返还现金，而是要求客户在购买产品之后，把购货发票和产品代码的复印件以及现金返还券邮寄给公司的专门机构，由专门机构核实后汇出现金或寄出支票。通过这个过程加深客户对企业产品的印象，再次提供客户与企业沟通交流的机会，同时企业也确认了客户的相关关键信息，比如联系地址、工作单位和购买行为等。

- 有奖促销。一般有两种形式，一是客户用商品的购买凭证如发票去换取奖品，此方式赠送的奖品常常在购物的零售点送给客户，奖品通常体积较大，无法与产品包装在一起，但可以摆放在产品附近，方便客户在购买时一起带走。另外一种是将奖品与产品一起包装，通过客户的购买行为送到他们手中。

- 抽奖。在客户购买产品之后，要求客户将写有其名字的纸条或卡片等放入抽奖箱中，或者将客户回执邮寄给公司，通过随机抽取，确定获奖名单并给予预先承诺的奖品。并非每个参与者都可以得到价值不菲的奖品，但每一位参与者都有机会，而且购买次数越多，中奖的机会也越大，所以容易吸引客户踊跃购买。

3. 创造联系

保持客户的第三个策略是创造联系。在企业与客户之间可以有许多种联系，如人际关系的联系、技术联系、法律联系、流程联系等，这些联系总体而言可以分为两大类：社会联系和结构联系。

社会联系是指企业员工与客户之间通过发展良好的人际关系而形成的某种联系。企业员工需要通过了解客户的个人需求与爱好，将企业的服务个性化、私人化，从而增进与客户的感情交流。有的员工还善于通过发展地缘关系或亲缘关系来加强与客户的情感联系。在B2B商业环境里，往往具有相同规模、文化或地理位置接近的企业之间容易建立社会联系。

结构联系是基于企业与客户的共同投入而形成的相互依赖，买卖双方因此都获得了收益。这些共同投入也是对买卖双方关系的一种捆绑，是提高各自转换成本的重要源泉。结构联系的表现形式多种多样，如通过提供多种折扣和优惠形成的财务捆绑；通过签订合同形成的法律捆绑；通过投资、合资或产权交易形成的资本捆绑；通过熟悉彼此流程、组织结构和优劣势形成的知识捆绑；通过技术合作开发与共享形成的技术捆绑；通过准时制生产、价值网构建形成的流程捆绑；通过新产品合作开发、项目共同论证和建设等形成的项目捆绑；通过提供多个产品、全方位服务或一揽子解决方案形成的产品组合/方案捆绑。

与结构联系相比较，社会联系较容易被打破，社会联系连接的是个人，结构联系连接的是组织。有的时候，个人之间的关系出现破裂，但不会影响到组织之间的稳定联系。

4. 形成信赖

客户保持的最后一个策略是创造客户对企业的信赖，这也是客户保持的最高境界。一旦客户对企业形成信赖，他们往往对企业的产品和服务感到非常满意；深信企业优于竞争对手；专注于企业的产品和服务；不为竞争对手的短期利益所引诱。

客户信赖可以分为三个层面：基于产品形成的信赖、基于关系形成的信赖和基于价值观形成的信赖。

当客户觉得企业的产品在满足其需求方面无可替代，在各个方面都表现得无可挑剔，客户则对企业的产品形成了信赖。而当客户对企业的某个工作人员、工作团队或整个公司形成情感上的强烈依附，将它们视为最亲密的伙伴，视为自己生活中不可缺少的一部分，关系型的信赖就因此而形成。如果客户完全认可企业的价值观和企业文化，并觉得与自己的价值观、人生观完全一致，那就形成了基于价值观的信赖。无论是产品信赖、关系信赖还是价值观信赖，都是一个长期的过程，企业需要在日常的价值设计、传递与提供过程中，注意与客户的互动，满足客户的需求与期望，影响客户的购买行为与价值观，在持续的交往过程中建立信任与信赖，最终形成长期的伙伴关系。

三、客户保持效果评估

客户保持的效果可以通过一系列指标来体现。客户流失率或客户保持率是反映客户保持效果的主要指标。客户保持率高，则客户流失率低。根据前面客户保持的定义，客户保持率是指在一定时期内，期末客户数（扣除期间获取的新客户数）占期初客户总数的比例。

$$客户保持率=\frac{期末客户数（扣除期间获取的新客户数）}{期初客户总数}\times 100\%$$

$$客户流失率=\frac{期末客户流失数}{期初客户总数}\times 100\%=1-客户保持率$$

比如，甲企业出售的产品一般购买周期为8个月，为了与会计年度一致，甲企业将计算客户保持率的时期定义为一年，年初甲企业客户关系管理系统中存有1万个客户记录，年末客户总数为1.6万人，其中有7 000人是期间通过各种手段获取的新客户，所以实际保留的老客户为9 000人，则这一期间甲企业的客户保持率为90%（9 000/10 000×100%），客户流失率则是10%（1－90%）。

计算整个企业总的客户保持率可以反映企业客户保持工作的总体绩效，但不能揭示出客户保持的真实情况和内在结构。企业如果单凭总体客户保持率来衡量客户保持工作的效果，往往会出现较大的偏差，因为客户在购买量、服务成本和购买行为方面存在差异，客户或客户群体之间的贡献价值有所区别。如果甲企业2020年和2021年的客户保持率都是90%，但2020年10%的流失客户属于高价值客户，他们的消费总额占据整个企业销售总额的30%，或者他们的贡献利润占企业净利润的50%；而2021年10%的流失客户属于低价值客户，他们的消费总额只占据整个企业销售总额的5%，或者他们的贡献利润占企业净利润的3%，很明显，尽管两年的总体客户保持率是一样的，但实际上2020年的情况要比2021年严重得多，说明企业经过一系列的调整和努力，经营状况已经得到极大的改善。所以，为了让客户保持效果得到更加准确的反映，我们还需要计算企业的基于销售额的客户保持率或基于利润的客户保持率。在计算的过程中，如果产品价格发生变动，应该剔除价格波动的因素，可以按照期初或期末的价格统一计算销售收入和利润。

$$\text{基于销售额的客户保持率}=\frac{\text{期末保持客户的消费总额}}{\text{期初企业销售收入}}\times 100\%$$

$$\text{基于利润的客户保持率}=\frac{\text{期末保持客户的贡献利润额}}{\text{期初企业净利润}}\times 100\%$$

除了保持率之外，还有一个重要的指标是客户的支出构成，或者称为“钱包份额”（share of wallet），它是指在客户的同类支出中各个企业的销售额所占的比例。比如张三属于品牌忠诚者，每次只购买中华牙膏，所以中华牙膏在张三这里的钱包份额是100%；而李四属于品牌怀疑者，每次购买牙膏时，喜欢多买几个品牌对比使用，如果李四每次购买牙膏的支出为100元，其中50元用于购买冷酸灵，30元用于购买中华，20元用于购买佳洁士，那么各个品牌的钱包份额分别是50%，30%和20%。钱包份额的概念引进了竞争的因素，企业在考核客户保持绩效的时候，不能仅仅局限于企业内部，还要时刻注意观察客户行为的变化以及竞争环境的局势。比如王五去年从IBM购买20台办公电脑，同时从戴尔公司购买10台；今年随着业务规模的扩大，王五需要购买50台办公电脑，其中30台从IBM购得，其余20台从戴尔公司购买。所以，在计算客户保持率或根据销售额、利润调整后的客户保持率的时候，两个公司都会认为客户保持工作得到大大改善，但从各自的钱包份额来看，戴尔公司应该比IBM更加乐观，因为前者的钱包份额有所提高，而后者略微下降。

另外，企业还可以计算各个细分客户群体内的客户保持率和钱包份额，估算他们的保持成本，从而更加细致地确定企业客户保持工作的绩效。表8-5总结了客户保持绩效评估指标及相应的评估内容。

表8-5　保持绩效评估指标体系

保持绩效评估指标	评估内容
保持的数量	衡量保持活动的效果以及是否达到企业预定的获取目标
保持率	衡量保持工作的整体效果
保持成本	与顾客的保持收益相比较，确定今后的保持活动规模
基于销售额的保持率	衡量保持客户的销售贡献程度
基于利润额的保持率	衡量保持客户的利润贡献程度
钱包份额	衡量企业保持客户的竞争能力
各个细分群体的保持率	衡量企业在各个群体中的保持效果

第3节　客户开发管理

在客户关系逐渐稳定之后，企业应该考虑如何着手开展客户开发的工作。IBM曾经设计了一套薪酬制度用于激励销售团队开展销售拓展活动。如果客户拥有IBM的商用计算机系统，销售人员不仅要向这些客户推销系统附加的硬件设备，还要着力兜售外围设备，如磁盘或磁带驱动器、打孔卡片和其他相关产品与服务，也包括新的升级系统。IBM的战略是不仅要获取新客户并保留他们，还要竭力争取从每一个客户身上获得更多的利润或收益。IBM推行的这种战略就是客户开发管理。

一、客户开发的界定

客户开发是一种以企业与客户的现有关系为基础，以客户为中心，发现客户多种需求，去销售更多的产品，满足其多种需求的营销方式。

很多管理人员往往将客户开发与交叉销售相混淆，实际上客户开发的内涵要宽于交叉销售。交叉销售的产品之间往往具有一定的关联性，销售人员往往以先前已经出售给客户的产品或公司的主打产品为基础，将一些与之功能或效用相关的其他产品推荐给客户。例如销售个人电脑的业务人员同时向客户推销打印机；商业银行在个人金融业务方面推出各种存款产品、理财产品、贷款产品、中间业务产品以及各种个人金融服务的交叉销售。客户开发不强调产品之间存在某种功能或效用上的关联性，而是强调客户多种需求的满足。客户开发过程中提供的产品之间可以是有关联的，也可以是毫无关系的，关键是客户是否需要。所以交叉销售只是客户开发的一种形式而已，比如移动通信公司向客户推销语音信箱新业务，既是交叉销售，也是客户开发行为；联合某个金融机构向客户提供移动通信信用卡，是客户开发活动，但不是交叉销售行为，因为信用卡与移动通信服务之间没有效用上的关联性，但是满足了客户的多种需求。

客户开发实际上是客户需求的开发，通过分析客户的行为，发现客户新的需求，为客户提供更多更好的服务。客户开发工作不仅可以提高顾客满意度和忠诚度，稳固客户关系，还可以给企业创造更多的利润与销售，提高企业的盈利水平与竞争能力。

二、客户开发的流程

企业的客户开发工作大致可以分为三个阶段，首先要根据客户的需求与企业的能力确定新增产品或服务的类型与数量；其次要预测和评估客户开发的可行性和效果；最后有针对性地开展客户亲和管理的活动。

1. 客户挖掘与产品开发

客户开发的成功与否很大程度上依赖于企业对客户的熟悉程度。完善的客户数据库是企业了解客户的重要保障。企业在分析客户数据的基础上，识别出哪些客户存在交叉销售、升级销售等业务开发的需求。以往大多数企业都会在客户关系变得成熟稳定之后才开始着手客户开发的工作，因为对客户的熟悉需要一定的时间和投入，盲目的客户开发工作有可能会对客户的满意度和忠诚度产生负面的影响。但是今天在相关技术的支撑下，客户开发的工作可以在客户获取之后立即进行，网络技术和其他信息技术缩短了企业了解客户的过程。当客户在京东等电商注册、浏览或购物之后，网站通过分析客户的登记资料、浏览痕迹和交易数据，推断出客户可能还会对其他哪些产品有购买兴趣，然后将这些产品信息推送在客户的个人账户中或个人网页上，或者通过电子邮件将产品信息发送给客户个人。

在锁定客户需求之后，企业必须明确自身能够为客户提供哪些产品和服务。客户开发工作往往会突破企业与客户现有业务交易的范围，需要企业为客户提供新的产品与服务。这些新的产品与服务可以从企业内部或外部两个途径获得，而企业内部获取又可以分为两种形式：现有产品的重新组合与新产品的开发。企业如果已经进行了多元化的扩张，就可以考虑在不同业务单元之间进行搭配或组合，为客户提供一揽子服务或全方位服务。海尔集团业务几乎覆盖了全部家用电器产品，所以在客户购买空调之后，还可以向客户推荐洗衣机、冰箱、电脑、手机和小家电等；在海尔涉足家居装饰装潢业务之后，“海尔之家”又成为客户开发的一个重要渠道。如果目前的业务不能为客户开发提供的新产品或服务，企业就必须考虑启动新产品开发的项目，既可以要求自身的研发部门独立承担新产品开发的任务，也可以委托外部研发机构进行开发，甚至可以直接从外部购买成品，与现有产品进行搭配销售。在选择自行开发还是外部购买时，企业可以考虑以下几个因素：

（1）客户需求水平与不确定性。一般而言，从企业外部获取客户开发所需要的产品和服务，比企业自行开发的风险低。所以，当客户开发的需求比较低或者不稳定，交叉销售、升级销售等业务开发的条件还不十分成熟时，企业应该倾向于从外部购买产品和服务，反之，就可以在企业内部自行开发。

（2）企业研发的能力。有的时候，企业并不具备研发和生产客户开发所需产品与服务的能力，或者缺乏相关的专业人员与专家，或者缺乏相应的生产设备与设施，外部采购可以帮助企业集中精力于主业。

（3）企业外包管理的能力。企业一旦决定将客户开发所需要的产品或服务外包出去，就应该着手组建采购团队，对产品及供应商进行挑选和评估，全程监控产品的质量。如果企业缺乏外包管理的能力或人才，潜在的风险也非常大。

（4）外包产品和服务的质量。如果外包产品与服务的质量低于客户预期的标准，或者外包质量不够稳定，企业不仅无法获取客户开发的利益，之前的主营业务也会受到负面的影响。企业在选择供应商的时候，可以考虑优先选择采取相同和相似质量控制标准与系统的厂商。

（5）外包的风险。外包的风险包括供应商破产、所有者变更导致成本和质量发生变化、产品质量出现波动、违约等。为了尽量降低这些风险发生的概率，企业需要从各个职能部门（如财务、法律、生产和营销等部门）抽调人手，组成工作团队，对外包合同的签订与执行进行严密的监控。

（6）成本结构对比。在对比自行开发和外包的成本结构时，企业应该全面考虑各种显性和隐性成本，从中选择成本效益更优的方案。有些企业在评估内部开发的成本时，只计算了直接成本，忽略了管理费用、财务费用等间接成本，造成成本的低估；或者只计算当前产量规模下的成本，忽略了规模经济、范围经济和学习曲线的效应，没有看到随着产量增加、与其他业务的协同以及工作效率的提高而导致平均成本的降低。

2. 客户开发绩效预测

预测和评估客户开发的可行性和效果，需要考虑以下几个因素：反应率、购买数量、提供成本以及盈利情况。

（1）反应率。客户对开发的产品及服务的反应率直接影响客户开发的成本与效率，对整个客户的贡献价值也有着重要的影响。客户的反应率越高，则客户开发的成本越低，企业就可以提供更多的产品与服务，并从中获得更多的收入和利润。影响客户反应率的因素包括：①产品和服务的价值，产品与服务的感知价值越高，客户的反应率越高；②与公司以往产品的匹配程度，匹配程度越高，客户越容易将以往的消费体验延伸到新产品上，从而产生更高的反应率；③企业的亲和力，企业的亲和力与感召力越高，客户的反应率越高；④客户支付的成本，客户获取新产品与服务的总成本越高，反应率越低；⑤客户沟通的情况，企业传递的信息越有针对性，客户对产品和服务产生兴趣和购买欲望的可能性越大，反应率越高。

（2）购买数量。一般而言，客户反应率越高，客户越有可能购买更多的产品与服务。但也不排除例外的情形，客户的反应率高，但购买量小。影响客户购买产品数量的因素除了以上影响反应率的因素之外，还取决于产品的类型与价格。

（3）提供成本。决定提供成本的因素包括产品与服务的类型、客户的特征以及企业接触客户的效率等。客户数据库和其他技术的运用可以极大提高企业接触客户的效率，如果企业有完善的客户资料，识别、寻找和联系客户就是一件非常容易且便捷的事情，无须花费太多的成本。如果客户生活缺乏规律，居住或工作地方比较偏远，或者没有任何通信方式只能登门拜访，购买的产品属于非标准产品等，都会提高企业的提供成本。

（4）盈利情况。产品的反应率、销售数量以及提供成本直接决定其盈利状况。有购买意愿的客户数量越多，每个客户购买的产品数量越多，企业为客户提供产品的成本越低，客户开发的盈利则越大。企业不要局限在单一产品或服务的盈利状况上，而是应该关注客户开发的利益和整体客户价值的提升。

3. 客户亲和管理

一旦选定了客户开发的对象和内容，企业需要借助现有的关系基础和新开发的产品与服务，提高企业整体的感召力与亲和力，维系和升华客户与企业之间的关系。企业在客户开发阶段的亲和力，一方面取决于客户与企业的已有关系状况，客户与企业的关系越稳定、紧密，企业越具有亲和力，客户开发的推行就越可能成功；另一方面，在开发过程中，如果客户对企业的专业能力越信任，企业越具有亲和力。经过客户获取和保持阶段的活动之后，留存的客户基本对企业现有的业务产生了一定的信任，尤其是企业的专业能力，客户之所以选择企业作为稳定的供应商，正是因为他们觉得企业能够比其他竞争对手更加专业地满足其需求。但是这种信任并不会自然过渡到客户开发所推出的新产品与服务上，企业需要转移或重新培养客户的专业信任。比如国美电器公司在销售家用电器产品方面获得了广大客户的专业信任，但是当它向服装行业扩张时，大部分消费者对国美电器在服装销售方面是否具备足够的专业水准表示怀疑。

培养客户对新产品和服务的专业信任，是客户亲和管理的重点。企业首先要识别出自己的核心竞争力，在对比主要竞争对手优劣势的基础上，找出自己独特的竞争优势，并将它转化为一种专业能力。其次，需要评估这种专业能力对客户而言是否显著，它能否扩散到其他产品和服务领域。一般而言，产品的相关性越强，企业的专业扩散性越明显。联邦快递公司在包裹运输方面具有高效、精准、安全、周到等专业特征，得到广大客户的认可。如果公司为客户增加报刊订阅或账单查询等服务，很容易获得客户的信任；而开发出理财服务或电子邮件服务等，就不容易获得客户的青睐了。因为其原先的专业能力很容易扩散到报刊订阅或账单查询等服务上，而客户不会仅仅依据联邦快递在包裹运输领域的杰出表现，就把家庭理财的重任轻易交给该公司打理，因为他对公司在该领域的专业能力缺乏足够的信任。再次，在专业扩散性评估的基础上，企业需要着手设计和实施客户亲和管理的具体方案，如果原先的专业能力很容易扩散到新的产品上，企业可以依托原有的品牌形象、企业形象和营销手段，以旧带新，逐渐让客户接受新的产品与服务；如果客户并不认可企业在新领域的专业能力，企业可以考虑采取新品牌、新事业部的策略，重新打造客户信任；或者采取合作营销的方式，与在该领域的知名企业进行联合促销或形成战略联盟，如麦当劳在软饮料方面就一直依托可口可乐的支持。最后，企业需要对整个亲和管理过程进行监控，及时发现问题和调整策略，以免损害原有产品和企业的利益，破坏与客户良好稳定的关系基础。

三、客户开发的方法与工具

客户开发为企业提供了一个增进客户关系、增加客户资产的显著机会，但也同样会给企业带来成本增加、信誉受损的潜在危机，所以客户开发工作一定要小心谨慎，要建立在科学、定量的分析基础之上，不要仅凭经验或直觉而盲目决策。

1. 客户数据库

客户数据库和数据库营销技术可以帮助企业更有效地识别潜在客户需求，开发合适的产品与服务，设计有针对性的沟通传播策略和其他营销策略，显著改善客户开发工作的效率与效果。在进行客户开发工作的过程中，企业需要注意收集和分析每个客户购买行为的历史信息，特别是购买的产品种类、数量和价格，购买日期，购买地点等信息，这些都是客户开发所需要的基本数据。

2. 数据挖掘

客户开发所进行的数据挖掘可以有很多不同的方法，比如产品交叉分析、客户匹配分析和客户反应分析等。产品交叉分析是为了识别出哪些产品和服务最有可能同时购买。客户匹配分析则是通过识别出哪些客户具有相似的购买行为，进而为客户推荐其他客户已经购买过的产品。客户反应分析是利用一些统计方法来识别出哪些客户对新产品与服务具有较高的反应率。

产品交叉分析往往是测量每两个产品之间同时购买的可能性。假设我们要测量A产品和B产品之间的交叉性，首先要从客户数据库中统计出以客户为单位，有多少人次购买了A产品而没有购买B产品（记为P_A），有多少人次购买了B产品而没有购买A产品（记为P_B），有多少人次同时购买了A和B两个产品（记为P_{AB}），那A产品与B产品之间的交叉性就表示为$CB_{AB}=P_{AB}/(P_A \cdot P_B)$，如果$CB_{AB}$的值大于1，则表示A产品与B产品被客户同时购买的可能性高，可以考虑进行搭配销售，CB_{AB}的值越大，搭配销售的成功概率越大；如果CB_{AB}的值小于1，则表示A产品与B产品被客户同时购买的可能性低，捆绑销售的效果不会很好。

客户匹配分析是基于相似的购买行为预示着相似的品位与兴趣的假设之上的。如果两个客户在某个阶段购买了基本相同的产品类型或品牌，那么他们在其他产品方面也会有共同的偏好与购买欲望。比如张三和李四都购买了Z5系列的宝马车和联想X系列笔记本电脑，如果张三还购买了iPad而李四暂时还没有购买，就可以向李四推荐，应该会得到他的青睐。亚马逊网上书店通过分析顾客的浏览与交易数据，识别出购买相同或类似书籍的群体，然后有针对性地向客户推荐其他客户购买过的书籍。

客户反应分析可以利用客户的一些数据如购买间歇、购买频率、购买金额、人口统计特征等进行分类，然后从各个群体中随机抽取出一些样本，进行小范围的测试，识别出对新产品最有兴趣的群体，然后对他们进行有针对性的宣传推广。

3. 绩效考核

评估客户开发效果的指标主要是现有客户额外购买所产生的销售额及利润的变化情况。具体指标包括：

（1）现有客户开发的销售额及利润变化额度，用于衡量企业的客户开发活动所获得的收益。如果现有客户额外购买的支出和贡献利润有所增加，说明客户开发工作取得了一定的效果。

（2）现有客户开发的销售额及利润变化幅度，用于衡量企业的客户开发活动的长期发展状况，如果变化幅度呈持续增长趋势，说明企业的客户开发潜力巨大，可以成为企业今后利润增长的新源泉。

（3）现有客户开发的销售额及利润与企业整体销售额及利润的对比，用于衡量客户开发工作对企业整体发展的贡献。现有客户开发的销售额及利润与新客户的销售额及利润的对比，可以衡量企业资源分配的合理性。如果客户开发的销售额及利润低于新客户获取，说明企业应该集中更多的资源来获取更多的新客户。

第 4 节　客户流失管理

在竞争的环境下，不满意的客户最有可能的反应性行为就是结束与企业的交易，另觅卖家。这就是现今企业普遍会遇到的比较头疼的一个问题：客户流失。客户流失和员工流失一样，都应该受到企业的密切关注。

一、对待流失客户的决策误区

企业往往容易在一些数字面前迷失方向，一旦出现客户流失，尤其是流失客户的数量较大（即便这个数量在客户总数中占比并不大）时，企业就会如临大敌，惊慌失措，容易出现许多不理性的行为与对策。这些主要表现在三个方面：

1. 盲目争取挽留所有流失客户

在处理流失客户问题时，商业化的原则往往容易被忽视。首先表现在企业不估算客户流失损失盲目争取挽留所有流失的客户。从理论上讲，客户流失的损失与客户的终身价值以及客户保持时间有关，客户的终身价值越大，则客户流失的损失越大；客户保持的时间越长，则客户流失的损失越小。在其他条件不变的情况下，客户流失损失与客户终身价值成正比，与客户保持的时间成反比。由此可以看见，不同的客户由于其不同的终身价值、处于不同的阶段和环境，对于企业而言利润损失是不同的，企业应该竭力挽留、争取损失大的客户，损失小的客户可以自然放弃，无须花费太多的精力和财力。

2. 不择手段

忽视商业化原则的第二个表现是不区分客户流失原因和不估算挽留手段的成本与后果不择手段挽留流失客户。客户除了因不满意而流失以外，还存在其他客观方面的原因，如渠道、竞争和生理原因等。而且，即便是因为不满意而流失的客户，其具体不满意的原因也有所区别，可能是对流程方面的不满意，也可能是情感方面的不满意，还可能是综合原因。不同的原因所需的对策不同，企业不能一刀切，不分清原因强加挽留。同时，不同挽留手段的成本与后果是不同的，企业经常使用的降价、促销、积分、俱乐部计划等手段的成本和所产生的后果是不同的，而且同一种手段对不同的客户所引起的成本和产生的效果也可能是不同的。

3. 典型的事后驱动

对客户流失的处理往往是在客户流失已经成为事实之后进行的，没有预防，只有补救，没有与客户的信息库有机地结合起来，企业十分被动。

二、流失客户管理步骤

基于以上考虑，我们认为一个合理、科学的流失客户管理程序应该从建立客户流失预警系统开始，在分析客户流失原因、客户流失损失以及挽留客户成本的基础上进行理性的决策。

1. 确定客户流失警戒点

企业可以比照同行业的平均水平或行业竞争基准（即企业的主要竞争对手或跟随对象）的情况，结合自己的竞争战略，来确定客户流失的警戒点。现实中，有些企业还根据客户规模的大小制定了非常详细的分层流失警戒点，如：

超级大客户流失率的警戒点为 * ‰；

大客户流失率的警戒点为 # ‰；

一般客户流失率的警戒点为 &‰。

这种分层制定流失率警戒点的做法值得借鉴，它有利于企业更清楚地了解到底是哪些客户离企业而去，企业应该采取什么样的行动来应对。

2. 分析客户流失原因

在企业制定客户流失率警戒点、关注客户流失情况的同时，一旦客户的流失率超过了警戒点，企业应该采取相应的对策，首先企业必须找出导致客户流失的具体原因。可能是一些客观的原因导致了客户的流失，如客户的死亡或破产、客户搬迁至企业销售网络无法覆盖的地区等；也可能是企业自身的原因导致客户的离去，如客户感觉企业的服务太差、产品太次、价格太高；还有可能市场上出现了一个有力的竞争对手，它为客户提供了更有价值的提供物。实行分层客户流失率分析的企业还需要注意的是：客户流失的原因可能是他流向了别的层级的客户群，既可能是向上流动，从一般客户升格为大客户甚至是超级大客户；也可能是向下的流动，从超级大客户变为一般客户。不同层级之间客户的流动也是企业需要重点研究的内容。企业最好设计一个流失率分布图，以显示因各种原因离开企业的客户的比例，从中发现客户流失的主要原因。

3. 估算客户流失损失

企业应该估算一下客户流失导致的利润损失。在计算利润损失时，必须注意的是：流失一个客户，对企业来说，损失的不仅仅是他与企业一次交易所带来的利润，而是这个客户为企业提供的终身价值，即这位客户在正常年限内持续购买所产生的全部利润。另外，不同的客户群为企业提供的价值总额也会不同，企业有必要分开进行计算。下面举例说明：

- 一家电信运营商在某地区拥有 100 000 个用户，其中月通话总费用在 300 元以上的大客户有 10 000 个，占总用户的比例为 10%。
- 今年，由于竞争对手猛烈的价格战，公司丧失了 5‰的用户，也就是 500 个用户，其中大客户占到 10%，即 50 个。
- 按照以往的数据估算，公司平均每流失一个普通用户，年营业收入就要损失 1 000 元；而平均每流失一个大客户，年营业收入会损失 4 000 元，所以，今年公司一共要损失营业收入 650 000 元（50×4 000+450×1 000）。
- 公司的盈利率一般保持在 20%，所以今年公司将损失 130 000 元的利润。
- 明年公司还会损失这么多利润，年复一年，直到用户的自然年限。

4. 估算降低流失率的费用

同时，企业需要估算一下降低流失率所需要的费用。这可能包括在营销活动各个环节的改造费用，如新产品利益的提供、服务改善、价格优惠、渠道改进与重组、加大广告投入、开展公共关系等。企业同样可以按照客户的分层来分别计算降低流失率所需的费用。

5. 决定流失客户对策

决定是否需要降低客户流失率，重新招回已经离开的客户。这一点可以通过比较第二步和第三步的结果来实现，如果费用低于所损失的利润，企业就应该花这笔钱。这里根据二者比较的结果，我们提倡采用财务管理中的净现值法来实现，将企业流失客户的未来损失贴现到基期（也就是今年），贴现率可以是市场利率，也可以是企业/行业的平均盈利率。

$$V = C - \sum_{k=1}^{n} \frac{S_k}{(1+i)^k}$$

或

$$V = \sum_{k=1}^{n} \frac{C_k}{(1+i)^k} - \sum_{k=1}^{n} \frac{S_k}{(1+i)^k}$$

式中，V 为费用与损失的差值；n 为客户的自然年限；C_k 为第 k 年的费用；S_k 为第 k 年的损失；i 为预定的贴现率。

当 $V>0$ 时，表明重新招回已流失的客户得不偿失；当 $V\leqslant 0$ 时，表明企业应该考虑降低客户的流失率。

思政专栏

全周期管理与国家城市治理

全周期管理也称全生命周期管理、产品全生命周期管理等，这一概念旨在通过将产品的生命周期细分为导入、成长、成熟、衰退等若干阶段，并在每一阶段实施跟踪介入，以全过程保证产品质量，进而提升企业市场竞争力，是一种先进的管理理念和管理方式。伴随理论和实践发展，全周期管理逐步从产品管理向各领域管理拓展。总体而言，全周期管理注重从系统要素、结构功能、运行机制、过程结果等层面进行全周期统筹和全过程整合，以确保整个管理体系从前期预警研判、中期应对执行到后期复盘总结，各个环节均能运转高效，系统有序，协同配合。

城市是一个动态、生长的生命体，复杂、开放的巨系统。尤其是超大、特大城市，由于规模的巨型化和人口的大量聚集，在资源、环境、公共安全等领域极易遭遇超出一般承受能力的社会风险。科学的城市治理，应运用发展、全面、系统的思维进行全过程、全要素、全场景的精细治理。在2020年全国“两会”期间，习近平总书记在参加湖北代表团审议时强调，“把全生命周期管理理念贯穿城市规划、建设、管理全过程各环节”。树立全周期管理意识，以大数据和科学技术为支撑，以制度建设为保障，着力形成系统、协调、完备的治理体系，是增强城市韧性、提升城市治理和城乡基层治理现代化水平的应有之义，也是维护社会和谐稳定的现实需要。

资料来源：常保国，赵健．“全周期管理”的科学内涵与实现路径.（2020－09－04). https://epaper.gmw.cn/gmrb/html/2020-09/04/nw.D110000gmrb_20200904_2-11.htm；赵宇航．全生命周期管理对城市意味着什么.（2020－05－26). https://www.ccdi.gov.cn/yaowen/202005/t20200526_218763.html.

案例分析

塔吉特的大数据营销

消费者每一次进行消费，其实都会将自己的消费模式细节透露给销售方。现在的销售商，尤其是电子商务销售公司，致力于利用数据挖掘分析出消费者的个人偏好、需求、对不同优惠券的反应等，从而进行客户信息管理，向客户精准推销，提高销售效率。

塔吉特（Target）是美国最大的连锁超市之一，该公司使用数据挖掘极其有效地提高营销精准率，能做到在事情显现之前就预测到它的发生，旨在“提供最专业的建议”。比如塔吉特能够通过分析女性客户购买记录，“猜出”哪些是孕妇。它从自己的数据仓库中挖掘出25项与怀孕高度相关的商品，制作怀孕预测指数。

为了保护顾客的隐私，塔吉特有针对性地改变营销策略，把母婴系列产品的优惠券和信息混合在其他产品的信息里发给顾客，结果塔吉特的母婴产品销量猛增。

▶ **讨论题**

1. 塔吉特的做法是否有道德风险？如果有，如何规避？
2. 在挖掘客户数据的基础上，塔吉特还可以开发什么样的服务内容？
3. 针对孕妇，塔吉特后续还可以提供什么服务？

基本概念

客户周期管理（customer lifetime management）
客户获取（customer acquisition）
客户保持（customer retainment）
客户开发（customer development）
交叉销售（cross selling）
升级销售（up selling）
客户流失（customer betrayal）

思考题

1. 客户的周期管理应该分为几个阶段？
2. 如何正确识别客户是否被企业成功获取？
3. 如何增加客户的转换成本？
4. 如何正确对待客户流失？

拓展练习

请你去附近的大型超市观察捆绑销售的商品，大多数情况下是什么商品组合在一起？这些商品还可以跟其他什么商品捆绑在一起进行促销？你的依据是什么？

第9章
评估客户满意

本章要点

- 顾客导向的质量观。
- 客户满意的定义与意义。
- 客户满意与客户忠诚。
- 客户满意度评价指标体系。

引例

火锅店的服务创新

民以食为天，中国作为世界公认的美食国度，从八大菜系到民间小吃，美食层出不穷，餐饮行业竞争激烈。餐饮行业中竞争最为激烈的细分赛道，同时深受资本青睐，非火锅莫属。一方面，火锅因为味道浓香刺激，深受年轻人追崇，具有较大的市场需求。另一方面，火锅因其口味、调料、食材可实现标准化，可大规模复制，受到资本追捧。

海底捞火锅，以服务闻名，海底捞将自己和服务深度捆绑，让消费者一提到海底捞就会联想起海底捞的服务。海底捞对排队等待就餐的顾客免费提供美甲、擦鞋、手部护理服务，顾客还可以免费享用饮料、零食和水果。当顾客到店过生日时，海底捞会提供庆生服务，多位服务员会围着“寿星”唱生日歌，在荧光板上写上“生日快乐”之类的祝福，并送上生日礼物。如果你是独自一人就餐，服务员会贴心地拿一个大玩偶放在你对面的椅子上，让玩偶陪伴你一起吃火锅，消除孤独感。海底捞的菜品都是可以点半份的，这样顾客就可以品尝更多种类的食品。海底捞的服务员很热情，如果你愿意可以一直陪你聊天。海底捞的员工有相对较大的自由度，可以自主决定给顾客送什么菜，附加哪种服务，而不需要请示餐厅经理。海底捞餐厅的考核指标是“消费者满意度”和“员工努力程度”，而非门店财务指标。顾客在海底捞的平均客单价约为100元，虽然不便宜，但是二线城市已然成为了海底捞的重要市场，海底捞在二线城市开店数量最多，二线城市贡献的营收总额也最多，翻台也最快。同时，海底捞关联的公司涉及餐饮的多个链条：颐海国际专注火锅底料和蘸料加工；蜀海涉足餐饮供应链，包括仓储、物流及销售；蜀韵东方负责餐厅室内装修工程管理；红火台提供餐饮IT；还有独立做人力资源管理咨询的公司。

刚开始的时候巴奴毛肚火锅对标海底捞，模仿海底捞的服务模式和经营策略。用巴奴创始人的话来说，当时除了擦鞋和修指甲，其他能学的服务全都学了一遍。海底捞服务好，巴奴能不能比海底捞更好？理论上是可以的，但实际商业实践中的难度是很大的。所以巴奴提出“服务不是巴奴的特色，菌汤和毛肚才是”，后来又提出“服务不过度，样样都讲究”。巴奴改变经营策略，要求服务员“适度服务”，强调有边界，不打扰，要为客人留下足够的私人空间，让顾客在用餐时感受到放松、舒适。这一举动有异于当时众多餐饮企业学习海底捞做极致服务。巴奴回归产品，把更多的精力和重心放到了提升产品质量上。巴奴的毛肚制作采用“木瓜蛋白酶嫩化技术”，主打毛肚作为餐厅的爆品。巴奴将品牌定位为中高端火锅，客单价约120元，推出了多款创新产品，比如小油条、绣球菌、鲜鸭血、井水豆芽等，持续强化产品思维，满足顾客进店用餐的需求，在口味和产品上让顾客满意，让服务成为提升顾客满意度的加分项。

客户关系管理运作系统中一个具有反馈性和全局性的重要课题是对其运行质量的监测。准确监测和合理评估客户关系管理系统的运行质量，是整个客户关系管理运作系统中不可或缺的部分，不仅有助于企业行为和决策的合理化，也有助于良好客户关系的持续增进，因为有的时候，企业关注自己行为的效果，尤其是客户心目中的效果，本身也能给客户带来极大的满足，客户在此过程中得到了尊重。

第1节 客户满意概述

本节所要解决的重点问题有两个：一是为什么要选取客户满意度作为评判客户关系管理体系运行质量的决定性标准；二是如何界定客户满意的基本内涵。第一个问题的解决有赖于对质量观念的回顾与探讨。

一、质量观与客户满意

随着经济的发展和社会的进步，人们的质量理念也在不断演变。在20世纪，人们对质量的理解大致经历了四个阶段：最早的质量观是20世纪40年代流行的符合性质量观。符合性质量观以符合标准（国家标准、地区标准、行业标准或企业标准）的程度作为衡量依据，符合标准就是合格的产品质量，符合的程度反映了产品质量的水平。到了20世纪60年代，适用性质量观出现。适用性质量观以适合顾客需要的程度作为衡量的依据，从使用的角度而不是生产的角度定义产品质量，认为质量就是产品的适用性。质量是“产品在使用时能够成功满足用户需要的程度”。

质量涉及设计开发、制造、销售、服务等过程，形成了广义的质量概念。从符合性到适用性，反映了人们在对质量的认识过程中，已经开始把顾客需求放在首要位置。

进入20世纪80年代，满意性质量观出现，质量管理进入全面质量管理（TQM）阶段，它将质量定义为“一组固有特性满足要求的程度”。它不仅包括符合标准的要求，而且以顾客及其他相关方满意为衡量依据，体现以顾客为关注焦点的原则。到了20世纪90年代，由于摩托罗拉、通用电气等世界顶尖企业相继推行6σ管理，一种全新的卓越质量理念开始逐渐成为主流。质量意味着没有缺陷。卓越质量往往使顾客对质量的感知远远超出其期望，使顾客感到惊喜。根据卓越质量理念，质量的衡量依据主要有三项：一是体现顾客价值，追求顾客满意和顾客忠诚；二是降低资源成本，减少差错和缺陷；三是降低和抵御风险。其实质是为顾客提供卓越的、富有魅力的质量，从而赢得顾客，在竞争中取胜。

从质量管理的发展、质量理念的演进历程来看，注重顾客需求、追求顾客价值、追求顾客满意和忠诚，越来越成为质量的核心内容。人们对质量的界定逐渐从内向型转变为外向型，使用者而不是提供者成为质量评判的决定者（见表9-1）。

表9-1　两种不同质量观的区别

内向的质量观	外向的质量观
产品与规范比较	与竞争产品和最好的产品比较
检验合格	在产品全寿命期使顾客都满意
防止内厂缺陷和外厂缺陷	商品和服务两方面都满足顾客需求
针对制造	涵盖所有功能
使用内部质量度量	以顾客为导向度量质量
将质量视为技术问题	将质量视为经营问题
质量管理者的事	高层管理者直接参与

很明显，在外向型的质量观中，顾客满意是核心因素。理论界和实业界对质量的界定都紧密围绕这个核心因素展开。在ISO 9000族标准中，术语“质量”用于表示：达到持续的顾客满意。这种持续的顾客满意是在组织承诺持续改进其效率和有效性的情况下，通过满足顾客的需求和期望来实现的。

另一个公认的权威机构——美国质量协会认为，质量是产品或服务的特色和品质的总和，这些品质特色将影响产品满足各种明显的或隐含的需要的能力。

可以看出，这些都是顾客导向的质量定义。顾客有一系列的需要、要求和期望。当企业所售的产品和服务符合或超越了顾客的期望，就说明企业的产品和服务是高质量的；而如果企业所售的产品和服务低于顾客的期望，则说明企业提供的是低质量的产品和服务。

顾客导向的质量观具备以下几个特征：

（1）质量是为顾客所感知的，而不是企业或国家所规定的；

（2）质量体现在企业的每一项活动中，而不仅仅是企业的产品中；

(3) 质量必须不断改进，而不是故步自封，因为顾客的期望是不断提高的；

(4) 质量未必要求更高成本，高成本也未必能创造出高质量，关键在于能否满足顾客的需要和期望。

客户是整个客户关系管理体系的价值主体，通过评估客户的满意度来判断客户关系管理运作体系的质量状况，不仅符合这种顾客导向型、外向型的质量观，而且也具有很强的可操作性。

从监督的角度来讲，结果监测的可操作性优于过程监测。比如，在客户接触过程中，企业无法对一线接触人员尤其是外出接触人员的工作绩效直接进行监测，或者监测的成本高，效果差，而通过一线接触人员的工作结果——客户满意度的反馈，则可以很好地检测出一线接触人员的绩效。

基于以上考虑，我们选择客户的满意度作为评判客户关系管理体系运行质量优劣的决定性标准。

二、客户满意界定

在研究客户满意度之前，必须厘清客户满意的内涵。一般来讲，在学术研究中，客户满意根据时间上的差异划分为两种观念：交易型和累积型。交易型观念认为客户的满意是客户对与企业最近的一次交易的评价。累积型观念则认为，满意是随着时间的推移，客户对某一提供物的全部消费经验的整体评价。交易型观念便于对具体提供物的效果进行判断，是即时的、短期的；而累积型观念则便于从企业的过去、现在和未来综合判断其业绩状况，是连续的、长期的，此时的满意不仅涉及提供物本身，还同企业形象、企业文化及物质设施等有着千丝万缕的联系。在综合考虑两种观念的基础上，一个比较公认的定义是：客户满意是一种心理活动，是客户通过对一个提供物的可感知的效果（或结果）与他的期望值相比较后所形成的感觉状态。

可见，满意水平是可感知效果和期望值之间的差异函数。如果效果低于期望，客户就会不满意；如果可感知效果与期望相匹配，客户就满意；如果可感知效果超过期望，客户就会高度满意。

很明显，客户对提供物的可感知效果是在提供物消费过程中产生的，但客户又是如何形成他们的期望值的呢？一般来说，期望是在客户过去的购买经验、朋友的各种言论、销售者和竞争者的信息和许诺等基础上形成的。从这里我们可以看出，可感知的效果和期望值都不是固定不变的，它们会随着市场环境、社会文化环境的变化而出现波动；二者也不是彼此孤立的，这一次的可感知效果可能就是下一次期望值的基础。所以，企业要警惕“营销近视症”，切忌只关注提供物的生产和销售而忽视市场大环境的变化。同时，企业只有真正从客户的需求出发，不断创新，才能持续让客户满意。

从客户满意的定义中可以归纳出客户满意的四个特性：

（1）心理感受。客户满意是客户在消费企业的提供物之后所感到的满足状态，是个体的一种心理体验。

（2）相对性。客户满意是相对的，没有绝对的满意。因此企业应该不断创新，向绝对满意趋近。

（3）个体性。客户满意有鲜明的个体差异。张三很满意的提供物，李四可能非常不满意，因此不能追求统一的满意模式，而应因人而异，提供有差异的满意服务。

（4）道德性。客户满意是建立在道德、法律和社会责任的基础上的，有悖于道德、法律和社会责任的满意行为不是客户满意的本意。

客户满意可以从不同的角度进行分类。

从社会发展过程中的满足趋势来看，客户满意可以分为三个逐次递进的层次：（1）物质满意层。即客户在对企业的提供物核心层的消费过程中所产生的满意。物质满意层的支撑是提供物的使用价值，如提供物的功能、质量、设计和包装等。它是客户满意中最基础的层次。（2）精神满意层。即客户在对企业的提供物形式层和外延层的消费过程中产生的满意。精神满意层的支撑是提供物的外观、色彩、装潢品位和服务等。（3）社会满意层。即客户在对企业的提供物的消费过程中所体验到的社会利益维护程度，主要指客户整体（全体公众）的社会满意程度。社会满意层的支撑是提供物的道德价值、政治价值和生态价值。提供物的道德价值是指在提供物的消费过程中不会产生与社会道德相抵触的现象；提供物的政治价值是指在提供物的消费过程中不会导致政局动荡、社会不安；提供物的生态价值是指在提供物的消费过程中不会破坏生态平衡。

从客户满意的对象来看，客户满意可以分为：（1）市场营销系统满意。即客户对市场营销系统与运行状况和从中所获得的所有利益所做的主观评价。比如，流通渠道是否通畅、高效；广告是否真实、清晰、健康；包装、标签是否符合要求与规定；等等。（2）企业满意。即客户对与企业交往所获得的各种利益的主观评价。（3）提供物满意。即客户对某一具体提供物及其利益的主观评价。

从购买过程的阶段来看，客户满意可以分为：（1）购买前的满意。即对信息、提供物的可获得性，以及购买前与企业、提供物的间接接触是否满意的评价。（2）购买中的满意。即在对不同提供物、不同店铺的比较、挑选中是否获得满足。（3）购买后的满意。即在使用和消费提供物的过程中是否满意，以及企业提供的售后服务、保证是否令人满意。

三、研究客户满意的意义

客户满意（customer satisfaction）对企业来讲至关重要。满足客户需要，归根结底，就是要使客户满意。良好的产品、服务或提供物，最大限度地使客户满意，是企业在激烈的竞争中制胜的法宝。只有让客户满意，他们才会对企业或产品给予良好的评价，才会形成品牌忠诚和重复购买，才会形成持久、良好的客户关系，企业也才能持续经营，财源滚滚。相反，如果客户在购买企业的提供物或服务后，得到的不是满足，而是不满，那么，他们不仅在未来会远离企业的提供物，结束与企业的客户关系，还可能将不满和负面的信息扩散至其他消费者，给企业造成严重的后果。

客户满意的重要性主要体现在以下几个方面。

1. 客户满意可以使客户忠诚

忠诚客户是企业最宝贵的资产，因为忠诚客户倾向于重复购买，交易成本低，企业能够从中获取最高的边际利润。尽管忠诚的客户不一定就是满意的客户，但满意的客户更有可能成为忠诚客户。客户忠诚理论上可以分为主观忠诚和客观忠诚。主观忠诚主要源于持续的满意，而客观忠诚则是一些现实因素造成的。例如物资的匮乏导致客户对稀缺品牌的忠诚；分销渠道的不畅，导致客户对可以获取的品牌形成忠诚，等等。而一旦这些客观制约因素消失，客户的忠诚就很难持续下去。只有使客户满意，才能驱动客户在主观上形成对企业或品牌的忠诚，才能更稳妥有效地留住客户。

2. 客户满意有利于提高企业的利润

满意的客户通常愿意为提供物支付更高的价格，对价格上涨也有更大的容忍度，这就为企业制定较高的毛利水平提供了余地。同时，企业还可以将增加的利润再投资一部分用于提高客户的满意水平，进一步加大企业的盈利空间和竞争力，促成企业良性、持续发展。

3. 客户满意可以降低企业的经营成本

这种降低主要来自三个方面：（1）交易成本降低。由于满意客户在重复购买时，对提供物和购买过程有所了解，因此交易成本会降低；而与一般客户相比，满意客户购买数量更大、品种更多，从而进一步降低交易成本。（2）失败成本降低。在与满意客户的交易中，企业用于退换提供物、弥补操作失误、处理客户抱怨等方面的开支会极大地减少，失败成本会降低。（3）获取新客户的成本降低。满意客户会将其经历通过积极的口头传播告诉他人，这无疑会使企业能以较低的成本获取大量的新客户。

4. 客户满意有利于企业与客户更亲密的接触，从而更好地挖掘出客户的真实需要

满意的客户更乐于与企业进行积极的交流，他们会将使用提供物或服务的感受主动告知企业，或者主动向企业提出有关提供物方面的建议，在碰到企业的市场调研活动时，他们也会更积极地配合。他们的真诚流露，有助于企业及时准确地发现市场机会，更好地满足客户的需要，提升企业的竞争力。

5. 客户满意有利于提高企业的整体声誉，提高企业抵御市场风险的能力

长期使客户满意的企业，其知名度和美誉度都会获得极大的提升，这有利于企业建立自己的品牌资产以及推广新提供物，也有利于企业同主要的合作伙伴，如供应商、分销商等，以及其他潜在盟友发展良好稳固的关系，使得企业能够在竞争日益激烈的市场环境中有效地抵御各种各样的冲击，获得稳健的发展。

第2节　客户满意度评价

客户满意度，简言之，就是客户满意的程度，是客户满足情况的反馈，是对产品或者服务性能以及产品或者服务本身的评价，给出了（或者正在给出）一个与消费的满足感有关的快乐水平，包括低于或者超过满足感的水平。客户的满意程度与客户的容忍区域的大小有关。容忍区域（zone of tolerance）代表客户的一系列期望，这些期望与渴求的价值（客户希望得到的价值水平）和必要的价值（客户愿意接受的价值水平）有关。这两个水平之间就是容忍区域（见图9-1）。如果客户的经历落在容忍区域之内，客户大概率会对价值感到满意或者说这种价值会被认为是可以接受的；如果落到了必要的价值水平以下，那么这种价值就会被认为是不可接受的，结果也会是令人不满的；如果经历的价值水平超过了渴求的价值水平，客户就可能会十分满意，甚至会产生惊喜。

如图9-2所示。客户满意状态的三种表现（兴奋、满意和不满意）可以通过一系列结果导向（反映绩效水平）的评价指标体系反映出来。

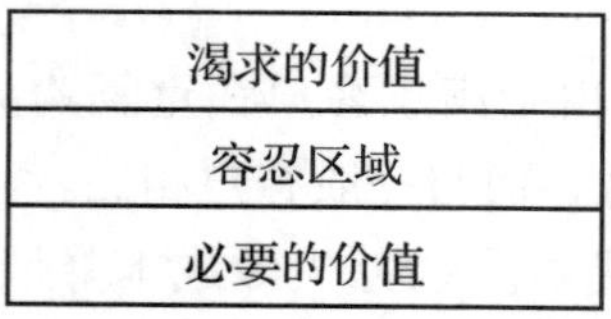

图9-1　容忍区域

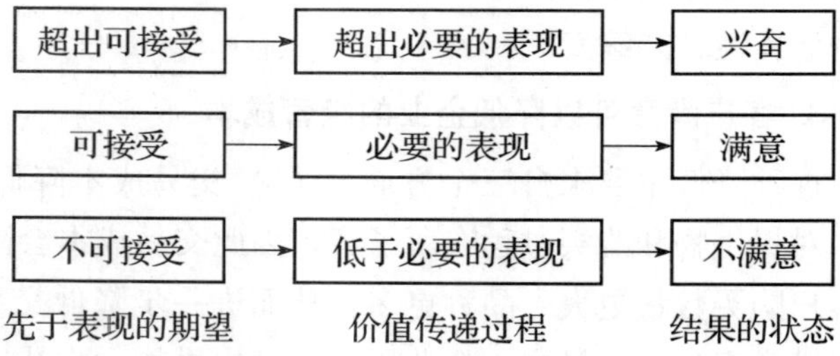

图9-2　客户满意状态的三种表现

一、客户满意度评价指标体系的有关论述

测量客户的满意度，核心的问题是确定客户满意指标体系。

客户满意度指标是一组与提供物有关的、能反映客户对提供物满意程度的项目因素。

由于客户对提供物需求的强度不同，而提供物又由许多部分组成，每个组成部分又有许多属性，如果提供物的某个部分或属性不符合客户要求时，客户会做出否定的评价，产生不满意感。可见，影响客户满意水平的因素非常多，所以，如何从中选择既能全面反映客户满意状况又有代表性的项目，建立科学的指标体系成为正确测量客户满意度的关键。

1. 客户满意度评价的维度

在确定详细具体的指标体系之前，需要明确客户满意度评价的大致方向、内容和维度，在维度构建的框架内来细化客户满意度评价指标体系。由于服务的无形性，对它的满意程度的测量明显要难于有形产品，所以学者喜欢将客户满意度评价研究的重点集中在服务领域，很多经典的评价维度和指标体系都来源于服务营销专家的智慧与实践。

从一般性原则的角度出发，消费者在评价服务的质量和满意程度时，主要考虑以下五个维度：

（1）可靠性：准确可靠地执行所承诺服务的能力。从更广泛的意义上说，可靠性意味着企业按照其承诺行事，包括送货、提供服务、问题解决、定价方面的承诺。顾客喜欢与信守承诺的企业打交道，特别是那些能信守关于核心服务方面承诺的企业。

（2）响应性：响应性是指帮助顾客及提供便捷服务的自发性。该维度强调在处理顾客要求、询问、投诉、问题时的专注和快捷。响应性表现为顾客在获得关注、帮助和解决方案等方面所花费的时间，也包括为客户提供其所需要服务的柔性和能力。

（3）安全性：雇员的知识和谦恭态度，及其能使客户信任的能力。它包括客户身体上的安全性、财务上的安全性和对企业及其员工的信任程度。在客户感知服务包含高风险、客户不能确定自己有能力评价服务的产出、客户关系形成的早期阶段等情况下，安全性这一维度可能特别重要。

（4）移情性：企业给予客户的关心和个性化服务。移情性的本质是通过个性化的或者定制化的服务使每个客户感到自己是唯一和特殊的。

（5）有形性：有形的工具、设备、人员和书面材料的外表。一般新客户喜欢用它来评价服务的质量及满意程度。

从评价内容的角度出发，客户感知质量和满意程度有 7 项标准：

（1）职业化程度和技能：客户认为服务提供者及其员工、经营系统和有形资源应当具有以专业方式来解决他们问题的知识和技能。

（2）态度与行为：客户认为企业员工（与客户接触的员工）应当关注他们，并且积极主动地解决他们在接受服务过程中所面临的问题。

（3）易获得性与灵活性：服务的地点、时间、服务企业员工和运营系统应当根据客户的要求灵活地加以设计和运营，这样客户可以很容易地接受企业的服务；如果客户有要求，也可以根据客户的要求灵活地对服务做出调整。

（4）可靠性与可信度：如果服务提供者及其员工能够信守诺言并全心全意地为客户服务，那么客户就会对企业产生信任感，认为企业是非常可靠的。

（5）服务补救能力：如果出现客户意料之外的事情或服务失误，企业应当立即主动地采取措施来控制局面，并找到客户可以接受的新的解决方案。

（6）服务环境组合：服务的有形环境和其他环境应当对服务过程起到有力的支持作用。

（7）声誉与信用：客户对服务提供者应当具有信任感，服务应当是“物有所值”的，客户可以与企业一起分享良好的服务绩效和价值。

从客户价值内涵的角度出发，根据马斯洛的需要层次理论，一个企业或组织提供给客户的东西相对应地分为五个层次，这些东西可以被称为供给或者是价值主张，不管企业或者组织是何种类型，它们都会在这五个层次中的每一个层次上为客户提供一些东西。这五个层次按照从下到上的顺序分别是核心产品或服务、流程和系统支持、技术表现、与组织的互动、情感要素等。我们在价值设计的论述中，在这五个层次的基础上，抽象出了三个层次的价值内涵：核心产品、服务支持与流程以及人员互动。我们可以将顾客价值的这三个层次列为评价客户满意度的主要维度。我们认为，从价值内涵的本身来评价客户满意度，具有本原性和深入性，在越来越忽视价值载体（实体产品和服务）而重视价值内涵的今天，这种评价维度非常适用。

2. 客户满意度评价的指标体系

在客户满意度评价的具体指标体系方面，也有很多学者进行了理论性和实证性的探讨。不同行业与市场中的客户满意度评价指标具有一定的同质性，事实上存在着一个可以适用于许多不同产品和服务的通用指标体系，这个抽象的、普遍适用的指标体系分为三个方面：与产品有关的指标、与服务有关的指标和与购买有关的指标。其中，与产品有关的指标具体包括价值-价格的关系、产品质量、产品利益、产品特色、产品设计、产品可靠性和统一性、产品或服务的范围等；与服务有关的指标具体包括保修期或担保期、送货服务、处理顾客抱怨、问题的解决等；与购买有关的指标具体包括礼貌、沟通、获得的难易和方便程度、企业名誉、企业竞争实力等。当然，处于不同行业和市场的企业每次在具体运用这些指标时，还必须进一步定义、阐述、解释和细化。

在服务行业，满意度指标体系可以具体表现为绩效（指服务的核心功能及它所达到的程度，绩效通常是结果导向）、保证（指核心服务功能提供的过程中的正确性及回应性，它强调的是服务过程中的态度，因此它是过程导向）、完整性（涉及提供的服务的多样性以及是否周到）、便于使用（指有关服务的可接近性、简易性以及使用的灵巧性）和情绪/环境（指核心服务功能以外的感受）等内容。而产品满意度指标体系则可以从品质（包括功能、使用寿命、用料、可靠性、安全性、经济性）、设计（包括色彩、包装、造型、体积、装饰、质感、手感、质地）、数量（包括容量、成套性、供求平衡）、时间（包括及时性、随时性）、价格（包括最低价位、最低价质比即产品价位和质量的比值、心理价格、商值即产品价位与产品使用时间之比）、服务（包括全面性、适应性、配套性、全纵深性、全过程性、态度、价格、方便性)、品位(包括名牌感、风格化、个性化、多样化、特殊化、身份感)等方面进行评估。

二、 CRM 体系中的客户满意度评价指标体系

综合以上的研究，我们从客户价值内涵的角度出发，认为 CRM 体系中客户满意度的评价指标体系可以归结为三大类，每一大类又包含具体的评价指标和项目。

1. 核心产品满意度评价指标

在容忍区域理论中，核心产品层次属于必要的价值范畴；在赫茨伯格的双因素理论中，核心产品层次属于保健因素的范畴。所以它所包括的具体指标主要侧重于基本价值和利益的考察。比如产品性能(产品主要特点在运用中的水平)、产品特色(产品基本功能的某些增补)、产品的一致性(产品的设计和使用与产品说明书所列的标准一致)、产品的耐用性(产品的使用寿命)、产品的可靠性(在一定的时间内产品保持不坏的可能性)、产品的可维修性(产品出了故障或用坏后可以修理的容易程度)、产品的安全性(在使用和处置的过程中不会有伤害人身和财产的隐患)、产品的外形和风格(产品给予客户的视觉和感觉效果)、产品的性价比(性能与价格的比较)等。

2. 服务支持与流程满意度评价指标

在这个层面主要考察的是企业的可靠性、对客户需求的反应速度与反应质量以及差异化的情况，具体的指标包括可靠性(在指定的时间内完成服务、准确结账、精确提供、企业财务数据和客户数据记录准确)、响应性(及时服务、迅速回复客户打来的电话、对客户抱怨处理及时、即刻办理邮寄服务)、方便性(营业的时间便利、通过电话可以很容易联系到服务、接受服务等待的时间不长、服务地点便利、支付方式可以自由选择、信息获取方便)等。

3. 人员互动满意度评价指标

在这个层面主要考察企业给予客户的信任感、尊重感和理解程度。具体的指标包括礼仪(考虑客户的立场、与客户接触的员工外表干净整洁、友善地接待)、沟通(用客户听得懂的语言表达、耐心倾听客户的陈述、向客户确认能解决的问题、邀请客户参与)、理解(了解客户的特殊需求、提供个性化的关心、认出老客户)等。

由于不同企业的具体情况不同，我们不可能提出一个全面、详细、具体且普遍适用的客户满意度评价指标体系，这里只能做一个初步的理论性探讨，提出客户满意度评价的大致框架，具体内容的充实需要结合具体的情况来实现，在有些情况下可能还要增加或减少一些指标以满足特殊的要求。

在确定了客户满意度指标体系后，企业还需要解决的一个技术性问题是如何决定各个指标之间的权重。很明显，每一个指标对客户满意度的影响程度是不一样

的，有些指标的影响程度大，有些指标的影响程度小。这种影响程度的差异有时还因人和因时而表现出来。有的客户非常在意的某些指标对其他客户来说可能并不是那么重要；有的客户在某种状况下非常在意的指标到了另外一种环境下却又变得不重要。所以，由企业单方面确定的权重肯定过于武断而不科学，企业应该在与客户充分交流的基础上来确定指标彼此之间的相对权重，这可以通过一些试验性的调查、访谈来实现。同时，对于一些重要价值客户，企业甚至可以像定制化产品那样来定制化指标权重，在持续的交往过程中，企业不仅要关注不同客户之间满意程度的比较、与竞争者客户满意程度的比较，更要注意客户满意程度的历史纵向比较，通过客户自身感受的优化来增强企业与客户之间良好的关系。

在确定了客户满意度指标体系后，接下来就是客户满意跟踪调查。

企业可以通过以下七个渠道来收集顾客方面的信息：顾客投诉；与顾客的直接沟通；问卷和调查；密切关注的团体；消费者组织的报告；各种媒体的报告；行业研究的结果。其中问卷和调查是比较全面的一种常用方法。客户满意跟踪调查的结果应该与客户信息库对接起来。

三、客户净推荐值

构建满意度指标体系并开展跟踪调查，对很多企业来讲，都是比较巨大的工程，理论界和实业界一直在寻求比较简洁的方法来替代传统的满意度指标体系，目前最受欢迎的当属赖克哈尔德（Reichheld）在他的畅销书《终极问题——创造好利润，促进真成长》中提到的客户净推荐值法。净推荐值（net promoter score，NPS），又称净促进者得分，亦可称口碑，是一种计量某个客户将会向其他人推荐某个企业或服务可能性的指数。

NPS法只需要询问客户一个问题：“您向朋友或同事推荐我们的可能性有多大”。客户可以根据愿意推荐的程度在0～10之间来打分，如图9-3所示。

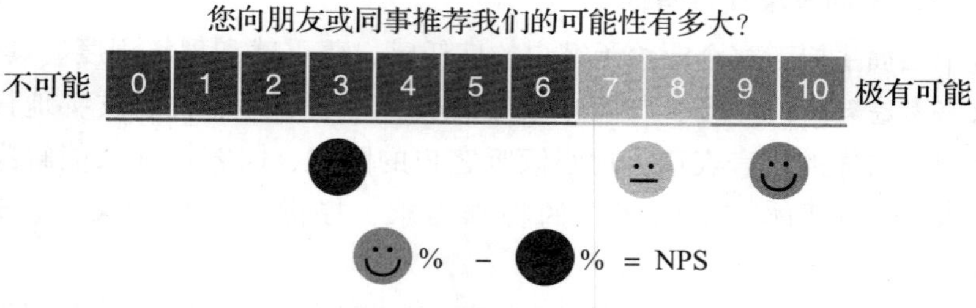

图9-3　客户净推荐值

其中打分在9～10分的客户称为推荐者，是具有狂热忠诚度的人，他们会继续购买并引荐给其他人；打分在7～8分的客户称为被动者，表明其总体满意但并不狂热，将会考虑其他竞争对手的产品；打分在0～6分的客户称为贬损者，表明其并不满意或者没有忠诚度。

净推荐值等于推荐者所占的百分比减去贬损者所占的百分比。

$$净推荐值(NPS)=\frac{推荐者数}{总样本数}\times 100\%-\frac{贬损者数}{总样本数}\times 100\%$$

NPS 计算公式的逻辑是推荐者会继续购买并且推荐给其他人来加速你的成长，而贬损者则能破坏你的名声，并让你在负面的口碑中无法获得成长。NPS 的得分值在 50%以上被认为是不错的；达到 70%～80%则证明企业拥有一批高忠诚度的客户。

净推荐值作为一个客户满意度衡量指标，直接反映了客户对公司的忠诚度。另外，如果一个人愿意把某个企业推荐给他的朋友，那么他实际上是在用自己的信用来保证这种推荐。

思政专栏

人民满意与民生改善

党的十八大以来，以习近平同志为核心的党中央高度重视加强社会建设，坚持以人民为中心的发展思想，着力补齐民生短板，破解民生难题，使发展成果更多更公平地惠及全体人民，不断增强人民群众获得感、幸福感、安全感。习近平总书记在新一届中共中央政治局常委同中外记者见面时讲话指出："我们的人民热爱生活，期盼有更好的教育、更稳定的工作、更满意的收入、更可靠的社会保障、更高水平的医疗卫生服务、更舒适的居住条件、更优美的环境，期盼孩子们能成长得更好、工作得更好、生活得更好。人民对美好生活的向往，就是我们的奋斗目标。"

习近平总书记指出，要"把人民拥护不拥护、赞成不赞成、高兴不高兴、答应不答应作为衡量一切工作得失的根本标准"。人民群众的评价好坏和满意度高低，是评判和检验社会发展成效的根本标准、最高标准。党中央强调，"让老百姓过上好日子是我们一切工作的出发点和落脚点。"检验我们一切工作的成效，最终都要看人民是否真正得到了实惠，人民生活是否真正得到了改善。我们的发展是以人为本的发展。我们要全面建成小康社会，进行改革开放和社会主义现代化建设，就是要通过发展社会生产力，满足人民日益增长的物质文化需要，促进人的全面发展。

资料来源：让老百姓过上好日子——关于改善民生和创新社会治理.（2014-07-10）. http://theory.people.com.cn/n/2014/0710/c40531-25261733.html；肖捷．使人民获得感、幸福感、安全感更加充实、更有保障、更可持续.（2021-12-03）. http://www.qstheory.cn/qshyjx/2021-12/03/c_1128126513.htm.

案例分析

汽车经销商的满意度困惑

Cedarbrae Volkswagen 是加拿大安大略省的一家大众汽车经销商，入选"I

Care”计划多年，用心服务，业绩良好。10月份它收到大众汽车加拿大分公司的信件，被告知在新一轮的满意度调查中，它成为“不满意的经销商”（得分最低的20家之一），顿时各种郁闷、委屈、质疑开始涌上员工心头。

大众汽车加拿大分公司总共有200家经销商，分布在四个主要的区域（魁北克区、中区、西区、大西洋区）。经销商按照销量分为三个层级：Group Ⅰ（年销量超过500台），Group Ⅱ（年销量为200～500台），Group Ⅲ（年销量不到200台）；年度销量计划由经销商提出，厂家根据计划和完成情况确定补贴和奖励。几年前市场的过度竞争导致加拿大分公司将顾客放在异常重要的位置，决定将顾客满意度作为考核经销商的主要指标。

指标体系主要考察各项工作的完成情况，包括两个大的方面。一是新车销售工作，其中，技术人员需要花费1.5小时对新车按照清单（6页7类87项）逐一检查；销售人员进行复查和反馈，确保车辆完好；销售人员需要向顾客完整介绍汽车的操作，回答顾客提出的问题（0.5小时）；告知顾客该车已经由技术人员完成出厂前检查，销售人员已经复核，顾客会享受“I Care”服务（车主会得到证书）；7天后电话回访，确保顾客用车满意。二是维护保养工作，其中包括服务顾问询问情况，下单传送到工作区的任务中心；分配给技师，完成维修工作，同时对全车进行常规检测；若发现新问题，反馈给服务顾问，与顾客沟通是否需要维修；完成后打卡计时，通知服务顾问交车；服务顾问交车前要确保车内外清洁，并悬挂合格证书；4天后电话回访。

Cedarbrae Volkswagen自认为各项工作完成得非常好，却不曾想到满意度评分这么低，而且还发现这次满意度评分高的全是那些处于Group Ⅱ和Group Ⅲ的中小型经销商，因此提出强烈质疑，认为满意度指标体系设计不合理，不应该把顾客满意度作为考核经销商的主要指标。

▶ **讨论题**

1. 如果你是大众汽车市场部的负责人，接到Cedarbrae Volkswagen的质疑，你会如何应对？

2. 顾客满意度和销量之间到底是什么关系？

基本概念

质量（quality）

客户满意（customer satisfaction）

客户忠诚（customer loyalty）

容忍区域（zone of tolerance）

指标体系（index system）

思考题

1. 产品和服务质量的评判标准是什么？

2. 客户满意与客户忠诚的区别和联系是什么？哪个更适合评判整体服务的质量？

3. 如何设置科学合理的客户满意度评价指标体系？

拓展练习

请你为一家经济型酒店设计一份顾客满意度调查问卷，然后邀请5～10位有过该经济型酒店入住体验的同学填写问卷，认真研究同学们填写的内容，然后看看你的问卷还有哪些值得修改的地方。

第10章
客户经理管理

本章要点

- 客户经理的层级架构、工作任务和工作流程。
- 选拔与培养客户经理。
- 向客户经理合理授权。
- 通过创新的手段来有效地激励客户经理。

引例

美国运通百夫长黑金卡

美国运通百夫长黑金卡，由于其卡面主体色调为黑色，所以又被称为“黑卡”。百夫长黑金卡是世界公认的“卡片之王”，该卡定位于顶级人群，无额度上限。持卡人为邀请办理，不接受申请办理。拥有这张“卡中之王”的持卡者，可享有顶级定制专属服务和全球权益，包括全天“有求必应”的礼宾服务、全球各种盛事的VIP席位、全球主要城市顶级私人会所礼遇等。百夫长黑金卡的服务宗旨是无论持卡人身在何处，其任何合法、合规的要求，均会得到即时响应与协助实现。曾经有位持卡人的女儿突然住院，无法观看某摇滚乐团的演唱会。为完成其心愿，百夫长黑金卡客服设法联络了该乐团的经纪公司，促成乐团主唱在开演前探望这位小歌迷。中国的一位持卡人在意大利一个偏僻的山村举行婚礼，他希望在婚礼上有舞狮表演，当时很多意大利人都在休假，但是百夫长黑金卡客服还是找出一对学习中国功夫的意大利人，让他们抵达那个偏僻的小村庄表演。还有位持卡人在韩国滑雪摔伤，无法行走，百夫长黑金卡客服第一时间安排专人带着轮椅出现，安排持卡人即刻乘坐飞机回国，当晚转入预订医院接受已安排就绪的手术。

对于每一个百夫长黑金卡会员来说，只需要将其需求告知24小时待命的百夫长黑金卡客服，后面为其提供服务的是美国运通在全球的网络——他们来自不同的专业领域、不同的国家和地区。每一个客户的需求被接收之后，迅速被划分到相应的团队，然后向全球网络进行分发，借助后台标准化的服务流程最终达成。目前美国运通的服务网络已经遍布全球超过130个国家和地区。

百夫长黑金卡不接受公开申请，会员人数秘而不宣，会员身份更是被严格保密。而这些从美国运通流出的官方案例，都是经过客户授权同意的，即便客户已经在公开场合自己提及过，这些案例仍会在经过匿名及信息模糊化处理之后发布，目的就是不让外界推断出会员的真实身份。百夫长黑金卡的策略是始终保持一丝神秘，但这并不影响百夫长黑金卡的认知度，反而会激发外界的好奇。正如其宣传语所说的“罕见，但无人不识”。这一点也许正切中了持卡人那种既想让人知道、又不想太高调的心理。不用刻意、夸张地去炫富，一张卡就能不动声色地彰显身份，对于顶级客户来说，这也许是比任何服务权益都更诱人的一个诉求。

服务营销成功的核心因素有三个，第一个因素是人，第二个因素是人，第三个因素还是人。这说明人在管理活动中的决定性作用。客户经理作为客户关系管理的直接决策者和执行者，在企业的客户关系管理体系中起着至关重要的枢纽作用。

第 1 节　客户经理制

客户经理制最早出现在 20 世纪 80 年代发达国家的商业银行领域。随后，国内的银行、保险、邮政、电力和通信等部门逐渐引进和实施了这种管理制度，规范客户管理的行为，提高服务的水平与质量。

一、客户经理制的基本含义

客户经理是许多行业都使用的一类岗位头衔，是专门进行客户获取、客户保持和客户开发等客户关系管理工作的专职管理人员。在美国银行业，它是指在业务部门或分行的业务第一线工作的业务代表，全职管理特定的银行客户，全面协调客户与银行的业务关系，全力向客户推销银行产品和服务项目。

以往对客户经理的作用不够重视，客户经理人员素质不高，在整个企业组织结构中的地位低下，工作职责混乱，对企业的客户关系管理工作造成严重的危害。客户经理制就是为了规范客户经理的管理，从制度设计、人力资源安排、服务内容和流程等方面，系统规划客户经理的工作内容与行为，优化客户经理工作效率与效果，增进企业与客户之间的关系。客户经理制的主要内容包括客户经理的配置范围，客户经理的设置，客户经理的职责和权限，客户经理的素质要求，客户经理的工作流程，客户经理的选聘、管理与奖惩等内容。下面以商业银行为例简要说明各项内容的基本内涵。

1. 客户经理的配置范围

一般情况下，企业只为大客户、关键客户或有发展潜力的客户配备专职客户经理。例如有些商业银行规定，凡有利于银行的经营和发展，能为银行带来比较稳定且较大经济效益的优质客户，都应配备客户经理。优质客户的范围包括：能按时付息的信贷户、有大量低成本存款的无贷户、能给银行带来较多收益的同业往来和有较大潜力的中间业务客户等。

2. 客户经理的设置

设置客户经理，要根据每一个客户的不同情况而定，原则上可根据客户规模的大小、存贷款余额的多少，分别设置初级客户经理、中级客户经理和高级客户经理。客户经理的工作目标也要根据每一个客户的不同情况而定。选配客户经理可以不受区域范围和专业限制。

3. 客户经理的职责和权限

客户经理的职责可以概括为：对客户宣传和贯彻落实国家的金融方针、政策；建立客户管理台账、掌握客户存贷款变化趋势；争取单位存款和基本账户，做好贷款营销，积极为客户办理代收代付、票据解付、信息咨询、财务顾问、资信调查、中介服务等中间业务；推广新的业务品种，为客户寻找合作伙伴，拓展购销渠道，组织联谊活动；根据客户的需要和业务发展，协调本行各部门为客户提供全方位金融服务等。

4. 客户经理的素质要求

客户经理应该具有较高的政治素质、良好的业务素质和一定的公关营销能力；必须具备一定的知识、技能和良好的职业道德；必须加强自身的素质修养，做到敬业爱岗、遵纪守法、办事效率高、经营作风稳健，具有开拓创新精神；客户经理也要提高自己的工作技能，不断适应客户、市场和商业银行业务经营的需要。

5. 客户经理的工作流程

客户经理要清楚各种业务的工作步骤、牵涉的相关部门与岗位、审批权限与时限等。详细内容参见后文介绍。

6. 客户经理的选聘、管理与奖惩

客户经理可以实行应聘制，进行动态管理，对业绩显著、贡献突出的客户经理给予奖励，并可晋升为高一级客户经理，对不适应工作的客户经理降低等级或解聘。

二、客户经理的层级架构

由于各企业的业务性质不同，企业规模和客户规模各异，客户经理的组织架构也有所区别。企业可以根据实际工作的需要，选择合适的客户经理组织架构。目前已有的客户经理组织架构包括以下几种类型。

1. 根据客户性质构建的客户经理层级

很多企业服务的客户群体中既有企事业单位，又有个人消费者或家庭，由于二者的需求和购买行为存在较大差异，所以有必要将服务他们的客户经理区分开来，分别设置集团大客户部和个人大客户部。如果企业客户数量庞大，还可以根据实际情况设立多个分部（见图 10－1）。

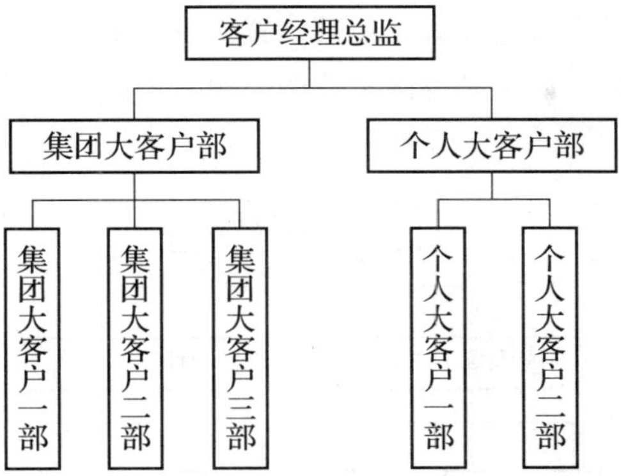

图 10－1　基于客户性质的客户经理层级

2. 根据客户价值构建的客户经理层级

由于客户贡献价值不同，企业为客户提供的服务也应有所不同。企业可以将关键客户和有发展潜力的客户，根据其价值大小或战略意义分为不同的层级，如铂金客户、黄金客户、钢铁客户，或者顶级客户、重要客户、一般客户。为不同层级的客户配备不同的客户经理（见图 10－2）。

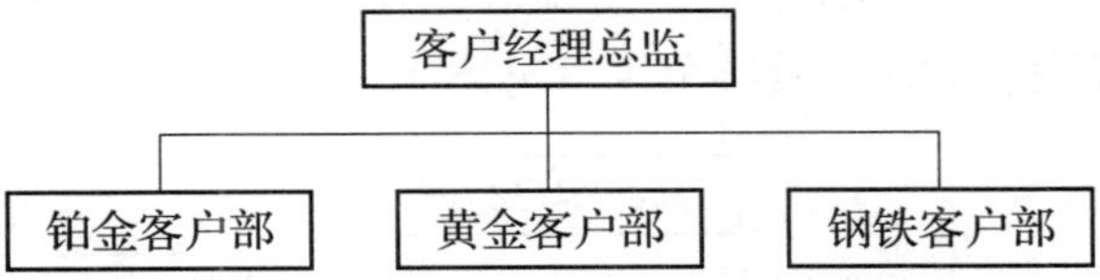

图 10－2　基于客户价值的客户经理层级

3. 根据工作职责构建的客户经理层级

企业也可以根据客户经理的工作职责来进行专业化分工，用不同的部门或小组来完成不同的工作内容，如客户关系管理、客户服务管理、客户信息管理、客户投诉管理和呼叫中心管理等（见图 10－3）。

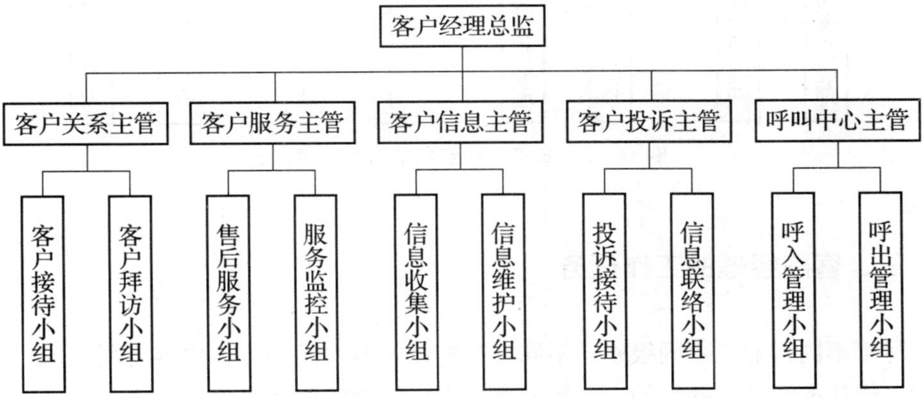

图 10－3　基于工作职责的客户经理层级

4. 根据区域划分构建的客户经理层级

如果企业的客户经理数量庞大，地理位置比较分散，还可以考虑按照区域来构建客户经理的组织架构。如果是跨国经营的公司，还必须考虑国内业务与国外业务的区别（见图 10－4）。

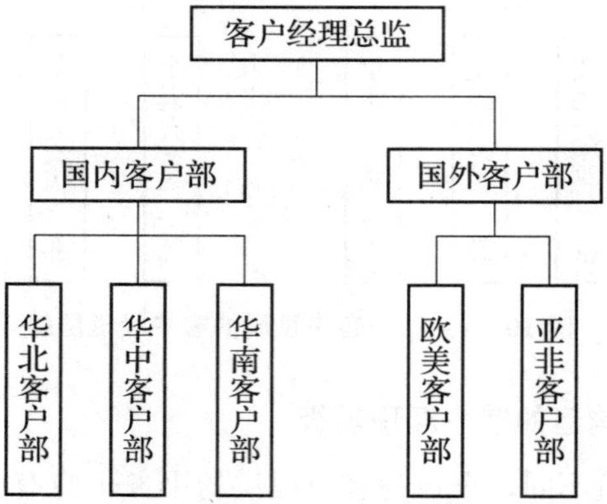

图 10－4　基于区域的客户经理层级

5. 根据工作级别构建的客户经理层级

有些企业为了激励客户经理，同时促进工作经验丰富的客户经理帮助新晋人员，设置了客户经理的等级和管辖范围（见图 10－5）。

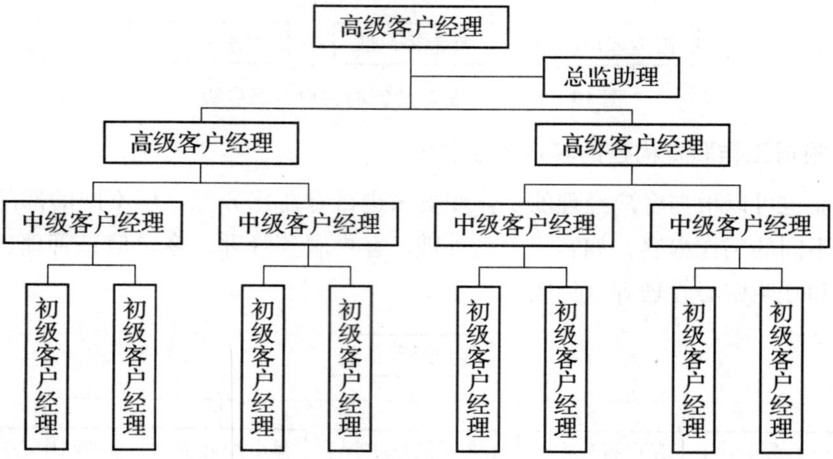

图 10－5　基于工作级别的客户经理层级

三、客户经理的工作任务

尽管不同行业、不同级别、不同客户群体的客户经理工作内容有所不同，但基本的工作任务还是有共性的。一般而言，客户经理的职责主要有：

1. 客户发展与管理

客户发展与管理包括确定潜在目标范围、搜寻潜在客户、明确获取战略、设计和执行获取组合策略、评估获取效果、确定和调整关系策略、设计和执行客户维系与开发策略、评估客户保持与开发绩效、挽留流失客户等。

2. 产品开发与推广

在新产品开发过程中，客户经理的主要职责是负责掌握市场动态，了解客户需求，提出新产品开发的设想和要求，协助有关部门完成新产品的研发、测试与试销等工作。一旦新产品推出，客户经理要负责向客户解释说明新产品的功能、特性、利益以及使用方法，挖掘客户的购买欲望与潜力，制作产品说明书与交易合同，协助有关部门运输、安装和调试产品，并协助财务部门回收货款。

3. 公关宣传

客户经理应该定期拜访客户，宣传公司的经营理念、企业文化和价值观，介绍企业的发展现状与规划。同时还应该组织或参加联谊活动、公益活动、展销会和交易会等，成为企业的社会形象代表，负责对客户进行公关宣传，不断提高企业的社会知名度。

4. 客户信息管理

客户经理要注意收集客户的重要信息，并及时归档，以用于客户服务和营销决策。同时要定期对客户信息进行核查，维护和更新客户信息，确保客户数据库的时效性。另外，客户经理还要运用各种手段收集市场信息，实施市场调查，掌握国家政策动态、行业发展动态、本地经济发展动态、同业竞争动态，及时反馈给有关部门，为领导决策和市场开发部门提供可靠的信息情报资料。

四、客户经理的工作流程

确定客户经理的工作流程，首先需要将其工作任务分解成各个工作环节或步骤，明确各个步骤之间的先后次序与逻辑关系；其次要理清与其他部门、岗位的工作环节的联系及互动机制，确定各个环节的审批权限；最后还需要规定整个工作流程的时限。下面我们通过描绘工作流程图，对客户经理的一些主要工作任务进行一般规划。

（1）建立客户档案，收集客户信息（见图 10－6）。

（2）分析客户档案资料，定期撰写客户分析报告（见图 10－7）。

（3）策划和负责实施客户关怀计划（见图 10－8）。

（4）负责执行具体市场营销方案（见图 10－9）。

（5）组织提供对企业客户的售后服务，与技术部门加强联络以取得必要的技术支持（见图 10－10）。

（6）分析掌握竞争对手的客户资源，培养新客户，开发新业务（见图 10－11）。

（7）建立客户流失预警系统，分析客户流失的原因和对策（见图 10－12）。

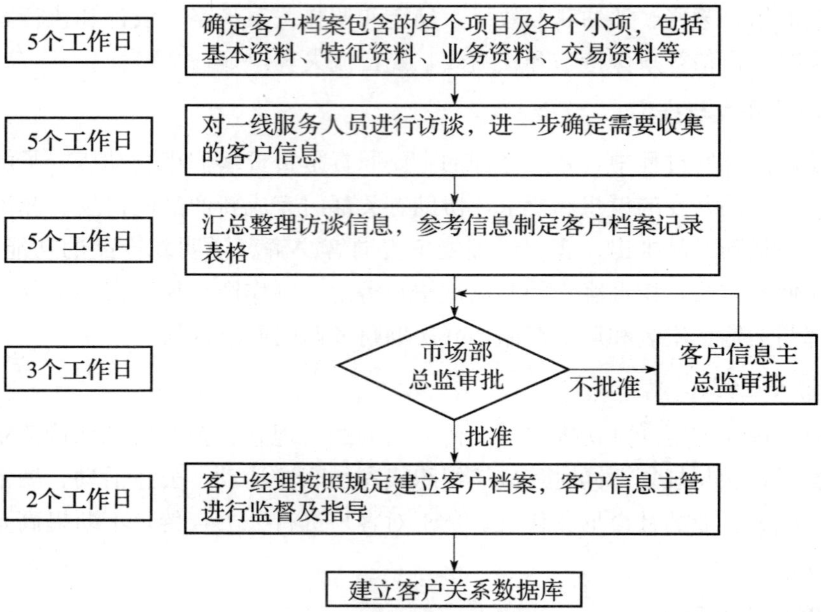

图 10－6　客户经理工作流程图一

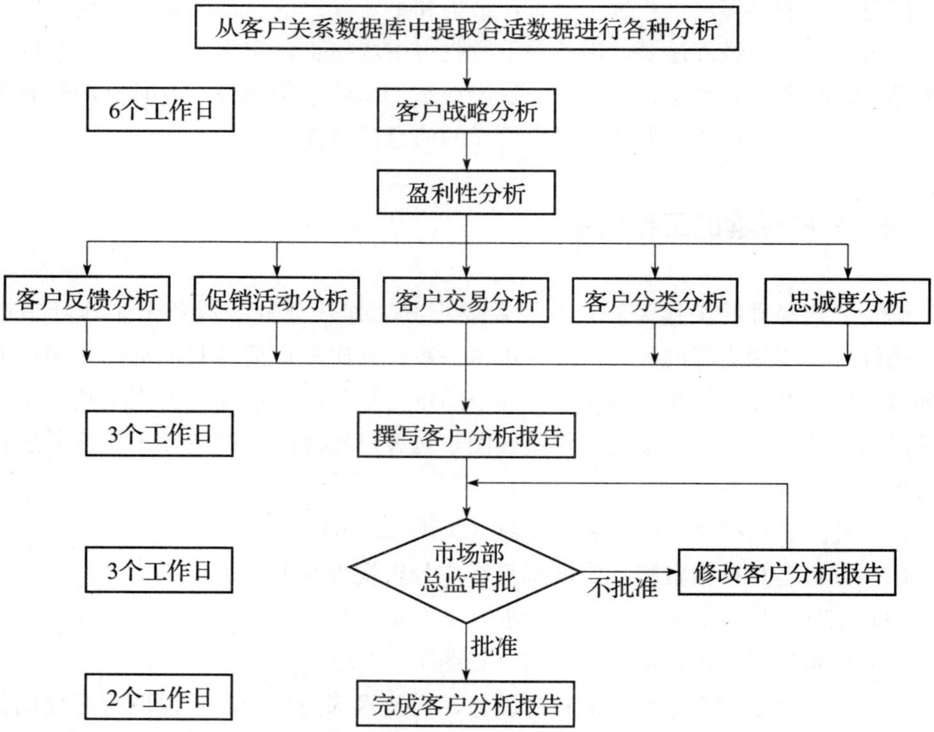

图 10－7　客户经理工作流程图二

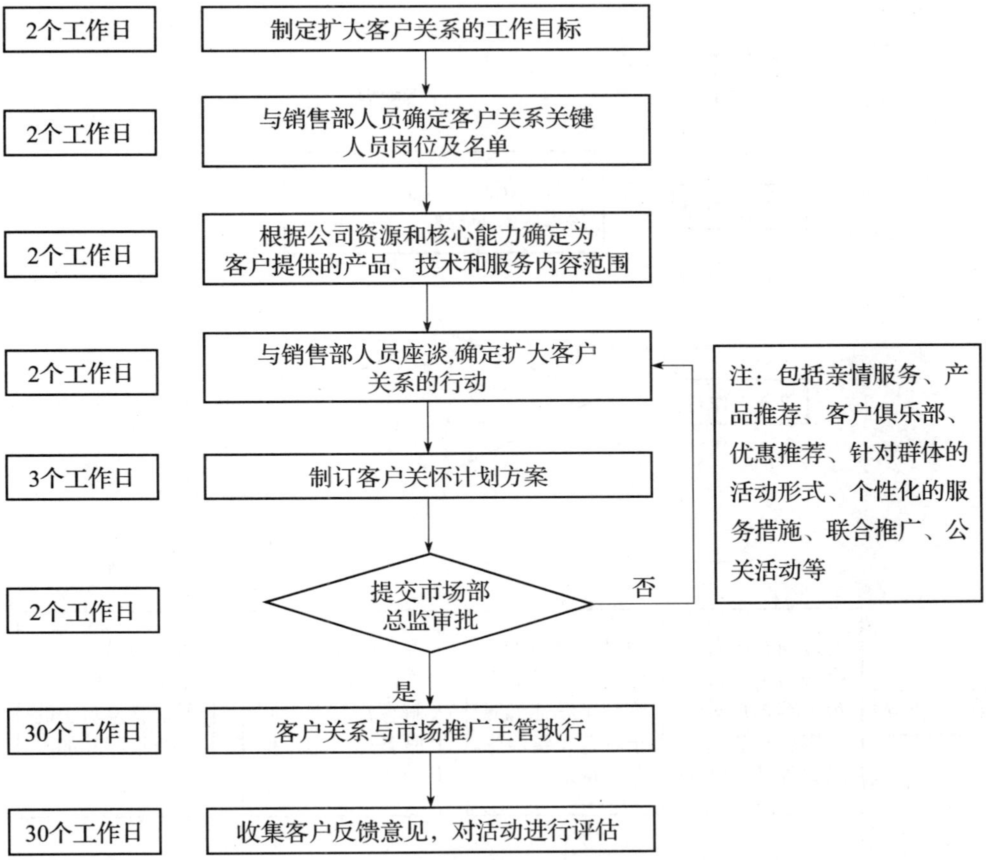

图 10－8　客户经理工作流程图三

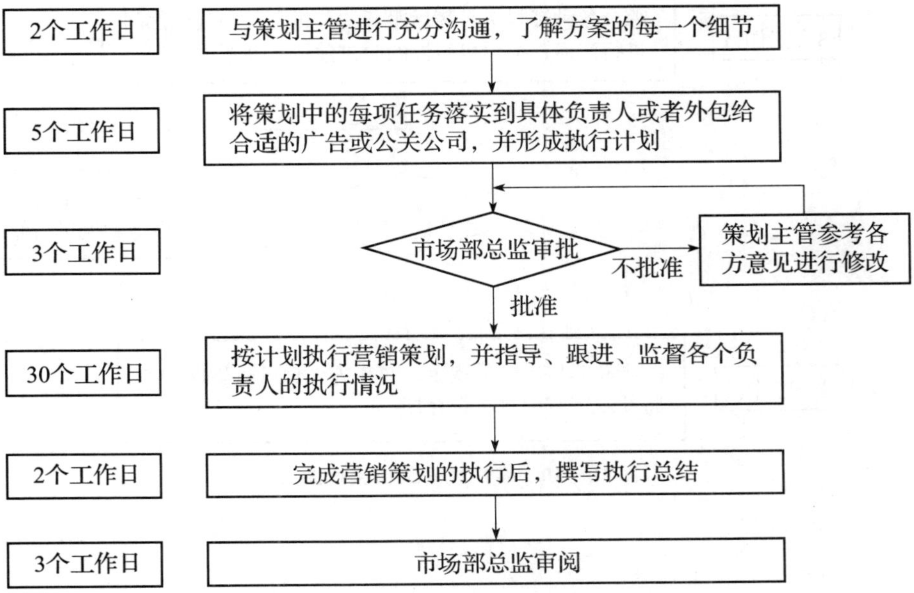

图 10－9　客户经理工作流程图四

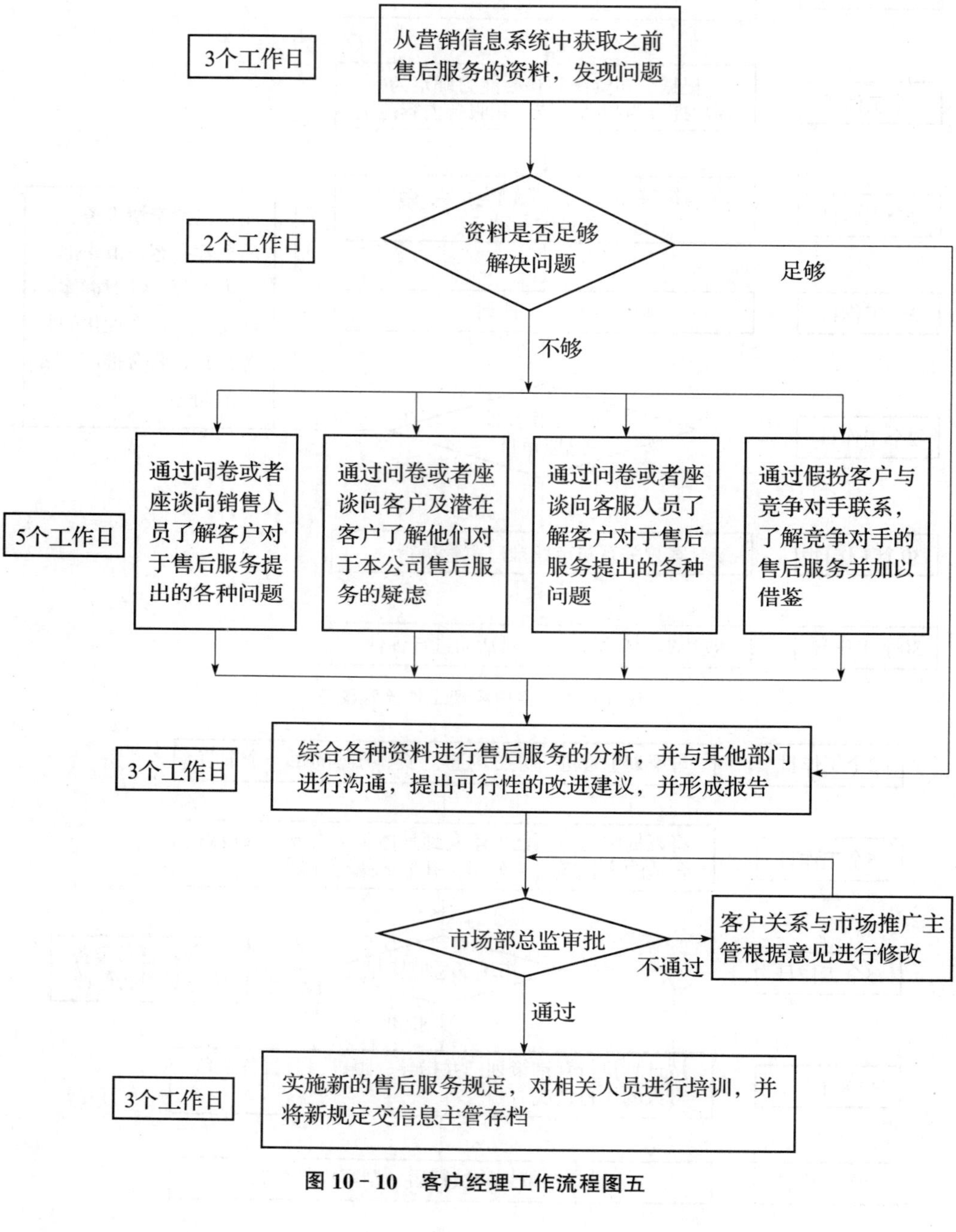

图 10－10　客户经理工作流程图五

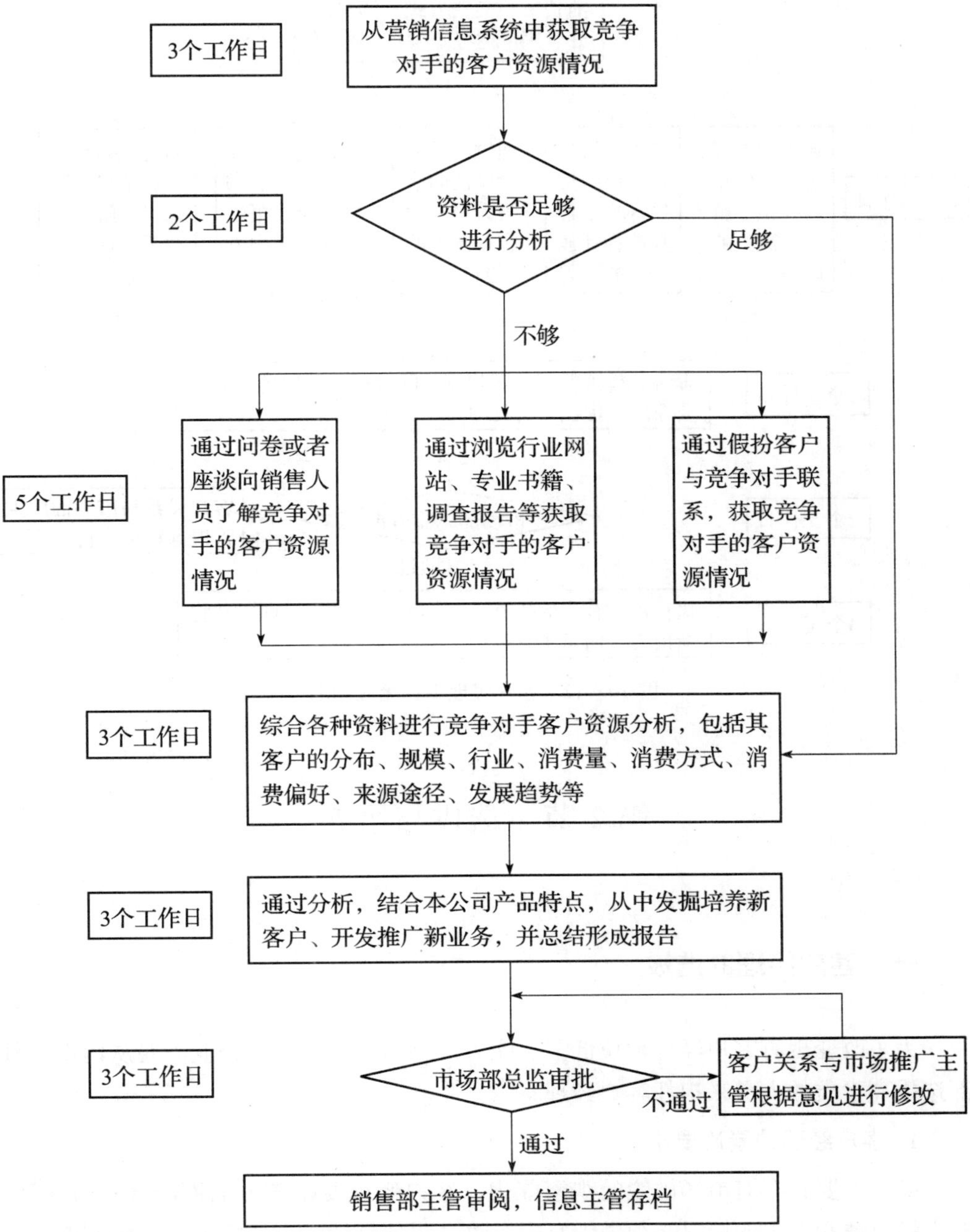

图 10－11　客户经理工作流程图六

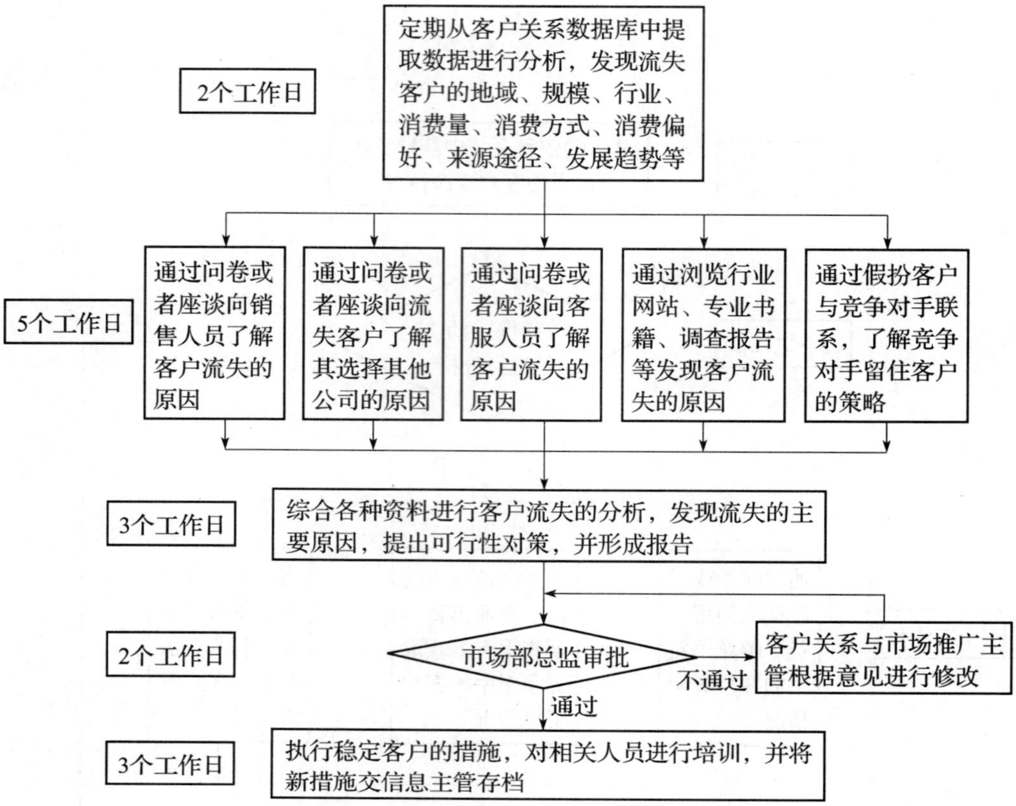

图 10-12　客户经理工作流程图七

第2节　选拔与培养

一、客户经理的选拔

为了改变现有客户经理地位低下、能力参差不齐的局面，企业需要从内部和外部选拔高素质的人员来担任客户经理。

1. 客户经理的素质要求

第一，要具有对市场敏锐的观察能力。客户经理要跟方方面面的客户打交道，对市场行情和客户的情况必须做到心中有数，而且要针对市场情况，准确判断，为客户出谋划策，取得客户的信任，与客户建立较好关系。

第二，要具有良好的交际能力。客户经理需要与形形色色的人打交道，这就需要具备一定的社交能力。在与客户交往的过程中，不能夸夸其谈，也不能沉默寡言，应该以最短的时间，用诚恳的态度和客户拉近距离。因此，客户经理的知识面要广，要能够与客户在各个领域都有话题进行沟通。

第三，要有良好的自我控制能力。客户经理要具有清醒的头脑和坚韧不拔的精神，在与客户交往过程中，碰到困难和客户的刁难，锲而不舍，不退缩，耐心解释，维护企业利益和客户利益。

第四，要有良好的职业操守。客户经理应该严格遵守企业的各项规章制度，有责任心和上进心，严格按照岗位职责和执行流程开展工作，不串通客户损害企业利益，也不为了获得高额回报而损害客户的利益。

第五，要有良好的团队合作能力。为客户提供优质的产品与服务，仅凭客户经理一人无法完成。客户经理需要具备良好的内部协调沟通能力，与项目团队成员或企业其他部门员工紧密协作，同心协力完成工作任务和目标。

第六，还需要具有良好的专业技能。客户经理要具有一定的财务知识，熟悉客户的需求与特征，熟悉产品的功能与特性，掌握高超的客户服务技巧和处理客户异议的技巧。

表 10－1 对这些素质要求进行了分类总结。

表 10－1　客户经理的素质要求

品格素质	技能素质	工作素质
强烈的责任心和进取心	掌握使客户信服的技巧	严格遵守企业和部门的各项规章制度
广泛的人际关系和良好的自我形象	把握客户心理与性格的技巧	不对客户做出夸大其词的承诺
深入了解产品和服务项目	灵活运用沟通的技巧	建立完整的客户资料库，及时反馈客户意见与市场信息
健全的心智、整洁的仪表和良好的习惯	把握异议处理的技巧	认真分析客户的意见与建议，及时帮助客户解决困难
不与客户发生争执，不损害企业利益	掌握为客户提供优质服务的技巧	认真撰写工作计划和工作日志，努力工作

2. 客户经理的选拔途径

选拔客户经理可以从企业内部与外部两个途径进行。两种选拔途径各有优势和劣势，企业要根据自身的情况，综合运用两种选拔途径，组建高效、稳定的客户经理团队。

内部选拔的特点是：（1）熟悉业务情况。从企业各个部门选拔出来的客户经理，由于已经在企业内工作一段时间，对企业的产品特性、运作流程、盈利模式、客户特征、核心竞争力和主要竞争对手都有一定的了解，对企业所处的市场环境、行业特征以及宏观环境也有一定的认识与感受，可以很快适应新的工作岗位，快速打开工作局面。（2）了解企业的规章制度和企业文化，容易形成良好的工作行为与习惯，容易和团队成员或其他部门工作人员沟通协调，达成一致的工作目标与理念。（3）有一定的工作经验，在实际工作中已经通过各种渠道与企业的实际客户打过交道，或多或少地积累了一些客户信息、人脉关系、沟通技巧和处理突发事件或危机的经验，有助于客户关系管理工作有效开展。（4）对企业形成一定的依赖，员工转换成本增加，不轻易跳槽，保证客户经理队伍的稳定性和客户服务工作的连续性。但内部选拔的客户经理也容易形成惰性，容易局限在已有的思维模式中，缺乏创新的激情和动力。

企业可以从以下几个部门中选拔优秀人员担任客户经理。

（1）销售部。销售人员是企业接触实际客户的最前沿阵地，他们每天和客户打交道，积累了丰富的客户知识，了解客户的偏好、特性和需求变化趋势；掌握了娴熟的客户沟通交流技巧，善于打动客户，可以缓解客户的不安与烦躁，与客户建立稳定良好的关系。企业可以从现有的销售人员中选拔优秀人员培养成客户经理，提高他们的数据分析能力、战略规划能力、关系维系与开发的能力，帮助他们完成从关注销售到关注长期持续交易、从单兵作战到团队合作、从结果导向到整体规划的转变。

（2）客户服务部。很多企业客户服务的职责主要集中在售后的运输、安装、调试、维修和处理投诉等方面。优秀的客服人员具备良好的沟通能力、快速反应能力和自控能力，但缺乏市场开拓和客户价值识别等方面的工作经验。加强对这些方面能力的培养，企业也可以从客户服务部门中挑选出非常优秀的客户经理。

（3）呼叫中心。呼叫中心工作人员具备了良好的电话沟通技巧、处理客户问题或投诉的能力，有些企业的呼叫中心还要求进行主动呼出，主动与客户或潜在客户进行联系，发展客户开拓和关系维护的能力。企业可以从中选拔表现突出的人员，综合培养其线上沟通与线下沟通的能力。

（4）技术部。企业的技术部门既要开展产品研发的工作，也要帮助客户解决安装、调试或维修过程出现的技术问题。为了让核心技术人员专心进行产品研发，企业一般会在技术部门内专门设立一个技术支持小组，协助销售人员或客户服务人员帮助客户解决技术难题。这些人员对产品性能非常熟悉，能够帮助客户解决实际问题，容易赢得客户的信赖，如果在沟通方面加以培训，同样也可以成为优秀的客户经理。

（5）市场部。市场部人员具备良好的战略规划能力、营销策划能力、媒体公关能力和团队协作能力，思维活跃，创新能力强，能够敏锐地觉察到市场的变化，并准确把握市场变化的趋势，但市场部工作人员一般缺乏客户管理与产品销售的经验，要想成为优秀的客户经理，必须加强与客户交往的技能以及处理客户投诉的能力。

外部选拔的特点是：首先，可塑性较强。外部人员对业务模式、企业文化和经营理念还缺乏深入细致的认识，没有形成思维惯性和定式，便于企业推广新的管理理念、方法和工具。其次，具备新的视野与思维。外部人员结合自身的经历，往往可以给企业带来不同的观点、视角、工作思路与方法，在团队合作中容易产生创新元素。最后，有新鲜感。新进人员对新的工作环境往往有新鲜感和好奇感，这种感觉容易转变为工作动力，同时也给老员工带来一定的压力。但外部人员打开业务局面有一定难度，与组织的融合也存在一定的障碍，需要一定的时间适应与磨合。另外，外来新进人员也容易产生冒进的心态，急于表现自己和取得工作成效，但往往欲速则不达。

外部选拔的途径主要包括：

（1）有经验的服务人员或客户经理。选拔的范围不要局限在同一行业内，可以跨行业、跨地区选择。一方面可以避免同业之间的人才恶性竞争，恶化竞争关系；另一方面也可以获得新的管理思维与视角，借鉴其他领域的成功管理经验。比如银行金融企业可以从酒店和航空行业选拔、吸收优秀的服务人员或客户经理；通信企业可以从零售和金融行业发掘职业素质良好的一线工作人员。

（2）高校毕业生。青年学生精力充沛、思维活跃、可塑性强、有好奇心、接受能力强、受过良好的专业培训，是优秀客户经理重要的来源。企业应该善于发掘和储备有发展潜力的高校毕业生，为他们设计合理的职业发展规划，注重培养他们的职业素质和专业技能，组建企业客户经理的团队和梯队。

二、客户经理的培养

1. 培训方式

为了提高客户经理的素质，企业需要有目的、阶段性地交叉采用多种培训方式，不断提高和强化客户经理的各项技能。一般而言，客户经理的培训方式包括：

（1）集中培训。这是对客户经理采取的最主要的培训方式。具体有传统课堂式的培训、全封闭式的军事化培训、交流式的培训、操作式的培训。重点培养客户经理的自信心、团队合作意识和坚强的毅力。

（2）考察学习培训。通过参加有关部门组织的相关学术研讨会、行业的客户经理经验交流会等多种途径，适当走出去，通过现场考察、观摩学习，吸取先进单位的经验与做法。

（3）跟班式的培训。对新加入客户经理队伍的素质较低的客户经理，可由经验丰富、水平较高的客户经理对其进行跟班式的培训，在日常工作中整个环节进行跟踪操作，与优秀的客户经理一起去真正面对市场和客户，现场学习实战经验。对企业推出的各项业务特别是新业务，客户经理可采取工作现场面对面培训、角色培训、小组在岗培训、经验交流会等形式，直接掌握具体的操作方法，提高对该项业务的了解程度等。

表10－2和表10－3分别总结了两个不同行业客户经理培训的内容与方式。

表10-2 商业银行客户经理培训内容与方式

培训内容	培训方式
商业银行整体运作 银行产品/服务 综合理财知识 经济法律、法规 企业经营管理知识 市场营销知识 计算机/系统操作知识 道德/团队精神教育	传统课堂 工作转换 研讨会 专业培训/资格 对外考察/交流 实习/跟班 训练营

表10-3 通信运营商客户经理培训内容与方式

培训课程模块	培训内容	培训方式
客户关怀	客户重要事件的关怀和问候 对重点个人客户及集团客户的定期拜访 其他客户的电话访问	专业培训＋角色转换培训＋经验交流会
客户挽留	针对客户异动情况，明确原因，解决问题 采用不同方法吸引客户重新入网	
业务咨询及受理	接受客户各类咨询 受理服务范围内的业务	
业务投诉受理	接受并处理客户各类投诉	
集团用户业务/产品推广	熟练掌握业务知识 上门拜访进行针对性的市场开拓	传统课堂＋跟班实习＋考察交流
行业解决方案推广	熟练掌握相关业务知识 挖掘行业需求，设计并实施行业解决方案的营销方案	
集团（个人）用户开发	集团（个人）客户开发 争取竞争对手客户 定期回访离网集团（个人）客户	
商务礼仪	客户经理的商务礼仪	
会议/培训 信息管理	经验交流与建议沟通/培训管理 客户资料管理	专业培训＋跟班实习＋经验交流会
报表处理	撰写工作总结及有关报表	

2. 行为规范

行为规范是客户经理培训的重要内容，它贯穿客户经理日常工作的每一个环节。客户经理要做到有礼有节，行为规范，举止得体，品德高尚，与客户的交往发自内心、出于自然、充满爱心。良好的行为规范应该注意以下几个原则：

（1）机智。待人接物时，要尽量欣赏、赞美别人的优点和长处，使对方拥有愉快的心情；在谈话、接待及服务时，要机灵，懂得察言观色，不得罪人；说话抓重点，行动敏捷。

（2）注意选择合适的时机。在工作场合中应依据地点、身份的需要，讲适当的话，做合适的应对。在工作的时候要少说多听，多思考别人说话的内容，以掌握合适的表现时机。

（3）宽容。要有宽恕、包容别人的修养，记住“将心比心”四个字，多想别人的优点，自然就会有比较好的服务心情。如果遇到挑剔的客户，客户经理要加倍付出耐心，一项项为之解答，并设法改正自己的缺点，增进企业与客户双方的信赖。

（4）充满爱心与激情。客户经理要有一颗爱心，为人真诚，工作踏实，充满活力与激情，这样才能在客户交往过程中传递出尊敬他人、讲究礼仪、热爱客户的意志，从而获得更多客户的信任。

（5）懂得总结与借鉴。客户经理要与各种类型的客户进行交往，这些客户可能来自不同的国家、地区、民族，有着不同的性格、职业、知识水平、行为模式。所以客户经理会面临各种事先无法预测和想象的突发状况，这就要求客户经理广泛学习各方面知识，了解各种各样的礼仪习俗，不断吸取和借鉴有用的经验，以应对各种突发状况的发生。

表 10-4 总结了在与客户交往过程中的一些禁忌用语。

表 10-4　接待客户的用语禁忌

- 这种问题连三岁小孩都知道。
- 不可能，绝对不可能有这种事发生。
- 我不会。
- 这是我们的规定。
- 这个问题我不大清楚。
- 这种问题去问生产厂家，我们只负责卖。

3. 业绩考核

科学合理的业绩考核体系是规范客户经理行为、提高客户满意度、维系客户关系的重要保证。企业在设计业绩考核体系时，要注意以下几个原则：

（1）结果导向与过程导向相结合。结果导向是多数企业在考核客户经理业绩时普遍使用的原则。例如销售额、客户获取数量、客户满意度、客户流失率等结果导向型指标，由于计算简单，容易监测，都是考核客户经理业绩的主要指标。但这种“唯结果论”的做法实际上间接地在鼓励客户经理为达目的不择手段，从长期来看，对企业的规范经营和长远发展是潜在隐患。所以企业在采用结果导向型考核指标的同时，应兼顾过程导向的指标，注意考察客户日常行为的规范性，保证客户资源稳步扩张。在确定结果导向和过程导向的比例方面，企业可以根据自身的实际发展情况灵活处理，如在企业初始发展阶段，由于存在生存的压力，所以应该以结果导向为主，以过程导向为辅；在企业快速成长阶段，为了保证企业的稳定性和持续性，可以采取结果导向和过程导向并重的方式；企业一旦步入成熟期，过程导向的考核要重于结果导向，因为维护企业的声誉更为重要。

（2）自上而下与自下而上相结合。实行目标管理的企业，考核的重点在于目标实现的情况。为了保证目标制定切合实际，目标考核方式合情合理，企业可以采用自上而下与自下而上相结合的方式。一方面，根据企业发展规划，确定每个部门或团队的年度、季度或月度的工作目标，并确定考核的基本原则和指标；另一方面，与客户经理进行充分的沟通、协商，可以先征求客户经理本人的意见，让他根据以往的工作业绩和市场判断确定个人工作目标以及目标考核的形式，然后由部门或团队负责人根据企业分解的年度、季度或月度目标以及基本考核指标，与客户经理个人目标以及考核形式进行匹配，帮助客户经理分析个人目标和考核方式的可靠性、可行性和合理性，在沟通协商的基础上最后确定客户经理的考核内容与方式。

（3）定期考核与不定期考核相结合。定期业绩考核可以分为月度、季度、半年和年度考核，客户经理需要在规定的时间期限内将需要上报的资料提交给考核部门。企业还可以根据自身的情况，为特殊事件举行不定期的专项业绩考核，集中检查、治理或整顿工作中出现的问题。

（4）公平、公正、公开的原则。业绩考核的标准与流程要公开、透明，业绩考核应以规定的考核项目和标准为准绳，以确认的事实或者可靠的材料为依据，绝不允许徇私舞弊，考核结果要公示，允许被考核人提出异议，并有解决争端的流程与机构。

（5）连续与时效兼顾的原则。为了保证客户经理工作的稳定性与连续性，对他们的考核内容与方式一旦确定下来，在一定的时期内不要随意更改。但每次评估结束之时，要对整个评估系统进行全面的回顾与检查，考察各项要素之间的评价结果是否具有内在统一性，消除相互矛盾的因素；同时要注意企业内外部环境变化对评估机制的影响，保证业绩考核的时效性。

（6）赏罚分明与区别明显的原则。要根据业绩考核的结果对客户经理进行奖惩，奖惩的标准事先要公开，要有赏有罚，赏罚分明。赏罚的形式可以是物质性的，也可以是非物质性的。比如奖励可以是加薪、年终分红、特别奖金、股票、认股权证，也可以是晋级、公开表扬、奖状、表扬信等。惩罚可以是减少或停发奖金、减薪，也可以是调职、降级、解雇、加强监督、私下敦促（口头）、公开敦促（口头）、警告信、公开批评等。另外，赏罚要拉开档次，不同层级之间的奖赏区别要明显，确保奖赏激励的有效性。

思政专栏

社会主义核心价值观与职业道德

党的十八大提出，倡导富强、民主、文明、和谐，倡导自由、平等、公正、法治，倡导爱国、敬业、诚信、友善，积极培育和践行社会主义核心价值观。其中，“爱国、敬业、诚信、友善”，是公民基本道德和行为规范。它覆盖社会道德生活的各个领域，是公民必须恪守的基本道德准则，也是评价公民道德行为选择的基本价值标准。爱国是基于个人对自己祖国的深厚情感，也是调节个人与祖国关系的行为准则。它同社会主义紧密结合在一起，要求人们以振兴中华为己任，促进民族团结、维护祖国统一、自觉报效祖国。敬业是对公民职业行为准则的价值评价，要求公民忠于职守，克己奉公，服务人民，服务社会，充分体现了社会主义职业精神。诚信即诚实守信，是人类社会千百年传承下来的道德传统，也是社会主义道德建设的重点内容，它强调诚实劳动、信守承诺、诚恳待人。友善强调公民之间应互相尊重、互相关心、互相帮助，和睦友好，努力形成社会主义的新型人际关系。

敬业是中华民族的传统美德。习近平总书记在庆祝 2020 年“五一”国际劳动节暨表彰全国劳动模范和先进工作者大会上发表讲话指出，“爱岗敬业、争创一流，艰苦奋斗、勇于创新，淡泊名利、甘于奉献”的劳模精神，生动诠释了社会主义核心价值观，是我们的宝贵精神财富和强大精神力量。爱岗敬业体现的是公民热爱、珍视自己的工作和职业，勤勉努力，尽职尽责的道德操守。任何一个社会的延续和发展，都是以其成员勤奋工作、创造价值为前提的。因此所有生机蓬勃的社会，都把敬业作为核心价值加以强调，将之作为对自己成员的基本要求。对于每一个公民来说，敬业精神的内涵表现在三个方面，即热爱、勤勉和克制。时至今日，在当代社会，热爱与敬重自己的工作和事业，已经成为职业道德的灵魂，是公民应当遵循的基本价值规范之一。

资料来源：教育部中国特色社会主义理论体系研究中心．深刻理解社会主义核心价值观的内涵和意义.（2013－05－22）．http://theory.people.com.cn/n/2013/0522/c40531-21565926.html；“平语”近人——习近平谈社会主义核心价值观.（2016－12－08）．http://www.xinhuanet.com/politics/2016-12/08/c_129395314.htm；李健．敬业：职业道德的灵魂.（2014－05－06）．http://theory.people.com.cn/n/2014/0506/c384764-24981835.html.

第 3 节　授权与激励

除了有效的选拔与培训机制之外，为了充分发挥客户经理在实际工作中的积极性、能动性和创造性，还需要对他们进行有效的授权与激励。建立在“X 理论”基础上的标准化、层级化员工管理模式，已经不适应市场竞争环境和客户经理需求的变化，没有客户经理的满意就不会有客户的满意，所以首先必须让客户经理满意，必须把客户经理当成顾客一样看待，对客户经理进行内部营销。

一、授权客户经理

企业给予客户经理在与客户接触的过程中一定的自主决策并采取行动的权力，可以确保对客户需求反应的灵活性和差异化。作为内部营销过程的一部分，如果授权实施得当，会对客户经理工作满意度产生决定性的影响，有利于企业内部各个部门之间协调运作，有利于价值网和客户接触界面的弹性运转和顺畅连接，进而对客户的满意度和企业利润产生积极的影响。

20世纪90年代，授权的概念开始被引入商界，并发展到近乎狂热的地步，授权成为一种标榜企业现代管理的时尚。关于授权在现代商业环境中迅猛发展的原因，主要来自两个方面：外部环境和人们自身的变化需要改变企业组织中的工作方式。企业组织需要授权来应对日益激烈的竞争威胁；企业组织需要授权尽可能地利用迅猛发展的先进科技；企业组织需要授权找出改进产品和服务的方法；企业组织需要授权帮助企业实施绿色营销等。同时人们对实现个体价值的权力意识增强，他们不会自动地服从权威或毫不怀疑地接受约束，相反，他们需要显而易见的回报或满足来激励。

从理论上讲，授权增强了客户经理工作的满意度，使其与其他人合作更密切、工作更有目的性以及目标达到时更有成就感。客户经理可以在服务的过程中对顾客的需求进行更快速、更直接的回应，无须等到主管批准或出现，这样有助于改善感知服务质量；客户经理可以在服务补救过程中更快、更直接地回应不满意的顾客，消除或缓解客户的不满；客户经理的工作满意度更高，自我感觉也更好；客户经理会以更加饱满的热情提供服务；被授权的客户经理更倾向于关注问题和机会，并与他们的主管和经理分享他们的发现，是新思想的宝贵源泉；被授权的客户经理在创造好的口碑和提高顾客保持率方面极具价值。另外，获得授权的人在重大机构改革过程中，如精简中对变革抵制较少，因为他们对公司能克服困难持乐观态度；获得授权的人被部下看作出类拔萃的领导，这种品质能增强他们的能力，给所在组织带来转型变革。同时，被授权的客户经理同样也会被其所接触的客户认为是出类拔萃的，客户能够接受他们提供的服务，会获得一种受到尊重的满足感。

尽管授权会给企业带来如此多的益处，但是授权的实施是一个非常复杂的课题，首要的障碍来自授权者的观念和行为。很多主管担心授权会失去控制，产生混乱。他们在授权给下属的同时，又有意或无意地强化控制系统，传达不信任下属的信息，不相信下属会积极主动、承担风险或做出负责任的决策。比如企业常常制定标准非常严格的操作程序，使得实际上需要客户经理积极主动地解决客户投诉的情形困难重重。在这种情况下，客户经理易于相信授权计划仅仅是装饰，如果再次遇到紧急情况还是会下意识地犹豫与依赖上司。所以，成功授权的第一步就是营造一种从上到下相互信任的氛围，领导者必须树立“用人不疑”的观念。

在相互信任的环境中，为确保授权有效进行，授权者必须明确授权的对象、授权的内容和进行有效的支持与考核。授权要求既可以由一线接触人员和其他支持人员提出，也可以是决策层有计划的安排。授权者应该注意一线接触人员和其他支持人员的业务流程，询问他们业务执行的感受，找出他们执行不便或效率低下的原因，在需要授权的时候进行周密考虑。同时鼓励客户经理提出授权的要求和具体内容，并给予积极的回应。一旦授权意向形成，授权者就应该明确授权对象，并对其进行能力和潜力方面的考察，根据考察的结果确定适当的授权内容。

授权的内容概括为：为员工提供关于组织业绩的信息；根据员工在组织中的贡献进行奖励；创建知识库，让员工理解并为组织业绩做贡献；授予员工对影响组织方向和业绩的活动进行决策的权力。格罗鲁斯的观点相对狭义但实用一些，他认为真正给予员工权力意味着员工要能获得在服务过程中有效地独立决策所需的支持，这种支持包括管理支持（在必要的时候主管和经理给员工提供信息并移交决策权，并且不干扰员工的决策）、知识支持（使员工有分析情况并做出恰当的决策的技术和知识）和技术支持（可以使与顾客接触的员工处理情况时拥有信息和所需要的其他服务，如使用数据库和其他系统）。不同层级的授权主要表现在授权内容的不同，被授权者获取的管理支持、知识支持或技术支持也明显不同。授权力度越大，获得的支持越多。

在传递客户价值的过程中，企业可以根据实际需要给予客户经理尤其是一线客户经理一定的自主决策和自由使用企业资源的权力。

当然，在确定权力内容的同时，也必须确立对等的责任。授权内容越多，责任也越大。

授权之后，授权者与被授权者之间应该是一种什么样的关系，也是决定授权行为能否成功的重要元素。在传统的组织结构中，领导和下属之间的职权都有明确的规定，不能更改，领导高高在上，下面是下属，呈金字塔形。但在授权流行的组织中，这种常规的组织体系被颠倒过来，领导起的是支持与考核的作用，为下属服务，确保下属不越轨，支持他们，给他们提供促进组织长远成功的机会和资源。同时对于他们权力使用的情况进行必要的考察，重点考察权力使用的效果和是否有滥用权力的情形等，考察结果必须记录在案，作为授权内容修改和以后授权项目的参考（见图 10－13）。

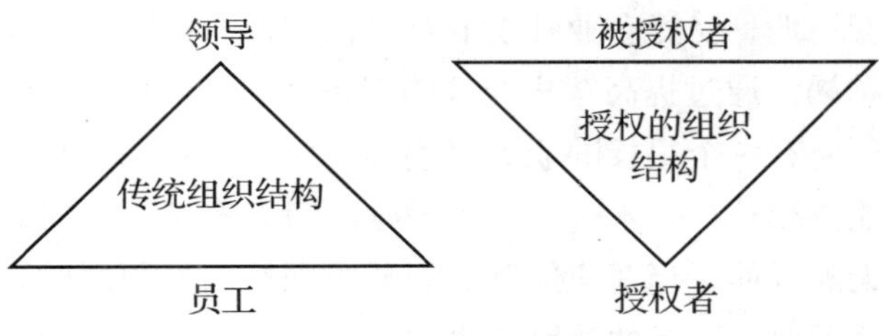

图 10－13　新旧组织结构的对比

二、激励客户经理

人是追逐利益的主体，为确保价值传递的顺畅进行，在授权的同时必须对客户经理实施不同的激励，当然，从某种程度上来讲，授权也是一种激励。

在现实生活中，许多企业热衷于通过以物质刺激为主的薪酬体系来激励客户经理，这种常见的薪酬方案一般由五个部分组成：底薪、奖金/提成/分红、福利、额外津贴、额外赏金等。底薪是企业给客户经理定的基本工资，然后视其工作成绩来确定工资之外的奖金/提成/分红，同时，企业还为客户经理提供养老保险、医疗保险、住房公积金等福利政策，工作服装、工作工具和设施等额外津贴，逢年过节、周年庆典或出于其他原因，企业还会发给客户经理红包作为额外的赏金。

所有这些薪酬表现形式的一个基本依据是客户经理在企业中的职位，因为普遍的看法是职位代表着经验、资历和对企业的贡献。职位高，则资历深，工作经验丰富，对企业的贡献大，所以薪酬要高；而职位低，则资历浅，工作经验缺乏，对企业的贡献小，所以薪酬要低。

同时，这种薪酬激励体制的一个基本逻辑是只有不断加薪才能激励客户经理、留住人才。而加薪的依据就是客户经理职位的升迁，获取更多薪水的唯一途径是雇主将雇员提升到更高一层的职务级别，当雇员达到他的职务顶端时，加薪即告一段落（见图10-14）。

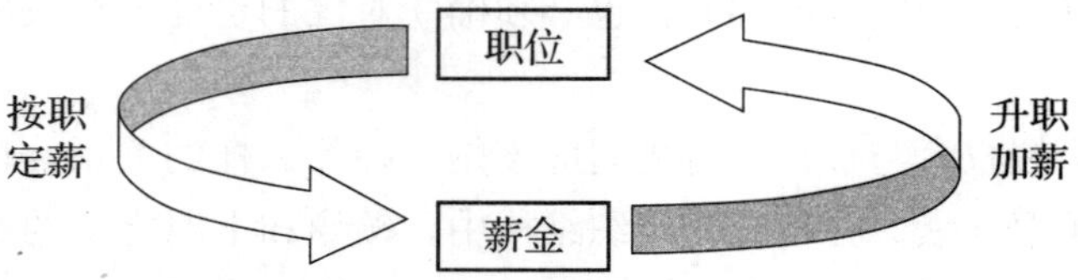

图10-14　传统薪酬激励模式

这种职位与薪金的紧密螺旋循环模式隐含的危机在于：

● 激励机制失灵。薪水是由职位决定的，与业绩的直接关联不紧密，而职位多是论资排辈，按部就班。在这种体制下，刚刚加入的新客户经理由于资历浅、职位低，相对微薄的薪水无法刺激新客户经理的积极性；而老客户经理则躺在自己苦熬出来的功劳簿上安稳地享受着企业补偿的丰厚报酬，同样缺乏继续进步的积极性。

● 激励动力枯竭。通过提高客户经理的职务级别来增加其薪水，这个命题的前提条件是企业必须要有一个很长的职务级别链。职务级别链越长，客户经理越有盼头，激励动力才能持续长久。不过，这种激励动力总有枯竭的时候，因为企业的职务级别链不可能无限延伸，当客户经理的职务级别达到最顶层时，他的加薪旅程也就走到了尽头。这种单一死板的激励逻辑在步入网络经济时代的今天更显得捉襟见肘，因为网络的级数扩张和渗透，企业的组织结构越来越呈现出扁平化的趋势，原先金字塔形的职务级别结构逐渐被打破，升职加薪的模式在这种短的职务级别链中更显得动力不足。

● 激励成本攀升。由于激励原理简单，激励手段单一，企业只能通过在底薪的基础上根据客户经理一段时期的表现增加薪水来激发客户经理的工作积极性，挽留客户经理，尤其是核心客户经理和重要客户经理。这就意味着企业在雇员身上的投资会逐渐上升，而对应的生产效率并不是以同样的速度递增。同时工资又具有刚性的特征，涨工资皆大欢喜，大快人心；降工资石破天惊，风起云涌；正所谓上山容易下山难。企业资源的浪费因此在所难免。

很明显，这种职位与薪金的紧密螺旋循环的体制在激励客户经理方面已经没有多大的实施空间了。与此同时，与顾客市场趋同的是，雇员的需求也呈现出多样化的趋势。马斯洛的需求层次论同样适用于雇员市场，客户经理在企业环境中，除了生理需求、安全需求外，还存在归属需求、自尊需求和自我实现需求。不同的客户经理在不同的阶段、不同的时期，其需求的侧重点也不相同。而且随着客户经理在企业环境中不断适应、潜能不断发挥，其需求也逐渐从生理需求、安全需求等低层次需求向归属需求、自尊需求和自我实现的需求等高层次需求演进，单纯的金钱刺激因此会逐渐失去功效。另外，市场大环境的快速变化，更加扩大了企业雇员需求构成的多样化趋势。主要表现在两个方面：一方面全球经济的快速发展和全球经济一体化趋势的加快，刺激了劳动力市场的繁荣和人才更大范围的流动，企业客户经理的构成打破了原来由本地男性职员一统天下的格局，不同性别、不同地区、不同民族甚至是不同国籍的人才构成了企业的雇员生力军；越来越多的女性加入职业大军；越来越多的人不远千里奔赴异国他乡寻求发展。这种情况在大型跨国企业中非常普遍。由于受教育程度、思维方式、文化背景和价值观念等的差异，他们对薪酬激励体制存在不同的认识和需求。另一方面，也是由于全球经济一体化趋势的加剧，促进了不同文化、不同价值观之间的融合，人们价值观的变迁速度加快，需求的周期性变迁也随之加速，企业雇员的需求呈现更加动态的多样化趋势。

在这种状况下，单纯的物质刺激很明显是无法起到激励客户经理的作用的，企业必须采用多样的激励形式，并为客户经理提供定制化的薪酬方案。

激励员工的方式可以归结为五种：在企业使命和价值中为员工创造一种集体荣誉感；使员工清楚自己的任务、重要性、业绩衡量方式，并以持续的方式追踪结果；给员工个人自由和赚钱的机会，同时让他们承担较大的风险，对他们的行为很少做出规定；对个人成就表示尊敬并承认质量业绩；借助工资和红利系统来支持实施。这些激励方式能够产生动力的原因见表10-5。

表10-5 激励员工的5种方式及原因

激励方式	产生热情的原因	员工对组织有归属感的原因
使命、价值和荣誉的方式	相互信任、有集体荣誉感和自我约束力	为成就、守法和荣誉而感到骄傲、共享价值
过程和业绩衡量方式	透明的业绩衡量标准，清晰的结果追踪	知道企业要他们做什么，知道如何衡量业绩以及这样做的原因

续表

激励方式	产生热情的原因	员工对组织有归属感的原因
创新精神方式	有个人自由，有赚更多钱的机会，行为规范更少，可以选择自己的工作活动，但承担很大的个人风险	能控制自己的命运，在高风险、高回报的环境中工作
个人成就方式	对个人成就非常重视，不过分计较个人得失	因个人工作质量而得到承认和赞赏
奖励和庆祝方式	对成就进行奖励和庆祝	在高度互动的环境中享受乐趣和相互支持

针对客户经理需求多样化的特点，企业可以破除固定的薪酬体制，采取定制化和动态性的薪酬方案，在公司和雇员充分沟通的基础上确定雇员的激励形式。

● 定制化。由于不同的雇员对薪酬体制有着不同的认识和需求，一刀切的激励机制不能产生最佳的效果，最好的方式是与顾客市场上的情形一样，实行雇员薪酬方案定制化，根据雇员不同的需求来安排薪酬成分的比重，一个客户经理对应一个薪酬组合。比如某个客户经理对额外津贴不感兴趣，那么他可以放弃额外津贴这一部分，挑选他感兴趣的部分，诸如生活质量（减少每周工作时间或者可以在家办公）；再如，某个客户经理不需要医疗保险（因为其配偶的保险已经将他纳入其中），他就可以把这份原本用于医疗保险的薪酬转换到其他方式上去，比如增加基本工资；还有，某个客户经理可以选择高工资，放弃一些事后的奖励，而另一个客户经理选择低工资，希望年底多一些分红。总之，定制化的薪酬方案不仅满足了客户经理的差异化需求，也降低了企业在客户经理身上的投资成本，提高了投资效率。

如图 10－15 所示，在报酬效用无差异曲线上，尽管点 A 和点 B 的薪酬组合不同，但它们给予雇员的感受是相同的，激励的效果也是一样的。

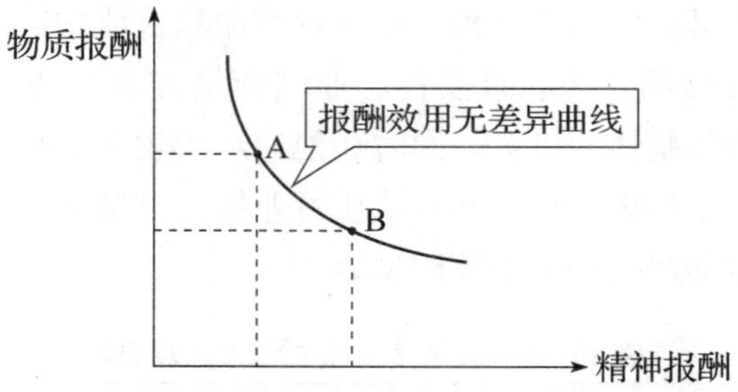

图 10－15　报酬效用无差异曲线

● 动态性。由于客户经理的需求在不同的阶段、不同的时期有着显著的差异，所以定制化的薪酬方案也不能一成不变，需要根据客户经理需求变化的情况做相应的调整。比如年轻客户经理希望直接工资和晋升机会、发展机会等方面的比重大一些；而随着年龄的增大，客户经理可能对间接工资、生活质量等方面有了更多的关注。

企业推行定制化的薪酬方案，需要遵循以下几个原则：

● 最终的薪酬目标必须与企业和雇员今后的发展方向相一致。企业在照顾客户经理个性化需求、为其定制薪酬方案的同时，也要注意适当约束和引导，创造一种积极向上的企业文化氛围，不可因此扰乱企业正常的管理秩序。

● 确立以团队为基础的奖励概念。鼓励客户经理之间的协作与学习。

● 必须允许雇员参与。雇员薪酬方案暗箱操作的做法越来越受到客户经理的厌恶，决策人员需要与客户经理进行充分的沟通、交流，与客户经理共同商定其一段时期内的薪酬方案。同时还需要一定的透明度，允许客户经理公平竞争。

● 实施分类管理。不同的客户经理对企业的价值和重要性是不同的，类似人才的市场供求状况也是不同的，企业对他们的薪酬方案的设计和管理花费的时间应有所区别。按照 ABC 管理法则，企业的 A 类人员（占企业总人数的 20%），是企业的中坚力量，他们的贡献远远超出了雇佣成本，企业必须留住他们，所以他们的薪酬方案需要精心设计，支付的薪水也应该高出市场平均水平 20%甚至更多；企业的 B 类人员（占企业总人数的 60%），是企业的雇佣大军，他们一般恪尽职守，兢兢业业，对企业忠诚，所以可以按照市场平均水平或略高于市场平均水平来支付他们的薪水；企业的 C 类人员（占企业总人数的 20%），业绩差，效率低，已经成为企业的累赘，企业需要劝说他们离职，所以应该支付给他们低于市场 10%～20%的薪水。

可以毫不夸张地说，随着网络经济的不断延伸和渗透，人员素质的不断提高，人们生活质量意识的不断增强，定制化的薪酬方案将是企业激励机制的主要方式。我们希望企业的高层管理者能够摆脱固有的思维定式，不失时机地改变传统的薪酬体制，引进自助式薪酬的思想和方法，从而更好地激发出客户经理的潜能，留住高价值的人才。

案例分析

乔布斯的销售之道

年轻时的乔布斯曾说：“这是一个复杂而喧嚣的世界，我们没有机会让人们记住自己太多东西。”他认为，“让人记住”正是品牌营销的本质。

像许多著名企业家一样，史蒂夫·乔布斯是全球著名的演说家，他散发出来的个人魅力俘获了成千上万被称为“果粉”的客户、员工和同僚。

在 MacBook Air 笔记本电脑的产品发布会上，乔布斯是这样开场的：“空气中有些东西。是什么呢？正如你所了解的那样，苹果公司制造这个星球上最好的笔记本电脑——MacBook 和 MacBook Pro，现在它们已经成为业内评价同类竞争产品的标准。今天，我们将要介绍第三种笔记本电脑。它叫做MacBook Air。什么是MacBook Air？简单地说，它是世界上最薄的笔记本电脑。怎么理解呢？好的，当提到薄的笔记本电脑时，大多数人会想到索尼的TZ系列。它们是很好、很薄的笔记本电脑。然而它们究竟如何呢？它们有3磅重，大约0.8～1.2英寸厚。为了达到这个重量，它们牺牲了显示屏，显示屏是11或者12英寸的，大多数是11英寸的；牺牲了键盘，用迷你键盘取代了全尺寸键盘；还牺牲了速度，因为使用了较轻较慢的处理器。”

“我们认为3磅的重量的确是个很好的目标。但是我们也认为，为了达到这个目标，它们放弃了太多，例如显示屏和键盘。我们相信，这些性能都能得到优化。首先，让我们看看厚度。这是索尼的产品，行业最好之一，大约0.8～1.2英寸厚。这是MacBook Air，大约0.16～0.76英寸的厚度。我必须要说的是，MacBook Air最厚的地方也比索尼TZ系列最薄的地方薄。是的，不是要比厚度吗？它是如此的薄，以至于我们可以将它装进一个信封。让我们看一看吧。这就是它。让我把它取出来。这就是MacBook Air。你一定能感受它到底有多薄。这就是它，令人惊讶的产品。让我们来了解更多的细节。这是世界上最薄的笔记本电脑，13.3英寸屏幕……”

乔布斯相信自己天生就是改变世界的，他从不羞于承认这一点。也正是这种远大的抱负，使他身边的人相信自己从事的是改变世界的工作，富有激情，有使不完的力气。乔布斯的演讲从来都十分令人感动，无论是客户、同事还是员工，都能从他的讲话中得到力量。

▶ **讨论题**

1. 乔布斯介绍产品的技巧包括哪些？
2. 如何成为一个有影响力的业务人员？

基本概念

客户经理（account manager）
客户经理层级（hierarchy of managers）
授权（empowerment）
激励（incentive）
团队合作（teamwork）

思考题

1. 如何确定客户经理的配置范围？什么样的客户要有专属的客户经理？

2. 客户经理主要的工作职责是什么？与传统的销售人员和市场人员有什么区别？

3. 客户经理考核和激励的主要手段有哪些?

拓展练习

找到几家同时有客户经理或客户代表、业务经理或销售经理岗位设置的企业，了解不同岗位的分工与合作，看看是否有进一步优化的空间。

第 11 章

客户关系管理项目实施

本章要点

- 客户关系管理项目小组的构成及分工。
- 如何确定实施规划和步骤。
- 如何选择合适的产品。
- 如何在网络平台上应用客户关系管理。

引例

樊文花会员管理

服务行业一直是互联网最不能替代的行业之一，因为服务业依托于人，通过从业者自身向消费者传递个性化、情感化的服务，主要的竞争力是从业者的专业技能和情感力输出。

皮肤护理一直是女性消费领域的热点，国内外化妆品公司争先推出各种卖点突出的化妆品以满足女性皮肤护理的需求，化妆品市场的竞争激烈程度可谓白热化。为避免产品同质化，打造品牌差异化，各化妆品公司的产品和品牌升级战略层出不穷。如何跳出单一产品维度的红海竞争，结合服务体验，打造竞争壁垒，樊文花面部护理连锁企业是一个脱颖而出的成功示范。樊文花在全国拥有 4 000 家连锁门店，上万名护理师，门店主要覆盖国内二、三、四线城市及县城。樊文花将自主研发的皮肤护理产品与自主创新的护理按摩手法相结合，打造了一个产品+服务体验的模式。樊文花门店一般为 30 平方米左右，店内配有护理椅和护理师，陈列樊文花的皮肤护理产品。顾客购买樊文花的产品，可以得到店内皮肤护理的服务，包括皮肤检测、皮肤清洁、皮肤按摩、产品护理等。不仅为目标客户提供护理产品，樊文花门店还为客户提供护理服务，同时门店还是一个顾客休闲放松的空间，顾客就像朋友一样来店里和相熟的护理师聊聊家常，分享一下感兴趣的话题。护理师的服务专业热情，让顾客和樊文花门店之间形成了高黏度和高频次的互动。

服务行业的不可替代性在于，服务一般是非标准化的，拥有个性化和情感化的属性。但同时服务行业想要规模化、可复制化，就必须实现一定程度的服务标准化。樊文花首先实现了服务流程的标准化，通过标准化的流程，让上万名护理师按照统一操作服务顾客。比如，服务操作的第一个步骤，诊断顾客皮肤情况。樊文花门店配有皮肤检测仪为顾客分析皮肤状态，让顾客科学地了解自身皮肤的情况。服务操作的第二个步骤，搭配适合顾客的产品。樊文花产品根据护理功效分为 1～10 号，10 个系列的产品对应解决 10 种不同的肌肤问题。按照分肤而治的护理理念，护理师给予顾客产品搭配建议，从而针对性地改善顾客的肌肤问题。

樊文花有 4 000 家门店，大部分门店为加盟店，实现会员管理的标准化是樊文花一次重大的管理突破。樊文花和国内知名的会员管理顾问专家合作，成功落地实施了樊文花会员管理项目。樊文花在 2020 年上线 CRM 系统，结合企业微信和 POS 系统使用。在 2021 年，公司实现各数字化门店经营赋能和精准管理消费者。数据显示，这一举措在保证消费者护理效果的同时，明显拉动了门店业绩的提升。如何驱动加盟门店按照公司的要求，使用数字化的会员管理工具，相信对于加盟连锁模式的企业来说是一个大难题，一方面加盟门店不愿意配合，经营意识有待提升；另一方面门店人员对于复杂的线上操作有畏难情绪，学不会，怕麻烦。樊文花会员管理项目率先启动在首批门店中落地使用会员管理工具，取得了会员管理直接拉动门店业绩提升的成果。让更多的加盟门店看到首批门店业绩提升的变化，然后通过大规模赋能的方式，逐步改变全国加盟商和加盟门店的认知，通过赋能逐渐提升加盟商的经营意识。过去门店的经营非常依赖一位优秀的店长或者一位优秀的加盟商，一个好的店长可以明显提升门店的业绩，一旦这位店长离职，门店就陷入业绩大幅下滑的窘境。一位优秀的加盟商拥有好的经营意识，但是完全靠个人能力的话，就面临没有精力多开店、开好店的难题。现在樊文花提炼总结出依托于会员的门店经营模型，通过数字化会员管理工具，助力门店业绩提升，为门店经营提供可复制的会员管理方法。在数字化会员管理工具的操作上，樊文花会员管理项目从设计之初就牢牢把握要让操作变得简单的原则，从而让操作变得可执行，让门店护理师只需进行简单的操作，就可以实现会员管理。

在客户关系管理项目的实施环节，企业需要对进程有一个总体的把握，切忌盲目投资上马，快速推进。

第 1 节　组建项目小组

在规定的时限和投资强度下，企业为了保证实施的 CRM 项目能够达到预期的性能指标，必须对有限的资源进行有效管理、分配以及对项目的进程进行计划、调度、监视和控制，而这就要求企业首先要建立一支高效的 CRM 实施管理团队。该团队的任务就在于对 CRM 项目进行全面的规划和控制，不断根据实施过程中出现的问题进行适当的调整，制定分阶段、分步骤的系统模块实施细化方案，并以高效的运作来保证实施项目的顺利进行，最终达到预定的量化实施标准。一个 CRM 项目的实施会涉及企业、软件供应商，有时还有咨询机构。因此CRM项目团队的成员除了公司的员工外，还有软件供应商的专员，也有可能邀请资深的CRM实施专家。一个典型的CRM实施组织如图11-1所示。整个项目由项目指导委员会统筹协调，由项目经理负责领导业务组、技术组和培训组进行具体实施，由项目监督组对项目的实施过程和实施结果进行检查和监督。

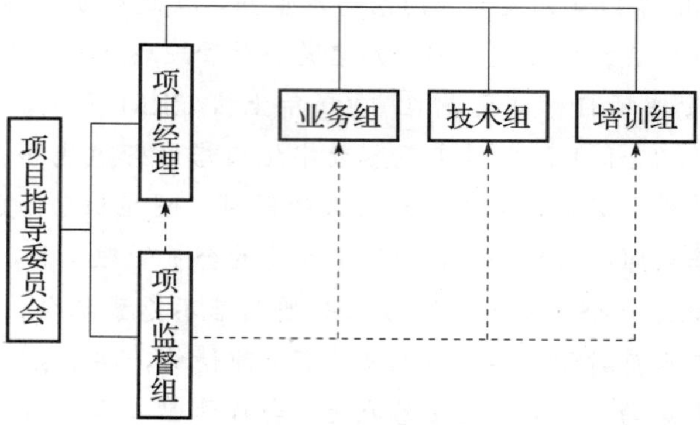

图11-1　CRM项目实施团队

一、项目指导委员会

项目指导委员会是CRM项目的最高决策机构，一般由企业的高层领导（例如，总经理、营销经理、IT经理）、软件商代表以及实施顾问组成。指导委员会决定项目的总体目标、范围、投入资源，对项目实施的计划等进行审核和批准，并进行关系的协调。其主要职责包括：

- 建立并传播项目实施的愿景；
- 促进企业的文化做出相应的转变；
- 审定项目目标、范围及评价考核表；
- 制定方针政策，指导项目推进小组；
- 审批项目的预算，安排项目资源，并保证资源的可利用性；
- 推进项目计划的实施，监控项目进程；
- 解决项目进展中可能出现的矛盾；
- 审批CRM流程与组织机构改革的方案；
- 审批新系统的工作准则与工作流程；
- 任命项目经理。

项目指导委员会的建立有助于从组织上确保企业和外部合作伙伴双方最高管理者的实际参与，使各种矛盾和争执尽快解决，避免在项目实施过程中产生拖拉、相互推诿的不良现象。为了保证项目指导委员会能够真正发挥作用，必须注意三点：

第一，在确定指导委员会成员时，要看实际起作用的能力，而不是光看职位的高低而使委员会流于形式。否则，这种委员会不仅起不了正面作用，反而会妨碍项目的进程。

第二，指导委员会成员必须要有紧迫感，要把项目议题作为优先事项来处理。

第三，要加强对参加指导委员会的企业高层的 CRM 培训，使他们建立起 CRM 的管理理念。在现实中，很多企业的高层只对资金层面比较感兴趣，而对业务或技术层面了解很少，不能从宏观上把握项目的总体方向。在这种情况下，委员会的作用可能会被架空，形同虚设。所以，只有加强对这些企业的领导进行培训，以他们感兴趣的语言揭示 CRM 案例的效应，使他们真正领会 CRM 的管理理念后，他们才可能成为 CRM 项目的坚强后盾。

二、项目经理

项目经理是 CRM 项目具体实施的负责人，是日常项目活动的主协调员。项目经理必须在规定的时间内制订项目的计划，合理调配各种项目活动的资源（包括人、财、物），对项目阶段性的产出进行评估，并根据评估结果对项目的计划做出相应调整。项目经理统管各个项目职能小组，向项目指导委员会负责，受项目监督组的监督。其主要职责包括：

- 协调企业与软件商和咨询商之间的关系；
- 确保项目成员对企业的目标和期望有一致的理解；
- 为项目实施的范围、目标、预算提供建议；
- 制订详细的项目实施计划；
- 管理项目资源，使资源发挥最大的效用；
- 为项目职能组分配任务和资源；
- 指导、组织和监控各职能组的工作；
- 组织开展调查分析工作，为流程的优化提供建议；
- 密切关注项目中出现的重大问题，确保问题得到及时解决；
- 规划系统的原型，制定系统集成测试、转化和切换的策略；
- 对项目做出阶段性评估，及时向指导委员会汇报项目的进展情况；
- 建立教育培训计划，组织和开展对相关人员的 CRM 培训。

项目经理充当了业务和技术两大领域之间黏合剂的角色，在 CRM 项目管理中起着非常重要的作用，是一个项目全面管理的核心和焦点。因此，对 CRM 项目经理的要求，除了必须具备基本的项目执行能力外，对 CRM 的主要业务领域（营销、服务和销售）必须具备充分的知识，并且具备良好的学习和沟通能力。任何一种能力的欠缺都会给项目带来影响，甚至导致项目的失败。

具体而言，对 CRM 项目经理的能力要求包括个性因素、管理技能和技术技能。

1. 个性因素

项目经理个性方面的素质通常体现在他与组织中其他人的交往过程中所表现出

来的理解力和行为方式上。优秀的项目经理能够有效理解项目中其他人的需求和动机，并具有良好的沟通能力。CRM项目实施过程本身就是一个相互理解、互相学习的过程。这就首先需要项目经理营造一种虚心向别人学习的氛围。在个性因素中，还有很重要的问题是，项目经理要能够转变观念，积极灵活地应对项目实施过程中遇到的新问题。

2. 管理技能

管理技能首先要求项目经理把项目作为一个整体来看待，认识到CRM项目各部分之间的相互联系和制约以及单个项目与母体组织之间的关系。只有对总体企业战略和CRM项目有清楚的洞察力，项目经理才能制订出明确的目标和合理的计划。由于以往CRM项目的成功率不容乐观，因此对项目经理的管理技能提出了更大的挑战。

3. 技术技能

由于CRM是新兴的管理思想和管理方法，而且成功的案例还不是很多，也就意味着可以借鉴的成功经验不是很多。这对于项目经理是一个很大的挑战。在领导项目团队推进项目的过程中，CRM项目经理除了要根据自身的CRM技术技能做出判断外，更需要经常共同讨论，互相学习，共同解决问题。

三、业务组

业务组是CRM项目实施团队与最终用户之间的联络人，为业务需求和技术的最终磨合提供业务层面上的支持。其小组成员主要来自企业的三大业务领域的负责人和专家，包括营销、市场和客户服务，也可以是来自外部的第三方咨询机构的人员。业务组必须对营销、销售和客户服务领域的运作流程进行深入分析，并且根据企业的实际情况对企业的各种业务瓶颈进行诊断，根据诊断结果撰写业务需求表。业务组对业务部门的项目实施负责，其主要职责包括：

- 安排各部门的业务人员参加项目的实施；
- 帮助规划和确认项目的具体实施方案；
- 明确各部门对软件功能与性能的要求；
- 提出各部门或各领域之间的相关联的业务对软件的要求；
- 提供各业务领域的专业知识，改善业务流程；
- 负责各部门的软件模块的构造和实施；
- 收集用户对其部门的软件模块的设计和构造上的建议；
- 设计和构建各个软件模块的系统参数；
- 与用户一起为适应软件的应用而对相关流程做出改变；
- 激励用户对项目的参与并发挥作用；
- 对各部门的最终用户开展相关培训；
- 及时向项目经理汇报各部门的项目实施情况。

CRM 实践活动同营销经理的角色密切相关，由营销经理担任业务组组长往往可以从企业的高度综合考虑各类客户问题，在业务整合上起到积极的作用。另外，由于业务组同技术组之间的联系非常密切，在组内配备一名或多名具有较强 IT 技术背景的业务成员也可以促进同技术人员之间的交流，这种技术“翻译员”的效果是很明显的。很多时候，业务组认知的一个小问题，在技术实现上却并不容易，组内这种“翻译员”的存在可以在一定程度上避免技术和业务人员之间的“鸡同鸭讲”现象。

四、技术组

技术组由信息技术人员组成，负责提供企业现行系统技术的资料，进行系统的开发与配置、硬件和网络结构的设计和系统的部署，从技术的角度帮助规划和确认项目的实施方案、处理流程。根据在项目实施中所扮演的角色的不同，技术组又可以细分为系统开发和配置小组、技术架构小组和系统部署小组。

1. 系统开发和配置小组

该小组主要负责将业务组的各项业务需求在技术上加以有效实现，并将原始数据准确地导入 CRM 系统。这要求系统组必须对 CRM 软件的功能和配置非常熟悉，具备很强的数据分析和处理能力，能够熟练使用各种数据清理、转换和整合的工具。

一个操作型或者交互型 CRM 应用系统是 CRM 技术资源的基础框架，主要目的是为公司员工提供合适的客户管理和交互工具，是企业积累客户数据的基本手段。因此，系统开发人员应当以 CRM 系统用户为对象，对用户的日常工作界面进行定义和设计，然后根据界面需求回归到系统业务逻辑和数据逻辑层的配置。

在系统设计和调试阶段，技术开发人员应与用户保持密切合作，根据用户的需要反复调整直至用户的要求得到满足。如果出现用户的期望同项目书里的目标不一致的情况，必须及时向项目经理反映，以便得到及时的修正。这对技术人员的沟通能力也提出了较高的要求。能否想用户所想，耐心地解释和倾听用户的意见是非常重要的素质要求。

2. 技术架构小组

该小组主要从企业应用网络的角度，对计划加入的 CRM 系统进行统一规划和部署，负责服务器以及用户终端的选择和安装调试，在操作系统和数据界面上为 CRM 应用提供条件。对于跨地域的 CRM 应用，技术架构组必须负责考虑数据同步、数据备份以及广域网的数据带宽等要求。

一个稳定可靠的系统操作环境是 CRM 应用系统“安家落户”的重要保证。因此，在 CRM 立项时，项目组人员除了对 CRM 应用系统本身必须有足够的关注以外，对企业整个网络和应用环境也必须统一考虑。如果目前环境不足以支持中长期的 CRM 应用需要，建议将大项目小型化，降低项目实施的复杂度和风险。

3. 系统部署小组

系统经过小范围的试运行后，系统部署小组便要着手在公司范围内全面部署系统。具体地说就是负责计划用户的终端系统安装测试直至交付用户使用。当然，系统部署小组可以同技术架构小组合并，一起解决系统的安装和调试应用问题。

五、培训组

作为项目实施的一项重要任务，用户培训组负责 CRM 系统使用的各类培训。培训组负责各类教材的开发，按项目要求开展各种培训工作，将培训贯穿整个项目的实施过程。企业导入客户关系管理，与其说是引入一套系统，不如说是为企业导入一种思想。所以，培训组需要准备两种培训计划。一种是转变观念的"洗脑"培训，另一种是软件技术操作层面的培训。在培训过程中，可让员工介入并观察工作流程的设置，通过他们的配合实现整个系统的效益最大化。在考虑培训时，要注意尽量减少培训活动对正常工作的影响。利用晚上或周末进行培训是一个很好的安排，可以减少工作干扰。建议用户培训工作提早开始，以免拖到项目后期手忙脚乱。

六、项目监督组

项目监督组对项目经理领导下的业务组进行必要的考察和监督。可以从员工中选出代表或者是在员工内部具有较大影响力的人组成项目监督组。它直接向项目指导委员会报告，便于委员会对项目实施工作提出必要的修改意见。

项目人员如何组织和配合以使项目成功实施，取决于项目本身的规模。以上的 CRM 实施团队的组织结构比较适合中大型企业的 CRM 项目。对于小型的 CRM 软件项目或者企业规模较小的，一个小组可以兼任多个功能。就像所有项目一样，项目人员认真细致、充分沟通与合作精神是项目成功实施的首要前提。

第 2 节　确定实施规划与步骤

在组建项目小组的工作完成之后，项目小组的成员便着手确定 CRM 项目的实施规划与步骤。

一、实施规划

对 CRM 项目制定实施规划，目的是审查企业的整体需要，确定 CRM 系统的实施范围及企业对 CRM 系统的要求。在实施规划的过程中，项目小组主要的工作包括以下几部分。

1. 制定 CRM 战略

CRM 战略是企业为了优化管理客户资源，最大化客户价值而制定的长远规划和长远目标。作为企业思考经营和发展的新角度，基于客户的战略在不断变化的市场环境中显得愈发重要。CRM 战略是企业进行客户需求导向的风向标，直接影响企业认识客户和对待客户的方法，影响企业的生存和发展。CRM 战略必须与企业的商业战略和 IT 战略相匹配。完整的 CRM 战略一般包括以下几个部分：客户战略，即企业如何建立和管理一个客户组合，一个客户战略必须要能够回答客户是谁、客户想要什么、客户如何管理这几个问题；产品和渠道战略，它保证一个组织能有效地配送其产品，确保销售能力和有效渠道管理；基础设施战略，它保证 CRM 的实现能得到一定技术支持和保障；相互协调战略，能创造出可以和客户建立关系并满足客户需要的环境。

基于市场上许多企业在 CRM 战略制定上的失败经验，建立 CRM 战略时应注意以下几个问题：

第一，应制定确保数据质量的战略，重视数据的处理与维护。

第二，应制定基于企业整体的战略，并指派一名高级管理人员负责部门间 CRM 应用的规划与协调。若企业仅仅注重某一方面或某一部门的 CRM 需求，导致企业 CRM 应用过于分散，则难以获取最大的收益。

第三，应制定有前瞻性的战略。企业应制定长远的、具有前瞻性的 CRM 战略，明确企业 CRM 在三年或更长时间内的发展目标与方向，使企业能有计划地进行 CRM 投资。实际上，许多企业在 CRM 系统的部署过程中，由于缺乏长期发展战略的指导而严重影响了 CRM 系统的应用效率。

2. 评估现有流程

客户导向的业务流程是 CRM 实施的载体，在多变的市场环境下，流程创新正是企业保持客户满意度和竞争力的有效手段。在这个阶段，项目小组对企业业务流程的现状进行描述和仔细评估，识别其中存在的问题并制订改善方案。

对现有流程的分析可在关键绩效指标（KPI）的基础上进行。例如，某电力公司将客户满意率、客户投诉率、超时率、故障解决率作为其业务处理的 KPI，通过报表系统和分析层应用系统建立了有效的汇报机制，并形成一套延续性的改善流程。通过流程分析，CRM 项目小组可以了解企业经营现状及工作方式，提炼出市场、销售、服务中各环节的关键控制点，暴露出隐藏的问题。

客户关系管理的实施意味着企业的整个业务流程都必须以客户为中心建立和运作。为此，企业需要对原来的业务流程进行简化，合并相互重叠的业务环节，去除多余的业务环节，采取更加灵活和具有弹性的组织形态，使业务人员拥有更多的自主权，并建立起不同环节和部门的协调与沟通机制。项目小组通过提出对业务流程的改善方案，为客户关系管理的实施提供必要的组织基础。

3. 评价信息化现状

在这个阶段，项目小组需调查掌握企业的IT现状，了解IT对业务和流程的支撑程度，并分析现有问题与企业IT现状之间的关系。企业信息化主要有以下几种具体表现形态：

（1）数据信息化。包含两个方面：一是企业的内部数据，包括人事、费用、采购、库存、销售信息都以数字的形式存入计算机，随时查询；二是企业的外部数据，包括市场、供货、用户、服务，以及外部媒体获取的信息，也以数字的形式存入计算机，通过网络传输数字化的信息、文件、邮件等，实现共享。

（2）生产过程信息化。即采取自动化的智能控制技术，实现生产过程自动化，把企业已经规范的生产流程数字化，用智能化手段解决加工过程中的复杂问题，使得流程所涉及各个环节的工作更加规范、高效。

（3）产品设计信息化。指企业引进先进的设计应用软件工具，实现产品设计、工艺设计方面的信息化，提高产品设计质量及工艺水平。

（4）市场经营信息化。企业健全市场供求信息库，通过电子商务，实现网上订货、网上销售、网上回访客户、服务质量反馈、网上调研等，缩短企业与客户的距离，节约经营成本，提升客户满意度，扩大市场份额，提高经济效益。

（5）企业管理决策信息化。通过对企业原始数据信息化与科学的加工处理，引进或编制管理信息系统，用于企业实现动态的管理和决策，可以节省办公费用与人力成本，提高企业的管理效率。

（6）企业产品信息化。指企业依据产品所处的行业领域，应用数字技术和网络技术，拓展传统产品的功能，提高产品的附加值，提高服务质量，增强产品的市场竞争力。

评价企业的信息化可使项目小组对CRM系统所处的IT环境进行全面的了解，并寻找出对CRM系统实施产生影响的部分，如CRM系统与其他系统的整合问题等，纳入小组在后几个阶段的考虑范围。

4. 分析业务需求

业务需求分析指项目小组与销售、营销和客户服务经理就CRM系统的要求和策略进行讨论，最终达成对理想中CRM系统的一致看法，确定企业对系统的需求。项目小组先确定每一个部门内部所期望的CRM主要目标，然后总结性地阐明CRM应如何影响每一个工作小组和整个公司，从而确定客户关系管理的总体需求。在需求分析阶段，项目小组通常要解决以下基本问题：（1）明确管理目标：调查与分析管理上希望达到的目标或需要解决的问题，区分主次。（2）优化管理流程：由于引入CRM系统，对原有的手工业务操作或审批流程必然会有调整，需要以客户为中心重新梳理流程，使流程顺畅、合理。（3）明确应用权限与功能：根据岗位与业务角色，明确各角色在系统中的应用权限与详细应用功能。（4）确定功能规格与应用界面：根据应用要求，确定应用界面与详细的信息格式与展现方式。（5）确定与其他信息系统的接口：明确系统部署与应用模式。（6）分析数据：确定数据导入与数据质量控制的方案。（7）协商与明确系统应用培训的模式。

CRM 业务需求分析通常以调查和访谈的方式进行。调查和访谈的对象包括企业的内部人员和主要客户。项目小组应尽量多地从系统的最终用户，以及销售人员、客户服务人员、营销人员、订单执行人员、客户管理人员等每天与客户打交道、从事日常工作的系统用户处获取信息，了解他们在客户关系处理方面的经验、存在的问题以及期望的改进方法。下面是一个进行 CRM 业务需求调查的提纲：

- 你所在部门的主要职责是什么？
- 你在工作中使用什么类型的数据？
- 你怎样实现同客户的互动？
- 你通常利用哪些数据来增进对客户的了解？
- 你认为如何才能增加同客户和管理层的沟通？
- 你认为如何才能减少占去建立客户关系时间的行政和计划要求？
- 你以何种形式参与外部活动，如远程营销和直邮？
- 你如何参与追踪、跟进、数据传送和其他细节问题？
- 你将如何改进自己在上述过程中的做法？

通过对业务需求的调查，小组可发现哪些业务领域最需要自动化，哪些领域需要业务的改善，在选择 CRM 解决方案时应该考虑哪些技术特点。由于软件的特殊性，在需求分析阶段，实施人员的行业应用经验对确定应用需求较为关键，个人的经验与水平在服务过程中，通常会直接影响分析结果。为加速需求分析过程，准确把握需求，可采用行业化的 CRM 平台或相关应用进行示例与引导，将需求协商的结果直接反映到应用界面上，这样可大大提高应用需求分析的质量与效率。

5. 总结现状问题

对现状问题的总结指项目小组基于以上几个阶段的分析，归结出企业在客户关系管理方面的关键问题或关键性需求所在，并对问题改进的效果及改进的可行性进行分析。然后，选择那些改进效果明显同时又可行的问题，作为 CRM 实施的突破重点。比如某提供仓储服务的第三方物流企业通过分析得出其对中小企业客户的管理急需改善，且预测在改善之后收益及客户满意度都将有相当程度的提高，那么在 CRM 系统的功能要求等方面就应将其作为考虑重点。

6. 明确实施目标

在这一阶段，项目小组设立 CRM 实施的总体目标以及阶段性目标和功能，为各目标提供有效的量化指标，并确定各个业务系统间的数据流图。在这一阶段，小组必须根据从公司收集的具体资料，确定明确具体的实施目标。例如，某企业将其 CRM 总体目标设定为：建立以市场为中心的营销机制，实现前后台的业务对接及数据共享，为大客户提供个性化服务；两年内，大客户收入增长 60%以上，大客户收入占全部收入的比重达到 50%以上。这就是一个具体、明确、可量化的实施目标。事实上，仍有不少公司的CRM项目在最终目标不清晰的情况下开展，因其实施团队在项目开始前并没有就目标达成共识，导致CRM系统实施的最终失败。

在阶段性目标的制定过程中，项目小组应保证每个阶段的工作符合当时企业的实施能力与实际需求，做到阶段实施、阶段突破，从而保证CRM实施工作的顺利开展。在量化CRM阶段目标方面，惠普咨询事业部提供一种叫Index的量化方式——根据客户关心度定义各元素所占的比重。比如，对于顾客满意度，设定产品的质量占30%，当产品合格率达到99.9%时该指标可得30分；出问题时的响应时间占10%，如响应时间不超过5分钟，该指标可得10分……依此类推，就可以量化制定阶段目标。项目小组可根据企业的特点及需求来设计量化方式。

在设立实施目标时，项目小组还需要考虑以下两个问题：第一，成本。成本是项目实施所必须考虑的重要因素。制定CRM实施目标亦不能脱离成本上的考量。业内估计CRM项目成本的标准是：软件占成本的1/3，咨询、实施和培训占2/3。第二，系统的可扩展性。设立实施目标的过程中，小组应将系统必须包含的高层次需求找出来，在业务需求和外加的功能之间寻求一个平衡点。在分析高层次需求时，除了要关注历史数据的处理问题以外，也要关注CRM系统与其他系统的集成问题。

7. 明确IT系统支撑框架

明确了CRM系统的实施目标之后，项目小组应描述出支持目标实现的整体IT框架。此阶段需要考虑的问题包括在实施CRM的同时，是否建设相关的ERP、EIP等其他系统；或如何将企业现有的ERP等系统与CRM系统进行有效集成。

为保证CRM项目的成功，IT框架的设计必须灵活。没有哪两家公司是完全相同的，并不存在适合所有公司的IT框架，每一家公司的独特之处都必须在这个框架之中反映出来。因此，IT框架中的技术都应该是可修改的、开放的，并能与公司或组织现有的IT基础设施整合。

对CRM系统本身的IT架构设计可从其功能的角度进行分析。一般说来，客户关系管理的功能可归纳为三个方面：对销售、营销和客户服务三部分业务流程的信息化；与客户进行沟通所需手段（如电话、传真、E-mail、网络、公众号等）的集成和自动化处理；以支持企业决策为目的对上面两部分功能产生的信息所进行的加工处理。对企业而言，这三方面功能的实现需要结合企业的业务流程细化为不同的功能模块，然后设计相应的IT架构，包括确定选用的软硬件产品及这些产品的功能等。客户关系管理系统的规划目标主要体现在技术和功能两个方面。企业对CRM系统的技术要求一般集中在以下几个方面：

- 能够统计大量的客户信息并支持对客户的多维特征分析；
- 能够处理复杂的数据并支持对客户进行行为分析；
- 具有自定义的建模方式和参数调整的功能；
- 能够进行融合人工智能的数据挖掘。

8. 制定实施时间表

CRM 实施规划的最后一项是给项目制定实施时间表。有效的时间表并不只是把工作分配好时间，还应该符合以下两项要求：

（1）落实明确具体的工作。针对每一项工作对应明确的责任人，做到权责明晰；同时需要明确每项任务的合格标准和验收条件，并设立进度检查的时点。

（2）确保时间安排合理公平。时间表的编制看起来是件容易的事，但其实要对项目的各个环节、工作内容与工作量都有深入了解。在编制时间表的时候要多问以下几个问题：有多少工作量？有多少时间？同时还需要处理什么事情？这样安排是否合理及现实？时间进度安排公平吗？负责各项任务的人有没有被工作和苛刻的时间进度压得喘不过气来？值得提醒的是要在预计的时间上再多加 25%～50%，可以让时间表更现实。大多数人在大多数项目上都会低估所需时间。一个好的时间表应该是合理且公平的，它能够获得执行者的支持。

为了防止时间表在实施过程中的失控，企业在制定的过程中应明确需求范围，避免无休止的客户化。随着 CRM 项目的深入实施，大家对 CRM 的热情越来越高涨，提出的要求也越来越多。造成的后果是无论删减、增加还是改变项目需求，都使时间表发生相应的调整或滞后，并且模糊了最初的 CRM 项目需求。这就要求企业在 CRM 系统实施的过程中必须做到需求范围明确，严格坚守核心功能，并在项目过程中保持追踪，以便将实施时间控制在时间表范围之内。

二、实施步骤

CRM 的实施步骤可分为以下六个阶段，如图 11－2 所示。立项启动步骤包括获得整个企业的认可和成立 CRM 项目小组。具体内容在前一节有详细介绍，故不赘述。总体规划即 CRM 的实施规划。下面我们具体介绍后四个步骤。

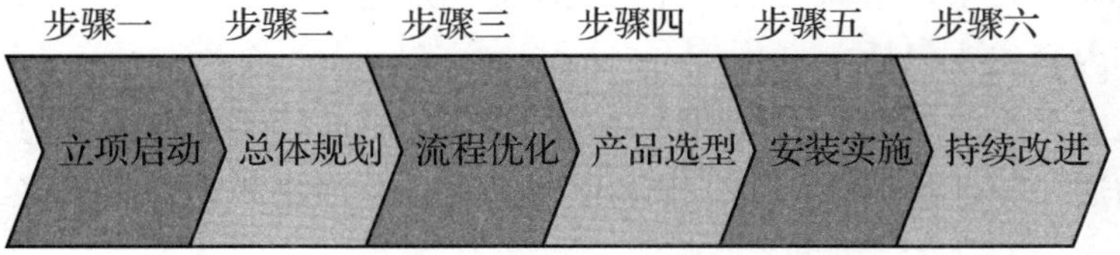

图 11－2　CRM 实施步骤

1. 流程优化

客户关系管理是建立在以客户为中心的理念之上，围绕客户需求开展业务流程的一种管理方式。在 CRM 的实施过程中，进行企业业务流程的优化是必要步骤，其目标是标准化、精细化和可衡量。以销售流程为例，流程优化需要分析从销售机会到正式获得订单要经过怎样一个流程以及需要哪些部门的参与。在销售机会分析中，即要分析企业的销售机会的来源，是企业的 Web 网站、电话、销售代表还是分销渠道，同时也要分析各种来源在销售中所占的比例，以加强对重要渠道的管理。

下面通过一个房地产企业的流程案例来说明现有的流程和优化细化的流程。管理规范的房地产企业会要求客户服务人员快速接听投诉电话、及时回复客户、热情对待客户，相信很多企业都有这样的流程规范。应该说这三项要求已经体现了以客户为中心的思想，但是从流程精细化的角度来看还远远不够，还只是一种粗放的笼统的要求。如果要建立可衡量的服务标准，细化的流程指标可以为：铃响三声后接听电话、24小时内回复客户、客户走近5秒内做出反应。这样的流程细化可以有效地标准化流程，并能够有效促进客户服务流程的优化，通过系统的融合还可以自动对客户服务人员进行绩效考核。

2. 产品选型

一般而言，企业对CRM系统的功能要求主要集中在以下几个方面：

- 信息分析能力；
- 对客户互动渠道进行集成的能力；
- 支持网络应用的能力；
- 对客户信息进行集成的能力；
- 对工作流进行集成的能力；
- 与ERP功能的集成能力。

当然每个企业的情况各异，具体需求也有所不同。依据企业的需求分析选择适合的CRM产品是CRM项目实施的关键步骤。具体方法将在下节分析。

3. 安装实施

产品选型完成后，企业就可以与相关的软件供应商和应用服务商一起付诸实施。实施CRM系统的过程，不仅是系统的配置、安装的过程，同时也是企业观念、机构和人员对客户关系管理系统的适应过程。此阶段可实现CRM系统的配置和客户化以满足业务要求，培训员工，并安装所需的新的软硬件。在这个过程中，项目小组的工作内容主要包括：

（1）建立系统的原型并进行测试。通过供应商方面的实施专业人员与企业MIS人员充分沟通，保证数据转换工作顺利进行。设计并严格遵循数据转换工作的时间表难度很大。

（2）进行培训。小组在各部门中选择几名员工参加由软件商提供的培训，成为新系统方案的专家；再由他们负责对所有系统的用户和管理人员进行培训。

（3）局部实施。局部实施的系统应该是一个良好的系统原型。由一个用户小组利用该系统进行工作和测试，写出质量保证测试报告，并送交项目小组经理。

（4）最终实施和项目的铺开。项目小组给每个成员一份实施时间表，在表中说明项目实施的每个阶段所应完成的工作和在此阶段之前该完成的工作。

（5）对所有用户的正式培训。首先，设定对培训的期望，然后通过正式的培训来实现这些期望。该培训是在计划阶段所确定的需求的基础上进行的。切实的培训计划和严格实施是成功培训的重要保障。

由于客户关系管理涵盖企业的营销、销售、客户服务和决策支持等多个领域，因此客户关系管理的实施不仅需要企业多个部门的协同作战，更需要一位能够调动企业各个部门资源的企业高层领导的参与和支持。

4. 持续改进

运用 CRM 系统实现管理目标是一个持续的过程。企业不仅要根据业务的轻重缓急来分析需求，配置、定制和应用 CRM 系统，还需要根据营销与服务管理的变化来调整 CRM 系统。为有效实现系统的持续改进，企业应成立以相关部门直接领导组成的持续改进委员会，对持续改进的方案进行决策，并配置人力资源来支持持续改进工作的信息收集、执行和信息反馈。

对系统的持续支持要求公司配备至少一名全职的内部系统管理员，以保证技术上的自给自足。出于专业技能和对企业 CRM 项目熟悉程度的考量，系统管理员应从计划阶段就开始接触 CRM 系统。CRM 系统的技术支持是艰巨的工作，因此企业应提供综合性的支持计划，对内部的专家提供技术等方面的帮助。

第 3 节　选择合适的产品

选择合适的 CRM 对于项目的成功无疑具有重要的意义，在此，我们将从几个方面来研究 CRM 的类型。

一、 CRM 产品类型

从功能上看，CRM 产品可分为运营型 CRM、分析型 CRM 及协作型 CRM。

1. 运营型 CRM

运营型 CRM（operational CRM）可从与客户的各种接触点将客户的背景信息和行为数据收集整合在一起，经过整合和变换，装载进数据仓库，运用 OLAP 和数据挖掘等技术，从数据中分析和提取相关规律、模式或趋势，再利用动态报表系统，把有关客户的信息和知识在整个企业内进行有效流转和共享。运营型 CRM 使销售、服务、支持和市场相关的业务流程自动化，响应时间加快，从而提高客户满意度。

2. 分析型 CRM

分析型 CRM（analytical CRM）充分利用数据仓库技术和数据挖掘工具，提供了客户关系管理通常包含的复杂的分析功能，如客户概况分析、客户忠诚度分析、客户利润分析、客户性能分析、客户未来分析、客户产品分析、客户促销分析、客户满意度分析、交叉销售分析、产品及服务使用分析、客户信用分析、客户流失分析、市场分类分析、市场竞争分析等。通过多层次和多视角的商业智能及客户行为分析，透视客户需求、消费习惯、行为模式，分析各种客户占有率等，为公司挖掘最具潜力的价值客户、实现交叉销售提供决策分析依据。此类软件技术含量高，实施和掌握的难度也较大。

3. 协作型CRM

协作型CRM（collaborative CRM）用于提高在所有渠道上同客户交互的有效性和针对性，通过诸如电话、E-mail、传真、Web以及各种无线接入方式等，使企业与客户充分沟通和自由互动，通过合适的渠道，在适当的时候，将合适的产品提供给适当的客户，让客户充分了解企业的产品与服务，在双赢的基础上建立良好的客户关系。

通常软件公司提供的解决方案兼有以上功能，只是侧重点各有不同。因此，选择时应考虑企业当前的技术基础和实际需求，对CRM的功能进行取舍。如果公司当前基础工作做得比较到位，硬件设施齐备，网络分布合理，接触点即各营业网点以及客服中心数据收集及时正确，公司决策层希望CRM能辅助决策支持，可选用偏重分析型的软件；否则，可首先考虑兼有运营型和协作型的软件。

二、选择原则

企业应该根据管理需要来选择功能，而不是软件功能制约管理。具体选择要从以下方面来把握：

1. 功能方面

选择CRM软件必须立足于企业现有的技术基础设施以及全面配套的功能要求，从而实现优化销售、市场以及客户服务流程的目标，全面的CRM软件应当包括多种功能，如客户沟通、销售管理、电子化营销、客户服务、市场营销、电子商务。

2. 技术方面

技术因素对于CRM项目成功与否也是至关重要的。没有任何两个完全相同的企业，因此也就没有任何一套CRM解决方案是适合所有企业的。每个企业都应当在技术方面加以区别对待。所以，企业所采取的新技术如何实现个性化，如何与企业现有的基础设施相集成是非常重要的，表现在：快速应用开发工具、跨平台的数据同步、用户和数据的多级安全设定、可升级的定制数据库、与其他应用程序实现实时集成等。

3. 选择供应商

选择CRM软件供应商与选择CRM同样重要，经验丰富的供应商具备如下素质：确定具体的商业自动化需求，具有培训项目团队的能力，进行系统设计和设置，提供实施和技术支持，培训用户、经理人员以及技术团队，向客户展示CRM

系统，提供不断的支持服务。

除此之外，还要考虑以下因素：（1）易用性。所选 CRM 软件界面友好、操作简单，用户不需要太多培训就能使用。易用性决定了最终用户的态度，从而也决定了 CRM 的成功与否。（2）易集成性。选择的 CRM 解决方案应当与公司使用的其他关键系统协同使用。除了计划在将来实施的系统外，还应当考虑现有的前后端技术。从长远来看，在竭力扩大解决方案的应用范围时，会让各个部门或者业务项目参与进来，它们也应当考虑在内。当然，软件价格、开发工具、软件升级、可扩展性都是要考虑的因素。

三、选择流程

企业要根据自身的经历和经验，正确选择 CRM 产品。具体的选择流程如下：

1. 评估当前环境状况

一般来说，自己开发软件不如购买现成的商业软件经济，但是也要慎重对待管理软件，交货时间、许可费用、维护费用对做出正确的决策有着重大的影响。例如，公司 A 进行管理软件实施的可行性研究时，发现要求的功能太多，以至于没有一家公司的产品符合要求。在这种情况下，他们放弃了购买现成软件产品，而是向主要的软件提供商招标，让这些软件供应商分析公司需求，然后提出解决方案。在这时就应该聘请第三方咨询公司站在中立的立场上客观地评价这些解决方案。除了软件公司外，第三方咨询公司拥有足够的技术人员和行业专家，这样客户就用不着为了系统实施而准备庞大的项目队伍，因为项目结束后的系统维护和推广不需要这么多人。

2. 选择 CRM 解决方案

企业应该选择专业的咨询公司、顾问、研究人员等，他们具有丰富的行业经验，可以提供对市场上主要的 CRM 解决方案的系统评价。在对软件解决方案进行评价时，必须多方参与。一个复杂的 CRM 解决方案有三个重要的要素：软件、技术和供应商。只有这三个要素紧密结合在一起，才有 CRM 的成功。单个要素的优势并不能弥补其他要素的弱势。

3. 选择软件商

与软件供应商联系，询问自己关心的话题，要求软件供应商提供可行性报告，访问软件供应商的网站，这都是很有效的途径。还有重要的一点就是，别忘了要求他们进行一次演示活动。很多软件供应商在产品展示时只展示软件所具有的功能，或者大讲管理理念。要特别小心那些不愿意进行产品演示的软件商，因为他们所许诺的功能可能代价高昂，或用起来不方便，或在现有的条件下根本不可能实现。

4. 费用预算与核算

就整个 CRM 项目的费用而言，软件一般占 1/3，咨询、实施、培训的费用占 2/3。另外，还要考虑到系统升级和改变系统所需的费用。有一些软件，在改变系统时，需要软件商的技术人员和咨询顾问的充分参与才能完成，给企业带来了额外的费用。实际上，如果咨询、实施和培训进行得很好，系统的变化可由用户来完成，而不需要额外的咨询顾问的费用支出。在考虑系统的方案的费用时，要全面考虑如下问题：

- 系统需要客户化工作吗？该软件是否为黑箱作业？
- 客户化的工作量大吗？费用如何？
- 该项目的咨询费用是多少？
- 系统上线后，配置和维护是否困难？是否不断需要外部力量的协助？
- 为了使本企业的员工能使用该系统，所需要的培训费用是多少？
- 系统上线后，需要的维护费用高吗？本企业的员工能否完成这项工作？
- 为了配合该系统的实施，还需要购买哪些软件和硬件？
- 系统实施的时间表是怎样的？

得到明确回答后，基本上可以了解该解决方案所需要的费用。

5. 签订合同

软件公司将对软件问题负责，而顾问公司将在项目结束后签署支持和维护的协议。应该仔细地阅读合同，很多合同有清晰的或模板式的条款说明所有权和支持条件。

第 4 节　网络化的客户关系管理

客户关系管理系统要能实现对多个触点的大量数据进行协同化、高效的处理，因此，网络化成为客户关系管理的一个重要特征。

一、 CRM 网络化的必要性

CRM 系统必须能够应用互联网技术，其必要性表现在以下三个方面。

1. 保证高效的客户互动和信息同步化

互联网技术的广泛应用导致客户接触渠道不断增加，电子商务的迅速发展推动了交易与服务形式的日益更新。在这样的背景环境下，要求 CRM 系统能够帮助企业实现高效、实时的客户交互，从而保证各客户部门之间信息的同步传递。先进的 CRM 系统必须具有处理所有客户联络渠道和实现不同部门之间信息高效沟通的能力，这就有赖于应用网络技术实现高效的信息传输和先进的交互方式。CRM 系统既要能支持传统的客户沟通渠道，又要能支持基于网络的应用。这样，当企业经营转向电子商务或客户转向网络渠道时，CRM 不会因为出现信息缺陷而落伍。

2. 给予客户对于双方关系的更多控制权

互联网将交流和达成交易的权力更多地移向客户一端，企业将不得不给予客户对于双方关系的更多控制权，例如，根据客户需要的服务类型、客户需要的信息等来构建交互的方式。CRM 不仅要具备基于互联网的销售和售后服务渠道，能够进行实时的、个性化的营销，还要使用基于互联网的架构给予客户对于双方关系的更多控制权。

3. 支持电子商务开发

电子商务是以电子的方式进行销售活动的商业模式，如网上购物和网上支付，它是网络催生的新的商业模式。随着电子商务的迅速发展，企业要求管理信息系统能够支持新的销售方式，CRM 系统通过 Web 应用和移动端可以开展个性化一对一营销，支持电子商店，实现自助式客户服务，处理客户在线提交的服务请求，从而提供对电子商务的全面支持。

二、网络化的关键业务流程

在企业运营中，与客户直接联系最紧密的是三个关键业务流程：销售管理、营销管理和客户服务。这里的"网络化"并不是指电子商务，而是指这些业务流程的一部分通过网络来完成，CRM 通过良好的设计和集成支持这样一种网络化的业务流程，可以极大提高工作效率。如图 11－3 所示。

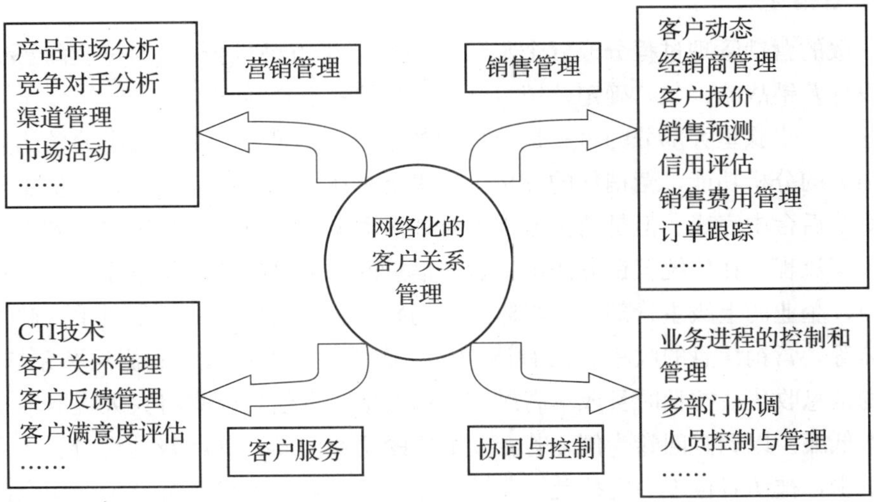

图 11－3　CRM 网络化示意图

1. 销售管理

一个典型的销售人员的日常事务主要包括：

每日拜访计划：拜访客户及区域、时间、项目及目的等；

每日销售报告：客户洽谈结果、回款、竞争对手、客户意见、动态等；

市场状况反馈：消费者的意见、竞争对手的新动作、经销商的抱怨、客户的人事变更等；

销售会议：早会、晚会与周会；

…………

这些销售人员的日常事务可分为两类，一类是与自己公司的信息交流，另一类是与客户的交流。人都有情感需要，要维护好客户关系，传统的与客户面对面的交流方式还是不可替代的，当然基于网络的新联系方式也可以结合采用，如 E-mail、网络即时通信、微信等，但跟客户的交流还需要靠销售人员去做，比如拜访客户，这依然要花去销售人员的大部分时间。销售人员跟公司的交流大部分可以通过网络来完成，他们能够随时随地访问 CRM 系统，通过移动设备和无线网络（如笔记本电脑或 iPad），获取自己需要的客户信息，或者将自己的活动报告录入系统。系统集成得好的话，一些工作甚至可以由系统来自动完成，比如拜访计划，销售人员通过浏览器设置自己的业务模式和各种属性，系统可以结合这些设置和客户资料库，根据客户的重要性、紧急程度和销售进度排出拜访计划，并在每天早上自动发给对应的销售人员，销售人员可根据这个计划再自行调整。每日的计划和报告通过网络来处理，可以省去销售人员在客户和公司办公室之间往返的时间。甚至销售会议都可以通过网络会议来完成，类似微信群之类的即时群体通信，不仅能很好地完成一个文字网络会议，而且能完整地保存会议的原始记录。通过这样的调整，销售人员节省了大量的时间，可以专注于维护客户关系，提高工作效率。

2. 营销管理

一般的营销管理过程分成五个步骤：（1）分析市场机会；（2）选择目标市场；（3）设计营销战略；（4）确定营销组合；（5）控制营销活动。

这五个步骤里大部分的事务是分析型的事务，因此 CRM 系统中的营销管理要求有强大的分析功能，营销部的分析工作主要是在办公室中完成的，分析工作可以放在系统后台中完成。但是营销流程也有许多环节可通过网络化来提高效率，比如信息收集流程。在传统营销方法中，营销信息的主要来源有销售渠道系统、消费者和用户、企业的上级主管部门、媒体、市场研究和咨询机构、竞争对手、政府或民间团体等，营销信息的收集方法有调查法、摘录法、采购法、交流法和索取法等。人工的信息收集往往耗时且成本高昂，通过网络实现信息收集将大大提高效率，同时成本低廉。以调查问卷为例，若派发纸质的调查问卷，其耗费的材料、人力、时间都不少，被访者也不一定接受。通过网络问卷调查，不仅省时省力，受众的针对性强，被访者也获得了便利。原来花在材料、人力上的资金可以用于对接受调查者进行激励，比如完整提交问卷可获得精美礼品或参与抽奖。营销人员也可以通过互联网主动搜寻信息，把收集到的信息录入 CRM 系统。此外，由于 CRM 系统的协同作用，客户多渠道接触点的信息都可自动录入系统中，来自销售渠道合作伙伴的信息也可通过对应的接口进入系统。这样营销人员就能从烦琐的资料整理工作中解脱出来，专注于营销计划和控制。

3. 客户服务

网络能为客户服务流程带来很大的效率改进，建立一个企业的层叠样式表（cascading style sheets，CSS）站点，可以在上面实现多种自助服务，不仅能提高服务质量，也大大降低成本。如表 11－1 所示，CSS 站点在服务水平和复杂程度上分五个层次。

表 11－1　CSS 站点的五个层次

层次	站点类型	主要内容	使用技术
1	内容站点	提供企业及产品的基本信息，如联系人姓名、地址、电话号码、电子邮件，对业务和产品的简要描述	内容编写软件
2	FAQ 站点	在内容站点的基础上增加了有关公司及其产品、服务的常见问题的回答	内容编写软件 文本修改引擎
3	知识库站点	在 FAQ 站点的基础上增加了商业智能。知识库站点允许客户进行查询，能连接到数据库直接找寻答案	内容编写软件 文本修改引擎，搜索引擎 脚本编写加关系数据库
4	报修站点	允许客户通过应用程序创建报修单	内容编写软件，电子邮件 搜索引擎，企业资源管理系统 脚本编写加关系数据库 客户服务与支持应用程序
5	互动站点	允许客户通过与企业服务系统的互动获得全面的服务与支持	内容编写软件，电子邮件 搜索引擎，企业资源管理系统 脚本编写加关系数据库 客户服务应用程序，个性化 知识管理软件，安全，推销

客户服务还要能支持多种沟通渠道，例如 Web 表格、电子邮件、电话、交互式语音应答、传真等，企业必须对这些服务进行集中管理，防止沟通渠道的冲突，企业可以把来自各种沟通渠道的信息集中到一个列中（全局列），全局列是一种处理流程也是一种技术，所有的客户接触信息被集中到相应的列中，接受流程处理。

4. 协同与控制

销售、营销和客户服务三大模块必须有机联系，彼此之间不能出现冲突和断裂，更不能各自为政。为了确保三大模块能够实现面向客户的协同运转，首先要重新梳理全部的业务流程，基于客户接触点构建跨部门协同作战的流程体系；其次是建立完善的业务进程监控体系，对每一个客户接触点的支撑工作进行有效的监督；最后还要确保不同部门之间能够实时交换和共享信息，不要出现信息封锁和滞后的状况。

三、电子商务

电子商务是互联网催生的一种全新商业模式，广义的电子商务包含了前面所提到的利用网络来完成的业务流程，狭义的电子商务单指网上和移动端的销售与结算。就狭义的电子商务来说，其交易过程分为三个阶段。

1. 信息交流阶段

对于商家来说，此阶段为发布信息阶段。主要是选择自己的优秀商品，精心组织自己的商品信息，建立自己的网页或公众号，然后加入名气较大、影响力较强、点击率较高的著名网站，或者通过网红推荐，让尽可能多的人了解、认识。对于买方来说，此阶段是去网上寻找商品以及商品信息的阶段。主要是根据自己的需要，上网查找自己所需的信息和商品，并选择信誉好、服务好、价格低廉的商家。

2. 签订商品合同阶段

在B2B模式中，这一阶段是签订合同、完成必需的商贸票据的交换过程。在这一阶段要注意数据的准确性、可靠性、不可更改性等复杂问题。在B2C模式中，这一阶段是完成购物过程的订单签订过程，顾客要将选好的商品、自己的联系信息、送货方式、付款方法等在网上签好后提交给商家，商家在收到订单后发来邮件或打电话核实上述内容。

3. 按照合同进行商品交接、资金结算阶段

这一阶段是整个商品交易关键的阶段，不仅涉及资金在网上的正确、安全到位，同时也涉及商品配送的准确、按时到位。在这个阶段有银行、配送系统的介入，在技术、法律、标准等方面有更高的要求。

电子商务系统跟CRM系统原本是独立的两个系统，但在新一代的CRM中，这两个系统整合在一起，通过充分共享客户信息，整合沟通渠道，将狭义的电子商务发展为全面的电子商务。

电子商务可以为企业节省大量的资源，同时它给客户更多的个性化选择，可以提高客户的满意度。以戴尔为例，它允许客户通过Web订购个性化配置的计算机，不要求客户拥有任何关于计算机硬件组装的知识。然而，支撑电子商务的还是其背后的客户关系管理理念，一切以客户为中心的核心思想，完善的服务体系，高效的物流系统，少了这些“内功”，电子商务这把利剑只会伤了自己。

思政专栏

坚持系统观念推进工作实施

系统观念是马克思主义基本原理的重要内容，强调系统是由相互作用、相互依赖的若干组成部分结合而成的、具有特定功能的有机体；要从事物的总体与全局上、从要素的联系与结合上研究事物的运动与发展，找出规律、建立秩序，实现整个系统的优化；用开放的复杂系统的观点、用从定性到定量的综合集成方法研究经济社会问题。我国的“两弹一星”、北斗卫星导航系统、“神舟”系列飞船等重大工程就是坚持系统观念、运用系统方法的成功案例。实践表明，系统观念、系统方法是组织管理重大工程、重大事业不可或缺的方式方法。

坚持系统观念，是党的十九届五中全会提出的“十四五”时期经济社会发展必须遵循的原则之一。2021 年 1 月，习近平总书记在第十九届中共中央政治局第二十七次集体学习时强调，完整、准确、全面贯彻新发展理念，必须坚持系统观念，统筹国内国际两个大局，统筹“五位一体”总体布局和“四个全面”战略布局，加强前瞻性思考、全局性谋划、战略性布局、整体性推进。党的十八大以来，党中央坚持系统谋划、统筹推进党和国家各项事业，根据新的实践需要，形成一系列新布局和新方略，带领全党全国各族人民取得了历史性成就。在这个过程中，系统观念是具有基础性的思想和工作方法。

资料来源：学而时习．习近平总书记谈如何坚持系统观念.（2021-01-30）. http://www.qstheory.cn/zhuanqu/2021-01/30/c_1127045484.htm；詹成付．深入理解“坚持系统观念”.（2020-11-24）. http://www.npc.gov.cn/npc/c30834/202011/2f3d7603efff4340b5803fe8e4637c2d.shtml；罗兴平．坚持用系统观念谋划和推进工作.（2020-12-31）. http://www.qstheory.cn/qshyjx/2020-12/31/c_1126930725.htm.

案例分析

孩子王精准营销

孩子王是一家新三板上市公司、知名母婴童用品连锁零售店，以“开大店进驻综合商场”的模式经营。孩子王提出“到顾客中去，从会员中来”的理念，育儿顾问用孩子王自行开发的“人客合一”内部管理 APP 作为工具，实现了自己所属客户的管理和经营，育儿顾问会定期收到大数据后台发出的个性化的精准营销任务，根据这样的任务指令与会员沟通和互动。育儿顾问通过微信、面对面交流等方式了解客户需求，为会员提供便利、专业的育儿服务，为客户答疑解惑。育儿顾问还为客户提供营养指导、宝宝理发等增值服务。育儿顾问定期还要对有需要的顾客开展上门服务。在孩子王看来，做好专业的咨询和服务，获得客户的信任与认可，才能获得更多的销售机会。以孩子王一名育儿顾问为例，育儿顾问登录自己的 APP 账号，便可以看到自己所属客户的信息：客户最近的消费记录、活跃度等。如果某个客户一段时间不来店消费，育儿顾问便可以通过 APP 赠送一张优惠券。此外，育儿顾问还可以看到自己新开发了多少会员，自己的销售业绩如何。通过这样的管理工具，不仅让育儿顾问能看到整体销售业绩，还能了解单个客户的情况，比如新客户开发多少了、老客户业绩占比多少、哪些老客户很久没来店需要维护客情。

为了有效经营客户资产，孩子王深度利用互联网大数据技术，结合精准营销技术，对会员需求实现精准预测。从获取会员数据开始，门店的育儿顾问会根据会员特征对不同会员进行分类分级，包括地理位置、年龄、消费情况、收入情况及生理状态等。孩子王大数据精准营销团队再针对各个会员类别，进行会员消费需求的预测，从而制定出多种精准营销策略，将不同的商品促销信息或优惠券等通过短信、APP、育儿顾问告知等渠道送达用户，有效地做关联销售，从而提升客单价，也满足了会员的实际需求。

孩子王的组织架构也与传统零售企业有区别。孩子王总部将职能部门划分为：顾客研究部、顾客支持部和顾客经营部，充分体现了以消费者为核心的经营思维，也实现了经营思维和组织架构的匹配。孩子王还有众多的互联网技术研发和大数据分析的技术人员，并打造了自己的电商平台，实现了线上线下统一融合。

孩子王的价值实现方式基于C2B商业模式，一切以会员为中心，通过大数据分析，挖掘会员需求，为会员提供价值。依托大数据分析，围绕客户关系管理，孩子王为每一个客户家庭提供一站式育儿成长解决方案。

▶ **讨论题**

1. 多个界面接触顾客，孩子王在后台需要提供怎样的技术支持？
2. 根据以上信息，你认为哪种类型的CRM系统更匹配孩子王当前的业务需求？

基本概念

项目经理（project manager）

信息化（informatization）

解决方案（solution）

电子商务（e-commerce）

思考题

1. 实施客户关系管理的项目经理具体要负责哪些事情？
2. 网络化对客户关系管理实施的重要性何在？
3. 如何选择合适的客户关系管理软件系统？

拓展练习

为你所在的组织挑选一款合适的CRM系统，思考一下实施该系统所需的组织架构、合适人选和流程。

图书在版编目（CIP）数据

客户关系管理：数字教材版 / 邬金涛主编；严鸣，薛婧副主编. -- 3 版. -- 北京 ：中国人民大学出版社，2022.7

新编 21 世纪市场营销系列教材

ISBN 978-7-300-30830-2

Ⅰ.①客… Ⅱ.①邬… ②严… ③薛… Ⅲ.①企业管理—供销管理—高等学校—教材 Ⅳ.①F274

中国版本图书馆 CIP 数据核字（2022）第 131358 号

新编 21 世纪市场营销系列教材

客户关系管理（第 3 版・数字教材版）

主　编　邬金涛

副主编　严　鸣　薛　婧

Kehu Guanxi Guanli

出版发行	中国人民大学出版社		
社　　址	北京中关村大街 31 号	**邮政编码**	100080
电　　话	010－62511242（总编室）		010－62511770（质管部）
	010－82501766（邮购部）		010－62514148（门市部）
	010－62515195（发行公司）		010－62515275（盗版举报）
网　　址	http://www.crup.com.cn		
经　　销	新华书店		
印　　刷	北京密兴印刷有限公司	**版　　次**	2014 年 5 月第 1 版
开　　本	787 mm×1092 mm　1/16		2022 年 7 月第 3 版
印　　张	16 插页 1	**印　　次**	2024 年 3 月第 2 次印刷
字　　数	323 000	**定　　价**	49.00 元

中国人民大学出版社　管理分社

教师教学服务说明

中国人民大学出版社管理分社以出版工商管理和公共管理类精品图书为宗旨。为更好地服务一线教师，我们着力建设了一批数字化、立体化的网络教学资源。教师可以通过以下方式获得免费下载教学资源的权限：

★ 在中国人民大学出版社网站 www.crup.com.cn 进行注册，注册后进入“会员中心”，在左侧点击“我的教师认证”，填写相关信息，提交后等待审核。我们将在一个工作日内为您开通相关资源的下载权限。

★ 如您急需教学资源或需要其他帮助，请加入教师 QQ 群或在工作时间与我们联络。

中国人民大学出版社　管理分社

教师 QQ 群： 648333426（工商管理）　114970332（财会）　648117133（公共管理）
教师群仅限教师加入，入群请备注（学校＋姓名）

联系电话： 010-62515735，62515987，62515782，82501048，62514760

电子邮箱： glcbfs@crup.com.cn

通讯地址： 北京市海淀区中关村大街甲 59 号文化大厦 1501 室（100872）

管理书社　　人大社财会　　公共管理与政治学悦读坊